CÓMO
CAMBIAMOS

Ross Ellenhorn

CÓMO CAMBIAMOS

(y diez razones por las
que no lo hacemos)

OCEANO

Este libro contiene consejos e información relacionados con el cuidado de la salud. Debe usarse para complementar, pero no para reemplazar, el consejo de su médico u otro profesional de la salud capacitado. Si sabe o sospecha que tiene un problema de salud, se recomienda buscar el consejo de su médico antes de iniciar cualquier programa médico o tratamiento. Se han realizado todos los esfuerzos para asegurar la exactitud de la información contenida en este libro a la fecha de publicación. Tanto la editorial como el autor se deslindan de toda responsabilidad por cualquier resultado médico ocurrido debido a la implementación de los métodos sugeridos en este libro.

Ésta es una obra de no ficción. Los eventos y experiencias que se detallan en ella son verdaderos y se han expresado fielmente, tal como los recordaba el autor, de la mejor manera posible. Se han cambiado algunos nombres, identidades y circunstancias para proteger la privacidad de las distintas personas involucradas.

CÓMO CAMBIAMOS
(y diez razones por las que no lo hacemos)

Título original: HOW WE CHANGE. (And Ten Reasons Why We Don't)

© 2020, Ross Ellenhorn

Traducción: Karina Simpson

Diseño de portada: Sergi Rucabado

D. R. © 2022, Editorial Océano de México, S.A. de C.V.
Guillermo Barroso 17-5, Col. Industrial Las Armas
Tlalnepantla de Baz, 54080, Estado de México
info@oceano.com.mx

Primera edición: 2022

ISBN: 978-607-557-444-8

Impreso en México / Printed in Mexico

A Max y Rebecca

Supongamos, por ejemplo, que estoy escalando los Alpes y he tenido la mala suerte de estar en una posición de la cual sólo puedo escapar por medio de un salto terrible. Como no he experimentado algo similar, no tengo evidencia de mi capacidad de lograrlo con éxito; pero gracias a la esperanza y la confianza en mí mismo estoy seguro de que no fallaré y le doy a mis pies las agallas de ejecutarlo, lo cual sería imposible sin esas emociones subjetivas. Pero supongamos que, por el contrario, las emociones de temor y desconfianza preponderan; o supongamos que... Siento que sería inmoral actuar bajo un supuesto no comprobado por la experiencia (y luego titubeo por tanto tiempo que al fin, exhausto y tembloroso, me lanzo a un momento de desesperación, pierdo el punto de apoyo y caigo al abismo)... Así pues existen casos en que la fe fabrica su propia comprobación. Cree y acertarás, ya que te salvarás a ti mismo; duda, y también acertarás, ya que perecerás.

WILLIAM JAMES

No hay esperanza sin temor, ni temor sin esperanza.

BARUCH SPINOZA

Índice

Introducción

El poder infinito de la invariabilidad

> Entré a una librería y le pregunté a la encargada: "¿Dónde está la sección de autoayuda?" Ella respondió que, si me lo decía, perdería su propósito.
>
> —GEORGE CARLIN

Estás ansioso por cambiar. Sabes que de muchas maneras eso te beneficiará. Tu vida será más fácil, más feliz, más exitosa; al final, alcanzarás la pose perfecta, perderás la barriga cervecera, organizarás mejor tu tiempo, saldrás de casa y conocerás a la pareja perfecta, darás ese paso tan esperado hacia una nueva carrera. El cambio te hará sentir orgulloso, elevará tu autoestima, alineará tu vida con tus valores, traerá plenitud y un espíritu de logro. Eso planeas. Estableces un horario diario, empleas la ayuda de un aliado de confianza, fijas recordatorios en tu teléfono, te compras un diario para registrar tus logros. *Esta vez* lo conseguirás.

Y entonces... nada. No concluyes, no avanzas. Por mucho que desees cambiar, simplemente no lo haces.

Si esto te resulta familiar, entonces quizá conoces el sentimiento que surge cuando un amigo o pariente bienintencionado sugiere unas cuantas cosas "fáciles" para lograr ese cambio: "¿Por qué no sólo bebes menos, comes menos, haces más ejercicio, entras a Tinder?".

Lo cual siempre suena sospechosamente parecido a "¿Cuál es tu problema? ¿Por qué no *puedes*?".

Cuando alguien sugiere que el cambio personal es fácil y que sólo requiere un poco de conocimiento o habilidad, por lo regular tiene buenas intenciones. Pero también está omitiendo un punto muy importante. Por desgracia, muchos expertos también lo olvidan.

Suelen presentarnos programas de autoayuda bienintencionados, como si varias tácticas prescritas funcionaran para todos. Sin embargo, para la mayoría de la gente el cambio no es un asunto de seguir instrucciones. Estrictamente no hay respuestas simples para una transformación personal. Como hemos aprendido durante más de un siglo de pensamiento psicoterapéutico, el cambio no es tan superficial como hacer lo que un experto dice o aprender nuevas habilidades.

La verdadera autoayuda es sólo eso: ayudarte a ti mismo. Es un acto de liderazgo y dirección personal. Ciertamente precisa de considerar el consejo y las ideas de otras personas. Pero dejarte llevar por la corriente (seguir el consejo más novedoso, como si fuera a incentivar mágicamente que cambies) no es comprometerte con la autoayuda. No obstante, ayudarte a ti mismo requiere que de verdad asumas con valentía el timón de tu propio camino. De hecho, de todos los comportamientos que adoptas en la vida, el cambio es el que más te enfrenta cara a cara con la responsabilidad de lograr que tu vida funcione.

Por eso el cambio no es fácil ni simple. Conforme forjas tu propio camino, transformarte suele ser arduo y puede dejarte vulnerable: el simple acto de intentarlo te vuelve repetida e incómodamente consciente de que el éxito y el fracaso de tus acciones sólo te pertenecen a ti mismo.

Este viejo chiste entraña mucha sabiduría: *¿Cuántos terapeutas se necesitan para cambiar un foco? Uno, pero el foco tiene que querer cambiar.* Sin importar a cuántos expertos sigas, a cuántos terapeutas o consejeros veas, ni cuántos amigos y familiares te apoyen, sólo tú eres responsable del cambio.

Soledad y responsabilidad... ambas son palabras que no necesariamente acogemos con entusiasmo, y rara vez están presentes en los libros y programas de televisión que garantizan que el éxito es cuestión de seguir pasos hacia un yo "más delgado", "más dichoso", "más poderoso" (aunque en el fondo sepamos que son promesas vacías). No obstante, nuestra responsabilidad con nosotros mismos radica en el núcleo de cualquier transformación personal. Por eso, el cambio es difícil; nunca *fácil*. Conforme te acercas a él, también te aproximas a sentimientos y experiencias que comúnmente tratamos de evitar (como la ansiedad de ser artífice de tu propio destino) y te alejas de sentimientos y experiencias que por lo regular parecen atractivas, como el confort, la sensación de certidumbre, evadir las responsabilidades, culpar a otros y llevar una rutina indolora que te adormezca.

Las amables pero mal informadas sugerencias de tus amigos y familiares, así como las instrucciones de los expertos "fáciles de seguir, paso a paso", ignoran la existencia de fuerzas muy reales y poderosas que evitan que cambies. Éstas no representan debilidad o pereza, sino que son dificultades con las cuales todos lidiamos constantemente.

Y éste es el factor decisivo: la fuerza en nuestro interior que está feliz de mantener el *statu quo* gana la batalla con más frecuencia que cualquier transformación. Por eso no cambiamos, a pesar de nuestros anhelos y de toda la evidencia que indica que deberíamos hacerlo.

Considera el uso de drogas y alcohol. Hoy en día, el tratamiento para las adicciones en Estados Unidos es una industria de 35,000 millones de dólares,[1] con más de un millón de miembros activos de Alcohólicos Anónimos.[2] Sin embargo, sólo treinta por ciento de las personas con un hábito adictivo lo supera con éxito.[3]

Analicemos otro ejemplo: gastamos más de 30,000 millones de dólares al año matándonos para estar en forma,[4] pero setenta y tres por ciento no alcanza sus metas de aptitud física.[5] La industria de la pérdida de peso amasa 66,000 millones de dólares al año,[6] pero sesenta y nueve por ciento abandona la dieta.[7] ¿Y qué pasa con esas almas valerosas que logran ser fieles a la col rizada y a la quinoa? Ochenta por ciento vuelve a subir el peso que perdió.[8]

¿Qué ocurre con los propósitos de año nuevo? Noventa y tres por ciento de las personas que los formula, los rompe.[9]

La fuerza que nos impulsa a seguir igual no sólo evita que alcancemos esas grandes metas de bienestar y hábitos (como hacer más ejercicio, llevar una dieta o dejar un vicio peligroso) o propósitos personales más profundos que implican un crecimiento como ser humano (como una mayor satisfacción en tu trabajo y tu vida amorosa, o incluso perseguir un propósito mayor). Esa fuerza también está presente en pequeños detalles de la vida. ¿Cuántas veces te has dicho que necesitas apagar el televisor y leer más, poner más atención a tus hijos, ordenar menos comida a domicilio o poner los platos en el lavavajillas y no en el fregadero?, ¿y cuántas veces has realizado estos pequeños cambios durante una o dos semanas, sólo para volver al punto donde empezaste? Te apuesto que ocurre así la mayoría de las veces. Permanecer igual es la norma, no la excepción; sin importar el tamaño o la seriedad de la meta.

Ahora considera esto: aunque la invariabilidad es la ganadora en la mayoría de tus batallas, las consecuencias son típicamente más riesgosas que los resultados que surgen del cambio. La gente se muere de infartos por todo tipo de razones, pero nadie ha colapsado por *dejar* de comer pan.

Los resultados negativos de la invariabilidad no sólo son personales, son globales; se ven más claramente en cada centímetro del aumento del nivel del mar. Hemos recibido el diagnóstico definitivo con respecto al cambio climático, y los expertos ofrecen estrategias realistas para mitigarlo,[10] y aun así seguimos enganchados a hábitos viejos y destructivos de forma colectiva.

A pesar de todos los riesgos potenciales de permanecer igual, y sin importar las innumerables recompensas que podemos obtener al cambiar, por lo regular no transformamos nuestros comportamientos. Y Dios sabe que lo intentamos. De hecho, intentarlo o sentirnos culpables cuando no avanzamos lo suficiente, o planear con frenesí la siguiente estrategia, con frecuencia nos consume. ¿Entonces por qué nuestro esfuerzo termina en más fracaso que éxito?

La respuesta es que la invariabilidad tiene su propia lógica. Aunque comúnmente hay buenas razones para cambiar, con frecuencia hay otras más atractivas, e incluso sensatas, para permanecer igual: sentirnos seguros y estables en los viejos y predecibles patrones, evitar verte fracasar o decepcionar a tus amigos y familiares si no cambias. También existen otras razones todavía más poderosas para permanecer igual (más profundas que yacen debajo del umbral de tu conciencia).

De hecho, cuando sigues un consejo sin considerar de forma cabal e imparcial si realmente quieres cambiar, ves la transformación como la *única* opción que es razonable elegir, y consideras la invariabilidad como una opción no razonable.

Esa visión del cambio como una conclusión inevitable (como la única definición del éxito) por lo regular no funciona.

Las investigaciones nos muestran que un cambio profundo y duradero es el resultado de la contemplación,[11, 12, 13] de sopesar con imparcialidad los pros y los contras de la situación. Eso no quiere decir que seguir el consejo sea del todo inútil. Es sólo que no vas a tomarlo y usarlo de una forma que en efecto te ayude, hasta que hayas contemplado los dos lados de la moneda, en la cual la invariabilidad lleva la ventaja hasta ahora.

Escoge una dieta, cualquiera; síguela y perderás peso. Elige una rutina de ejercicio, estarás más en forma si la realizas. Sigue consejos para dejar un hábito y verás cómo desaparece. Las instrucciones para hacer algo son tan fáciles como decir *uno, dos, tres*. Pero *seguirlas* no lo es. Esto es porque el *cambio personal sólo sucede desde dentro.* Hacer una transformación personal es tomar una decisión y comprometerte con ella. La única forma de tomar una determinación comprometida que puede llevarte a cambiar es realizar el trabajo duro y muy humano de observar las ventajas y desventajas de tu situación *antes* de actuar. No existe el acertijo del huevo o la gallina entre la observación y el consejo. La observación siempre viene primero cuando "decides" el cambio que deseas.

LAS FORTALEZAS DE LA OBSERVACIÓN, LA DEBILIDAD DEL CONSEJO

Hay una estadística que quizá te sorprenda.[14] Se trata del comportamiento que comúnmente consideramos el más difícil de cambiar: la adicción. Resulta que muchas personas en Estados Unidos que dejan de beber de forma habitual, lo hacen sin tratamiento alguno. Así es: la mayoría de la gente deja por sí misma este hábito tan adictivo. Además, permanece sobria más tiempo que quien lo hizo bajo tratamiento. Se miran a sí mismos de forma seria y dura y deciden que dejar beber es mejor para ellos. Es probable que su sobriedad dure más que la de quienes la alcanzan bajo tratamiento porque la persona sobria que se impulsó a sí misma se aferra con firmeza a su propia brújula interna durante su recuperación, en vez de seguir el consejo de alguien más. En otras palabras, es un trabajo interno.

Eres ese foco en el consultorio del terapeuta: para cambiar debes querer cambiar, y sólo puedes quererlo al considerar las razones por las cuales te resistes a hacerlo.

Este libro justamente te ayuda a eso.

Te ofrezco diez razones para no cambiar que te ayudarán a observar tu situación, sin importar la transformación que desees realizar. Al analizar y especificar los motivos por los cuales nos resistimos al cambio, estas razones te muestran por qué has elegido quedarte en una situación particular. Tu resistencia al cambio ya no se sentirá como una fuerza gigante y misteriosa que no puedes controlar, sino que podrás verla en una galería para revisar qué retrato corresponde a tu experiencia. Si puedes equiparar el retrato con la razón (o las razones) para no cambiar con las que estás luchado, tu camino hacia el cambio será mucho más efectivo.

Cómo te ayudan las diez razones para no cambiar

"Si te conoces a ti mismo, pero no conoces al enemigo, por cada victoria ganada también sufrirás una derrota", escribió Sun Tzu en *El arte de la guerra*.[15] El adagio de Sun Tzu se aplica a la lucha por cambiar. Saber lo que quieres (un estilo de vida más saludable, relaciones más felices, trabajo más interesante) es sólo la mitad de la batalla. El complemento crucial es conocer las barreras que eriges (el enemigo), las cuales boicotean estos cambios y te mantienen estancado. Nos oponemos a la invariabilidad (al mismo estilo de vida sedentario, las relaciones sociales insatisfactorias o el mismo trabajo que no nos llena), pero en realidad hay algunas razones no tan obvias para nuestro estancamiento. Si quieres cambiar, es sumamente útil explorar estas razones e identificarte, comprender e incluso aceptar las seducciones de la invariabilidad.

A continuación presento cuatro formas en que esta exploración de las complejidades de la invariabilidad te acercará al cambio que deseas:

1. *Sacar a la luz la vergüenza.* Cuando uno o más de los diez retratos se equipare con tu experiencia, significa que hay, por lo menos, dos personas que coincidimos en esto. Eso puede ayudarte a sentirte menos avergonzado por fracasar en cambiar.

A diferencia de la culpa (un mal sentimiento que tienes cuando haces algo malo o inmoral), la vergüenza es el sentimiento de que hay algo fallido o dañado en ti como persona. Es importante que te liberes de la vergüenza sobre las cosas que deseas cambiar, ya que es un sentimiento taimado y peligroso; es un lobo disfrazado de otro lobo, que frecuentemente se considera un obstáculo temible (una especie de amenaza psíquica que te impide moverte y que en realidad inhibe la motivación). "Eres imperfecto", te dice, "así que date por vencido."

Al ser un secreto que uno guarda, la vergüenza se alberga y se cultiva en aislamiento. En la oscuridad, inalterada por la realidad y la soledad, la vergüenza crece más. Por lo tanto, cuanto más veas comportamientos que tú consideras vergonzosos en los demás, menos poder tendrá la vergüenza sobre tu vida.

Imagina que estás en un grupo de apoyo para personas que quieren dejar de fumar. El terapeuta les pide a todos los participantes que comiencen un proceso de visualización guiada. Con los ojos cerrados, visualizas el éxito de dejar de fumar y cómo te sentirías, tanto psicológica como físicamente, ese día. Abres los ojos, miras a tus compañeros del grupo de apoyo. ¿Ahora te sientes más cerca de ellos?, ¿percibes que están en un camino similar?, ¿durante este ejercicio obtienes motivación para dejar de fumar? Tal vez un poco. Pero ¿qué pasa si el terapeuta pide a los miembros del grupo que enumeren las razones por las cuales no dejan de fumar, y las escribe en el pizarrón para encontrar las similitudes? Alguien dice que es por la deliciosa primera bocanada, alguien más habla de que fumar lo calma, otro narra el ritual de sacar el cigarro de la cajetilla y encenderlo. Tú mencionas que te ayuda a concentrarte mientras trabajas. La gente asiente en reconocimiento;

algunas sonrisas muestran estar de acuerdo, ¿cómo te sentirías entonces? Quizá conectado y, como resultado, menos avergonzado. En otras palabras, tu acto vergonzoso sale a la luz y se comparte, y eso disminuye la vergüenza. Aunque hables sobre algo que consideras parte de tu mala conducta, tal vez tu moral se levante conforme la carga de la vergüenza se disipe.

Al disminuir la vergüenza, los sentimientos compartidos se vuelven alimento de la motivación ("puedo lograrlo"), y se avivan cuando asumimos que los problemas personales son cosas que también otros experimentan. Hay un motivo por el cual las personas que asisten a Alcohólicos Anónimos se presentan como "Soy alcohólico". Admitir algo que les provoca vergüenza ante un grupo de personas con el mismo problema los une en una hermandad de apoyo mutuo para el cambio.

Al mostrarte diez formas en las que los demás luchan contra la invariabilidad, te ofrezco formas de encontrar motivación quitando los efectos asfixiantes de la vergüenza, con el reconocimiento de que no estás solo.

2. *Tomar una posición integral hacia el cambio.* Cuando intentas transformar tu comportamiento, la resistencia al cambio se hace sentir, siempre. No puedes escapar de ella. Esto conduce a una revelación importante: si el cambio inevitablemente implica resistencia, podemos ver nuestra inclinación a la invariabilidad como parte del cambio. Por lo tanto, transformación e invariabilidad no se oponen, sino que coexisten, son partes de un todo.

En el mundo moderno occidental nos resulta difícil comprender que dos fuerzas opuestas sean segmentos de una cosa. Tendemos a pensar en dicotomías: limpio-sucio, éxito-fracaso, hermoso-feo. Esta tendencia se agudiza en la publicidad, mucha de la cual proyecta una realidad ficticia de gente inequívocamente limpia, saludable y exitosa para vender productos (con mucha autoayuda que se ajusta a ese molde de forma sospechosa). Aunque no quiero abordar detenidamente la dicotomía entre el pensamiento occidental y oriental, vale la pena considerar que la filosofía china se opone al pensamiento maniqueo y ofrece una visión muy diferente del cambio. El símbolo del yin y el yang es la encarnación más famosa de este enfoque.

En el yin-yang, la oscuridad se encuentra en la luz, y la luz se encuentra en la oscuridad, y juntos forman un todo. Dos cosas al parecer opuestas están en diálogo permanente y es imposible comprenderlas a profundidad sin ver que están conectadas.

Piensa en un artista. Él no puede expresar la luz sin pintar la sombra; y no puede retratar la sombra sin capturar la luz. En italiano se llama *chiaroscuro*, y el significado literal de la palabra encarna esta dualidad: claro-oscuro. El arte siempre es un proceso integral.

El arte de la transformación no es distinto. No puedes comprender el cambio sin la invariabilidad; no puedes entender lo que significa quedarse igual sin conocer el cambio; y no puedes comprender a profundidad ninguno de estos conceptos sin verlos como parte de un todo.

La transformación se dará más fácil y se volverá más sostenible si trabajas duro para comprender el matrimonio entre cambiar y permanecer igual. En los siguientes capítulos verás cómo reconocer esta dualidad te ayudará a avanzar en tu vida.

3. *Ver lo universal en lo personal.* Existe un mensaje importante sobre nuestra humanidad en la invariabilidad. Al comprender el mensaje del yin-yang te ayudará a lidiar con los comportamientos más insignificantes que desees cambiar.

"Cuanto más específico seas, más universal serás", afirma la novelista Nancy Hale.[16] Esa idea es una verdad para el arte. Pero también para las profesiones terapéuticas ("Lo que es más personal es lo más universal", escribe el gran psicólogo humanista Carl Rogers).[17] Conforme este libro te guíe para ser extremadamente específico sobre por qué te resistes al cambio, descubrirás las razones universales para la invariabilidad.

Cada una de las diez razones que se exploran en los siguientes capítulos se origina en la misma base filosófica. Cada una habla de algo de lo que significa ser humano. Al ser tomadas como un todo, hacen honor a eso con lo que todos luchamos como humanos conscientes: la responsabilidad por nuestras vidas, el dolor de nuestra soledad, nuestra tendencia a sentir vergüenza, el llamado a ser valientes ante la vulnerabilidad y nuestra lucha por la esperanza y la fe. Comprender las diez razones como un todo te abre la puerta hacia estos asuntos profundamente existenciales y cómo se desarrollan en tu vida. Espero que al comprender estos problemas obtengas claridad sobre por qué te opones a las corrientes del cambio: ya sean tus intentos fallidos de organizar tu clóset o tu promesa no cumplida de ser voluntario en una campaña política que ayude a transformar el mundo en un lugar mejor.

Me gusta pensar en las diez razones para no cambiar como algo similar a esas pinturas realizadas por el artista Chuck Close. Sus más recientes retratos están compuestos de obras de arte más pequeñas. Cuando ves de cerca las pinturas de Close (sí, en inglés parece chiste), estas obras más pequeñas pueden ser apreciadas de forma individual. Si te alejas un poco y observas las pequeñas piezas colocadas una junto a otra, cada una cobra más sentido y obtiene más valor (como tesoros de un bazar, una abundancia de cosas pequeñas para compararlas y contrastarlas). Entonces, cuando te alejas todavía más, se vuelven parte de un retrato adorable, y un poco abstracto, pero también insólito por su precisión. Si te alejas aún más y observas la obra en la pared del museo, verás que es difícil distinguirla de una foto. El cambio es así. Es un asunto serio, porque incluso el intento más pequeño de transformar un comportamiento está conectado de forma íntima con asuntos más importantes y profundos.

Este concepto de piezas más pequeñas que contribuyen a un todo abarcador me recuerda algo que señaló el rabino del siglo XVI Simcha Bunim Bonhart.[18] Escribió que la gente debería llevar en cada uno de sus bolsillos una tira de papel. En una deberían escribir: "Sólo soy polvo y cenizas". Y en la otra: "El mundo fue creado para mí". El secreto de la vida es comprender que las dos son verdaderas, sólo cuando se llevan al mismo tiempo (una en cada bolsillo), y saber cuándo leer cada una.

Estamos hechos de polvo de estrellas. Cada uno de nosotros contiene el universo, y también somos polvo. Nuestras circunstancias especiales son un yin-yang de los problemas cósmicos. Con respecto al cambio personal, a veces está bien observar sólo el polvo del comportamiento aislado, pero en ocasiones es mejor ver tu comportamiento como algo conectado que responde a un mundo creado para ti.

Asociar la adicción al teléfono inteligente, a organizarse bien o a perder peso con los problemas más profundos de nuestra humanidad puede parecer un serio desafío para el cambio. Pero la vida es seria, y el hecho es que todos enfrentamos con bastante severidad problemas sobre el cambio que en apariencia son pequeños: están en el fondo y al frente de nuestras mentes todo el tiempo. Honremos las pequeñeces como una forma de mejorar, en vez de reducir el mundo hermosamente complejo al que llamamos experiencia humana.

Quizá sientas que te pido que te alejes de la meta cuando te sugiero que coloques aquello que quieres cambiar dentro del mundo de las preocupaciones universales. Sé que parece algo extraño. Lo sé porque lo veo en mí todo el tiempo. En el instante que quiero cambiar algo es como si jugara a los dardos: suelo mirar de reojo mi perspectiva, me concentro en la meta y elimino cualquier distracción posible mientras apunto al blanco. ¿Y sabes qué? Ese enfoque funciona muy bien un viernes por la noche en un bar irlandés. Nunca funciona con el cambio personal.

Permíteme darte una garantía: te prometo que no te vas a volver más gordo, feo, solo o menos pleno si consideras los problemas universales mientras intentas llevar a cabo el cambio personal. De hecho, te prometo que comprender un poco de lo que significa ser humano y conectar tu humanidad con los motivos por los cuales te resistes al cambio, te ayudará a avanzar. Quién sabe, quizás incluso te ayude a modificar algunas ideas sobre lo que necesitas cambiar. Una vez que tengas una imagen más completa de las preocupaciones humanas más grandes y cómo éstas se conectan con tu propia capacidad de cambiar, quizá descubras que el problema no es tu peso, sino si puedes encontrar mejores formas de amar tu cuerpo: no es tu aspecto, sino preocuparte menos por tu imagen; no es la soledad, sino tu incapacidad de estar solo; no es un sentimiento de insatisfacción, sino la necesidad de amar y aceptar la invariabilidad. Por otro lado, quizá quieras perder unos cuantos kilos. De todas formas, eres más libre de avanzar hacia el cambio que deseas cuando lo ves como parte de asuntos más grandes.

Había una personalidad famosa de la televisión y gurú de autoayuda que claramente se había hecho un "trabajito" hacía poco (una especie de cirugía plástica para recuperar su juventud). Sí se ve un poco más joven, pero su rostro ahora luce casi inhumano (una máscara permanente y distorsionada, una versión caricaturesca de su ser anterior). Para mí, es la imagen del cambio sin profundidad: una alteración torcida, desconectada de los problemas más grandes de su humanidad, una mutilación. El resultado de eliminar la edad con un bisturí es una advertencia sobre las balas de plata y los remedios mágicos. En este libro no ofrezco ninguna de esas dos cosas. Sin embargo, busco ayudarte a lograr una transformación distinta, más suave, más cuidadosa, menos violenta o contundente, pero probablemente más profunda y satisfactoria. Ese tipo de cambio sucede en el contexto de otras experiencias humanas, incluyendo la de permanecer igual, aunque cada hueso de tu cuerpo anhele cambiar.

4. *Desatar el nudo de la invariabilidad.* Cuando aceptas que la invariabilidad es algo humano, también aceptas algo más: no ves tu resistencia al cambio como una anomalía. Si quieres contemplar la transformación, tienes que soltar la creencia refleja de que el cambio tiene y debe suceder ahora. Es importante que te deshagas de la idea de que algo está mal contigo si no cambias. Contemplar el cambio significa observar todas las opciones, incluso la invariabilidad.

No vas a realizar el importante trabajo de contemplar la transformación si inclinas la balanza hacia el cambio, viéndolo como la única conclusión correcta, y la invariabilidad como un callejón sin salida. Debes darle a la invariabilidad el peso y la seriedad que merece. No hay nada que contemplar si no lo haces.

Eso significa que la invariabilidad (la fuerza que de manera frustrante detiene ese cambio aparentemente positivo que quieres lograr) no es un enemigo en realidad. Conocerte de verdad a ti mismo significa percibir esa parte tuya que siempre encontrará razones para permanecer igual. Cuanto más conozcas esa parte, menos probable será que "sufras la derrota", parafraseando a Sun Tzu.[19]

De todas las formas en que las diez razones para no cambiar pueden ayudarte, ésta es la más importante: *la invariabilidad se considera como algo razonable, y al juzgarla así tienes una mejor probabilidad de cambiar.*

Comprender las razones para permanecer igual te amarra al cambio como la única opción legítima. La invariabilidad está en tu vida para siempre, y por buenas razones. Como leerás, proviene del amor a ti mismo y, desde ahí, de tu deseo de protegerte de algunos sentimientos horribles.

Al ser una expresión de tu amor propio, con frecuencia la invariabilidad parece demostrar lo contrario (detener cambios importantes, interponerse en tu derecho inalienable de crecer). Sin embargo, la invariabilidad no está separada de ti. Y en definitiva no busca lastimarte, aunque es posible que en efecto te hiera de formas serias. Pero no coloques la invariabilidad en la misma caja que los defectos. Ése es un lugar incorrecto para ella. La invariabilidad merece tu afecto, ya que proviene de una parte cariñosa de ti. Si la rechazas y la exilias de tu conciencia, no serás capaz de contemplar la transformación.

Lo cual, como mencioné anteriormente, significa que no podrás cambiar.

Noticia de última hora: los humanos no somos máquinas (¡por lo menos hasta ahora!). Si somos tratados como máquinas, todos de la misma forma y con tanta simpleza que un manual de instrucciones sirva para cualquier falla, no sólo actúas de forma inhumana con respecto a tus necesidades, sino que las intervenciones que usas no funcionarán.

No servirán porque la fuente del cambio reside en la *parte humana de ser tú* (justo en cómo experimentas e interpretas el mundo), no en la mecánica de la acción inconsciente y robótica.

Transformarte requiere que lleves a cabo el trabajo completo y con frecuencia doloroso de hacer cambios en un *ser* humano real, pensante, sintiente y autónomo. Eso no es fácil, ni por asomo. Y se ha vuelto más difícil en un mundo en el que cada vez más se trata a la gente como objetos.

DE LAS PERSONAS A LA MÁQUINA: LA PÉRDIDA DE LA CONTEMPLACIÓN

Hace más de cuarenta años, el gran psicoanalista y crítico social Erich Fromm escribió acerca de la amenaza creciente de una sociedad que prefiere "tener" a "ser".[20] En el mundo de "tener", no sólo estás orientado a obtener más cosas, sino que tu *hacer* (cómo te comportas, miras, razonas) es un signo de tu utilidad *como cosa*, como un dispositivo por medio del cual tú y otros pueden alcanzar metas. De hecho, a Fromm y a otros pensadores de las décadas de 1950, 1960 y 1970 les preocupaba algo que hoy en día parecería pintoresco: "el conformismo". Estos pensadores temían un mundo futuro en el que todos intentarían actuar y verse como los demás. También les preocupaban muchas otras cosas que veían surgir en el siglo XX: una amplia tendencia a encajar en la sociedad o en un ideal provocaban que la gente descuidara su propia y única humanidad, y la volvía cada vez más ciega o desdeñosa de la humanidad única de cada individuo. El término para dicho fenómeno, cuando la gente se desconecta de sí misma y de los demás, es *alienación*, que Fromm definió como "un modo de experiencia en el que la persona se experimenta a sí misma como un extraño".[21]

Las preocupaciones acerca del conformismo y la alienación formaron parte de un periodo de treinta años como parte del *Zeitgeist*, que se decodificó en la generación beat, el movimiento feminista, los movimientos antibélicos y de derechos civiles, e incluso en la serie de televisión *El vecindario de Mr. Rogers* y la base filosófica central de Martin Luther King. Se expresó en películas sobre solitarios y rebeldes, desde *Doce hombres en pugna* y *El graduado*, hasta *Atrapado sin salida*.

Pero los tiempos están cambiando. Un Banana Republic en cada esquina, las Kardashian en todas las pantallas, la serie *Vestido de novia*, liposucción, criolipólisis, bótox (todo esto ahora tan accesible como el champú); la presión para etiquetarte a ti mismo como si fueras un producto no sólo aceptado, sino celebrado; todos los libros, videos y canales de YouTube que dan instrucciones sobre cómo moldearte a ti mismo bajo cierto ideal; y, lo más evidente, una campaña presidencial triunfante, basada en gran medida en deshumanizar descaradamente a otras personas. ¿Estás de acuerdo conmigo en que eran acertadas las advertencias de los pasados humanistas sobre que la gente se "cosifica"?

El mundo del "tener" parece haberle ganado la batalla cultural al mundo del "ser", tanto que ahora vivimos en una especie de amnesia colectiva, en la que ya no reconocemos que hay una opción más humana, más conectada que comprar y vender cosas (o comprarnos y vendernos a nosotros mismos *como cosas*). En este clima, nos obsesionamos con nuestro empaque o apariencia y descuidamos los contenidos de nuestro ser.

¿Y esto qué tiene que ver con el cambio personal? En el mundo del tener tendemos a abordar el cambio personal como si fuera un artículo en un estante de Home Depot, y nos juzgamos por nuestra uniformidad y utilidad. ¿Eres una podadora de pasto hermosa y bien aceitada?, ¿o estás oxidado y corroído por dentro y fuera? En este mundo consumista, el cambio personal significa que arreglas aquello que *posees e intercambias*: ¡un cuerpo nuevo!, ¡una nueva habilidad!, ¡una nueva actitud!, ¡UN NUEVO TÚ!

Cómo cambiamos recuerda un momento en el cual una audiencia muy amplia y general leía libros como el de Fromm. Era una época en la que pensadores profundos como Rollo May,[22] Martin Buber,[23] Paul Tillich[24] e Ivan Illich[25] se unieron a Fromm para escribir libros para el público acerca de alcanzar su potencial por medio de actos de valor, no siguiendo instrucciones paso a paso. Era un tiempo en el que se leía en todo el mundo el libro *El significado de la ansiedad* de May,[26] que describía la ansiedad como una parte importante de la experiencia humana (y no como lo hacemos hoy en día: como una enfermedad que se pueda curar con el poder de una píldora).

Estos autores celebraban lo que significa ser humano. Resistían los enfoques que veían a los humanos meramente como cosas que debían ser reparadas. Al dirigirse a sus lectores, su meta era ayudar a la humanidad a contemplar su situación, con la esperanza de que tomara decisiones que le brindaran más profundidad y significado. Eso está muy lejos que decir qué pasos seguir para funcionar mejor y encajar.

Ahora voy a plantear una suposición con fundamento: probablemente estás leyendo este libro porque quieres algún cambio en tu vida, que puede ser de hábitos (como comer más saludable o practicar meditación). Puede ser para mejorar alguna habilidad o aprender algo nuevo (como mejorar o aprender un oficio). Podría ser para alcanzar metas que tienen que ver con el crecimiento (como encontrar una pareja o darle un giro a tu carrera profesional). O quizás el cambio que buscas puede ser sobre cosas más profundas (como construir una vida significativa y con propósito).

En cualquiera de estos casos, quizá no estás interesado en las filosofías de los intelectuales de la posguerra. Eso está muy bien. Te prometo que estás en el lugar correcto: escribí este libro para ayudarte a llevar a cabo dichos cambios. Pero el hecho sigue siendo que una transformación no sucede si tratas lo que quieres cambiar como *una cosa,* separada de ti, alejada de tu humanidad.

Este libro habría sido mucho más fácil de escribir si no hubiera tenido que sumergirme en el asunto de la humanidad. Habría sido un tomo de consejos bonito y conciso, si no estuviera tan concentrado en ti como ser humano, y en ayudarte a realizar el acto muy humano de contemplar. Tengo que admitirlo, por momentos estuve tentado a permanecer en la superficie y sólo decirte "cómo". ¿No sería el paraíso? Un mundo en el que el cambio es una uva que puedo pelar para ti. Pero la vida no es un paraíso. La vida es hermosa, sublime y profunda, y también es una lucha contra la fealdad, la frivolidad y la superficialidad. La vida es una oferta integral y el cambio también.

EL CAMINO A RECORRER

Cómo cambiamos se divide en dos secciones; la primera te da una visión panorámica del cambio: lo que lo obstaculiza y lo que te empuja hacia él. Aprenderás acerca de conceptos existenciales importantes sobre la soledad y la responsabilidad y su influencia en la ansiedad, y leerás acerca del "temor a la esperanza", un concepto que desarrollé e investigué con un equipo en la Universidad Rutgers, el cual considero crucial para el cambio. En la segunda sección, abordo a detalle las diez razones para no cambiar, una galería de distintos retratos que muestran por qué a veces permanecer igual ayuda a que contemples tu situación particular con respecto al cambio. El último capítulo presenta un úndecimo retrato que describe la importancia de los recursos sociales que típicamente necesitamos para cambiar.

La tensión inevitable entre el cambio y el temor a la esperanza

Capítulo 1

Cómo llegué aquí

A quien se siente predestinado a la contemplación y no a la fe,
todos los creyentes le resultan demasiado abrumadores
e inoportunos; se protege de ellos.
—Friedrich Nietzsche

Mi apreciación del maravilloso poder de la invariabilidad proviene de treinta años de experiencia clínica, primero como trabajador social ayudando a la gente que había sido tratada a lo largo de extensos periodos, después como fundador y director general de un programa que colabora con estas personas. Aunque siempre he llevado una práctica de psicoterapia privada en la que trabajo con personas autosuficientes que no necesitan nada más que una visita semanal, es el primer grupo, los que lidian con problemas psicológicos severos, quienes realmente me enseñaron el atractivo oculto y la sensatez de permanecer igual.

No es fácil ser un paciente psiquiátrico. Nuestra sociedad tiende a estigmatizar la enfermedad mental; no coloca en escuelas, lugares de trabajo y vecindarios a personas que experimentan síntomas psiquiátricos complicados; y adopta un enfoque de excesiva medicación a los comportamientos y sentimientos que no encajan dentro de alguna norma idealizada. Rechazados por el mundo, con oportunidades limitadas y recibiendo el mensaje tácito de los supuestos expertos en salud mental de que están estropeados sin remedio, mis pacientes están en los límites de lo tolerable en lo que se refiere a experiencias de decepción personal y exclusión social. Y al estar en la orilla de estos límites, tienen lecciones importantes que enseñarnos. Aunque la mayoría hemos tenido la suerte de no tener que aprender estas enseñanzas con tanta intensidad, aun así están llenas de sabiduría universal.

Muchas de las personas con las que trabajo encuentran formas milagrosas de hacer cambios que les posibiliten avanzar en la vida, a pesar de las experiencias abrumadoras y desmoralizantes. Regresan a la escuela, al trabajo y a sus carreras; vuelven a hacer ejercicio; hacen amigos; inician relaciones románticas. Pero muchos otros le dan la espalda al cambio y ven la *invariabilidad* como su santuario o aliado más confiable. Ya sea que estén impulsados hacia el cambio o hacia permanecer igual, todos tienen algo que enseñarnos acerca de las dinámicas complejas y paradójicas del cambio personal.

Comencé a formular ideas acerca de la dinámica del cambio cuando era un joven trabajador social en Waltham, Massachusetts, y dirigía un grupo de terapia en un programa de tratamiento de un día para las personas con un largo historial en el sistema de salud mental. Era un grupo abierto, así que siempre llegaban nuevos participantes y se iban los más antiguos. Con el tiempo comencé a preguntarme sobre un problema específico: *¿Por qué los participantes consistentemente se resisten a cambios en su vida que parecían obviamente positivos?*

Les formulé a los pacientes esta pregunta una y otra vez a lo largo de los años. Sin importar quién asistía a mi grupo, sus respuestas eran notablemente similares.

Una noche me senté y categoricé sus respuestas. Conforme revisaba la lista, llegué a ver que cada razón por la cual una persona resistía el cambio tenía su propia lógica interna, su propia *sensatez*.

1. Permanecer igual te protege de ser consciente de tu sole-dad y de ser el responsable único de tu propia vida.
2. Permanecer igual te protege del compromiso sobre "lo que sigue".
3. Permanecer igual te protege de lo desconocido.
4. Permanecer igual te protege de tus propias expectativas.
5. Permanecer igual te protege de las expectativas de los demás.
6. Permanecer igual te protege de ver dónde estás.
7. Permanecer igual te protege del insulto de los pasos pe-queños.
8. Permanecer igual erige un monumento a tu dolor.
9. Permanecer igual te protege de cambiar tu relación con los demás.
10. Permanecer igual te protege de cambiar tu relación contigo mismo.

Permanecer igual cobra sentido como una solución para ciertas experiencias que, de hecho, *no* podrían ser vividas al cambiar. Esto es así incluso en situaciones en las que el cambio aparenta ser una opción muy obvia. Al documento que resultó de ello lo titulé "Diez razones para no cambiar" y lo compartí con el grupo.

Las diez razones funcionaban como una herramienta poderosa al contemplar en qué lugares se sentían estancados. Al liberarnos de la dicotomía de "el cambio es bueno/lo mismo es malo", pudimos poner la invariabilidad sobre la mesa, pensarla, acercarnos a ella con curiosidad y dejar que resonara en nuestra mente. Y cuando lo hicimos sucedió algo extraordinario: *al imaginar la invariabilidad como un curso de acción sensato en potencia, a mis pacientes se les facilitaba más hacer cambios en sus vidas.* Al parecer, cuando pensaban en no cambiar y por qué deseaban permanecer igual, liberaban las restricciones para la motivación, y lo lograban de forma más efectiva que con todos los consejos o instrucciones *para* cambiar. Como Houdini en una camisa de fuerza, que se relajaba para poder escapar, mientras su cuerpo se comprimía con la presión de los cinturones, las cadenas y las telas, moverte en la dirección contraria a donde quieres ir con frecuencia te libera para llegar ahí.

Comencé a ver que la llave del cambio nos esperaba dentro de esa paradoja.

Después, llevé las diez razones a mi práctica de psicoterapia privada, con los pacientes que me veían una vez por semana y tuvieron resultados similares: las personas se liberaron al ver su resistencia al cambio como algo vinculado a la atractiva sensatez de la invariabilidad. También le di la bienvenida a mi vida a las diez razones y descubrí que fueron cruciales para realizar cambios que hace mucho quería llevar a cabo, pero nunca antes pude ejecutar.

Darme cuenta de la paradoja del cambio no es algo nuevo. De hecho, es una reflexión de un valor central en el trabajo social. El dicho de "Comienza con el paciente" es un concepto esencial en mi área y sugiere que los profesionales comprendan la experiencia de una persona de una forma no crítica, en vez de presionarlos para que cambien. Las diez razones también reflejan valores en otras áreas terapéuticas, desde intervenciones paradójicas[1] (un término elegante que implica psicología inversa), en terapia familiar (donde los terapeutas les dicen a sus pacientes que continúen los comportamientos que desean resolver para ayudarlos a ver su conducta, con frecuencia destructiva, con "consideración positiva incondicional"),[2] en los tratamientos de orientación budista, de "fluir con la resistencia",[3] en un enfoque usado en el área de las adicciones llamada "entrevista motivacional (en la cual los pros y los contras del uso de una sustancia se sopesan durante una conversación sin juicio con un terapeuta, en lugar de usar una confrontación intensa sobre un cerebro supuestamente secuestrado y, por lo tanto, irracional)".[4]

Yo no inventé la idea de acercarse a una persona "en donde está", ser inquisitivo con respecto a los motivos por los cuales quisiera permanecer igual o pensar en la invariabilidad como un posible modo de acción. Pero sí veo que las diez razones les dan forma a estos enfoques más importantes, al romper la resistencia al cambio en diez unidades más pequeñas. Así, el cambio y la invariabilidad se convierten en objetos que puedes sostener, manejar y moldear mentalmente.

POR QUÉ LAS DIEZ RAZONES SON SENSATAS

Por más de dos décadas, utilicé las diez razones como mi herramienta principal, una técnica efectiva que usaría una y otra vez, y que me dio a mí y a mis pacientes un marco comprensible sobre las experiencias de estar estancado. Esta herramienta tenía algo tranquilizador y asimilable: la precisión de un decimal. Pero con el tiempo, sentí cada vez más que las razones también eran demasiado fáciles para capturar el proceso profundo y complejo de asegurar el cambio. Lo que comenzó como un intento para darle forma a las consecuencias de la angustia por una enorme decepción, ahora era algo que podías contar con los dedos de las manos.

No es que las diez razones hubieran existido en un vacío teórico; siempre supe que estaban vinculadas a ciertas experiencias importantes relacionadas con nuestra capacidad de tener esperanza y con el poder de la decepción para lastimarnos de formas que provocan que temamos la esperanza (de hecho, la idea de que podríamos temer la esperanza, y de que este temor hace que deseemos permanecer igual, era algo de lo que yo podía hablar con libertad con la gente cuando discutía sobre las diez razones). Pero seguía siendo una idea teórica e interesante.

Todo eso cambió hace poco.

Investigación sobre el temor a la esperanza

En otoño de 2018 fui invitado a dar una conferencia sobre las diez razones para una clase de la Universidad Rutgers en Newark llamada Psicología de las Emociones, cuyo profesor era Kent Harber, un psicólogo social que analiza los recursos psicológicos. Kent se entusiasmó cuando mencioné mis ideas sobre el temor a la esperanza y sugirió que mi concepto teórico podía ser estudiado y medido científicamente. Así comenzó una investigación colaborativa que confirma las lecciones que aprendí de mis pacientes con respecto a su relación problemática con la esperanza.[5] Nuestro grupo de investigación ha demostrado que el temor a la esperanza se puede medir de manera confiable usando una escala única que nos permite determinar si la gente teme la esperanza y a qué grado, y este conocimiento nos está brindando una nueva comprensión sobre la relación entre el temor a la esperanza y una gran variedad de emociones y formas de pensamiento. *Todo lo que hemos descubierto brinda una explicación muy sólida sobre por qué la invariabilidad puede parecer (e incluso ser) una opción razonable.*

Nuestra investigación comenzó a colorear los espacios delineados por las diez razones para no cambiar, y arrojó luz sobre los motivos detrás de *las razones*. ¿Por qué nos resistimos a los cambios que de manera tan obvia mejorarán nuestra existencia? Porque algo en nuestras vidas nos ha hecho temer la esperanza. Ese "algo" no tiene que ser una decepción enorme (de hecho, puede ser algo que ni siquiera podemos identificar), pero nos susurra que es peligroso ir de la esperanza a la acción.

Hablaré sobre esto con mucho más detalle después, pero la esperanza implica que *esperas* algo. Por lo tanto, la esperanza siempre está envuelta en una especie de tensión. La esperanza es la madre del anhelo y la añoranza, se trata de desear algo que te falta.

Esto provoca que la esperanza sea riesgosa, ya que actuar con base en tu esperanza e "ir tras ello" hace que surja la posibilidad real de no tener éxito y no obtener lo que sientes que falta en tu vida. Y la tensión entre donde te encuentras ahora (sin tener algo que falta en tu vida) y donde quieres estar (teniendo eso en tu vida) nunca es tan peligrosa como cuando tienes *esperanza* por un cambio personal.

Así que ésa es la breve historia sobre cómo las diez razones para no cambiar se formaron en mi mente y luego se convirtieron en una herramienta para ayudar a las personas a contemplar los cambios que quieren realizar. Por supuesto, hay muchos elementos que faltan en esta historia y sobre los cuales no sabes nada todavía, pero aprenderás acerca de ellos más tarde. Por ahora, sólo digamos que se trata de una historia típica sobre cómo alguien se dio cuenta de algo en su entorno que no estaba explicado, tomó lo que observó e intentó explicarlo, se formó una idea al respecto, después jugó con esa idea y la convirtió en algo significativo y comprensible. Todos lo hacemos siempre que aparece información novedosa ante nosotros, en nuestros mundos que parecen trillados y establecidos: hacemos que la información encaje y nuestras mentes con frecuencia buscan obsesivamente contenerla dentro de un todo comprensible.

Como leerás en el siguiente capítulo, nuestras mentes están construidas con un impulso hacia la totalidad. Conocer este impulso es crucial para comprender el cambio personal.

Capítulo 2

La tensión entre donde estás y donde quieres estar

> Necesitamos el dulce dolor de la anticipación para decirnos
> que estamos realmente vivos.
>
> —ALBERT CAMUS

Son los inicios de la década de 1930, Kurt Lewin, un profesor de la Universidad de Berlín, está sentado en un café con un grupo grande de estudiantes.[1] Le piden sus órdenes al mesero, quien escucha con atención, pero no escribe nada, y luego se va a traer los pedidos. Regresa quince minutos más tarde, con la charola en la mano y coloca cada platillo frente a la persona que lo ordenó. Más tarde, cuando ya se ha levantado la mesa, pero antes de pagar la cuenta, Lewin le pregunta al mesero qué fue lo que ordenó cada comensal y el mesero hace un recuento perfecto. Entonces Lewin vuelve a preguntar qué ordenaron los comensales de una mesa cercana. "¿Por qué, señor? No tengo idea", respondió el mesero, sorprendido por la pregunta. "¡Esas personas ya pagaron!" Para Lewin, quien tenía el genio para ver lo profundo en lo cotidiano, éste es un momento eureka. Lewin se pregunta: *¿Cómo es posible que el mesero recuerde todo con tanto detalle, pero lo olvide cuando pagan la cuenta?* Lewin postula que, entre tomar la orden y llevar la cuenta, se crea una tensión en el mesero que propicia que recuerde. Pero cuando la tarea se termina (se paga la cuenta), la tensión desaparece de inmediato y el recuerdo también.

Las cavilaciones de Lewin sobre la tarea mundana de recordar las órdenes en un café, lo llevaron a él y a otros a formular teorías sobre cómo la gente persigue las metas en general. Lewin es el padre de la psicología social moderna y una figura fundamental en la psicología organizacional. Gran parte de su trabajo más importante se enfoca en la tensión entre donde estamos en relación con una meta en particular, y cómo la fortaleza o debilidad de esta tensión nos motiva para alcanzar dicha meta.[2]

Lewin estaba influido por lo que se conoce como psicología Gestalt,[3] que fue un enfoque radical para comprender la visión, aprendizaje y resolución de problemas humanos. Comprender el concepto de la psicología Gestalt es importante para acercarnos a las ideas de Lewin sobre la motivación. Y conocer sus ideas sobre cómo trabajan la tensión, las metas y la motivación te ayudará a comprender mi visión sobre el cambio personal.

El término alemán *Gestalt* significa "forma" e indica algo completo, identificable y comprensible. Para los teóricos de la psicología Gestalt, nuestras mentes están diseñadas para analizar grupos de cosas separadas y construir cosas enteras a partir de ellas. Entras a una habitación y ves cuatro piezas cilíndricas de madera erguidas sobre el suelo, y sobre ellas hay un bloque horizontal de madera, pero con cilindros de madera más pequeños, con más cilindros de madera todavía más pequeños que sobresalen de uno de los lados y están unidos en la parte superior por una pieza plana de madera. Tu mente no dice: "son piezas de madera conectadas", tu mente dice: "es una silla", y eso es lo que ves; eso es una Gestalt (un todo conformado de partes individuales). Cuando entraste a la habitación, tu mente observó las paredes, el techo y el piso, y tú sabías que estabas en una "habitación", y no piensas en "yeso, enchufes, vigas, bisagras"; eso, también, es Gestalt. ¿Y la experiencia del "tú" que entró a la habitación? Obviamente es Gestalt.

En virtud de que la mente siempre busca formar un todo, no

le gustan las discrepancias en nuestras vidas (cierta disparidad entre dos o más cosas que sentimos que deberían encajar). En efecto, algunos psicólogos creen que todas las emociones surgen cuando encontramos una discrepancia entre lo que esperamos y lo que encontramos, y que esas emociones permanecen activas hasta que ésta ha sido resuelta.[4] Cuando la psique encuentra estas discrepancias busca arreglarlas para integrarlas en algo completo, para reducir la tensión que éstas crean. Para convertir en algo *significativo* las cosas que discrepan. Lo necesitamos. Sin eso, el mundo se vería completamente disperso e indiferenciado, el caos del polvo en el aire: no existiría la silla, la habitación o tú.

Y aquí yace una paradoja encantadora de la humanidad. Nuestra psique detesta las discrepancias y nos compele a remediarlas. Pero en vez de vivir en tranquila complacencia, ¿qué hacemos? Nos fijamos metas, aspiramos a cambiar. Definir metas implica inherentemente una discrepancia (entre donde estás ahora y donde quieres estar). La tensión provocada por esta discrepancia particular y tu impulso por liberarte de esta tensión, con frecuencia conduce a algo bueno: la motivación para alcanzar la meta. Si puedes llegar a la meta se resuelve la tensión. Por eso el mesero puede retener la memoria durante su tarea (está motivado para terminar la discrepancia entre tomar la orden y entregar la cuenta), y su memoria es el medio para llegar ahí. Por eso también el mesero olvida las órdenes una vez que entrega la cuenta. Ya no hay discrepancia (y por lo tanto no hay tensión) una vez que completa la labor.

Entonces, alcanzar una meta con éxito es la manera en que una persona puede aliviar la tensión entre donde está en relación con su meta y la meta misma. Por supuesto, hay otra forma que requiere menos esfuerzo para liberarte de esta tensión: darte por vencido. No hay una sola meta que no tenga discrepancia, lo cual deriva en que no haya tensión. Darte por vencido y ceder son elementos importantes en este libro y volveré a ellos después. Pero por ahora apeguémonos al combustible motivante de la tensión entre tu estado actual y el estado en el que deseas estar.

Parecen obvias las ideas de que tu motivación depende de la tensión entre donde estás ahora y tu meta, y el hecho de que tu motivación termina una vez que alcanzas tu meta. Te mueres por comer tu hamburguesa con tocino favorita. Te motiva cocinarla porque la quieres para la cena, y por lo tanto existe una discrepancia ente tu hambre actual y tu último bocado de satisfacción. Pero cuando terminas de comerte la hamburguesa ya no tienes la motivación de cocinarla, porque ya no existe discrepancia entre tu necesidad metabólica y la satisfacción de dicha necesidad. Tenías hambre, comiste y la hamburguesa ya no está en tu mente. Ésa es la teoría: quieres algo, la tensión entre desearlo y tenerlo te motiva a la acción, y una vez que alcanzas la meta ya no te sientes motivado a lograrla.

Es así de simple.

Bueno, de hecho no lo es. La transición de hacer nada a hacer algo, o de hacer algo negativo a hacer algo positivo, implica una compleja variedad de fuerzas y oposiciones. Lewin se refirió a estas presiones como fuerzas y vectores,[5] un término que adoptó de las matemáticas y la física y lo aplicó a la acción humana.

Un vector es algo que tiene un nivel de fuerza (llamado *magnitud*) y dirección.[6] El clásico problema matemático acerca de dos trenes que pasan uno cerca del otro; uno que sale de Cleveland a 72 kilómetros por hora, y el otro que sale de Wichita Falls a 96 kilómetros por hora, es un conjunto de vectores. Digamos que vienes a visitarme en tu coche y te pregunto a qué hora crees que llegarás. Si respondes: "Voy a tomar la autopista sur de Ventura" sólo me estás dando una respuesta parcial, ya que no me has dicho qué tan rápido irás. Lo mismo sucede si dices: "Iré a 100 kilómetros por hora", pero no me dices cuál es tu ubicación en ese momento. Pero si dices: "Voy a tomar la autopista sur de Ventura desde mi casa y manejaré a

100 kilómetros por hora", habrás descrito un vector y yo sabré cuándo comenzar a preparar los martinis.

Cuando se trata de pensar sobre las metas personales, los vectores son bastante útiles, ya que nos permiten ver tanto el lugar hacia donde la persona quiere ir como el nivel de energía o fuerza que tiene y requiere para llegar ahí. Pero las empresas humanas no se pueden reducir con facilidad a problemas matemáticos pequeños y minuciosos. Tanto la fuerza de nuestra motivación como la dirección hacia la que vamos son demasiado complejas como para cartografiarlas o medirlas en su totalidad. Un coche que va a 100 kilómetros por hora en la autopista Ventura resulta fácil de representar en un vector. Pero la persona compleja que crea significados y que va manejando el coche posee todo tipo de variables que afectan la trayectoria que lleva, como la fuerza que lo impulsa hacia su destino y los cambios en dicha fuerza. ¿Por qué un conductor se apresura para llegar a ver a un cliente y por qué el otro se apresura para escapar de un matrimonio infeliz? Ambas motivaciones son vectores, pero ninguna se traduce con facilidad al álgebra de la velocidad y la dirección. Novelistas como Marcel Proust, William Faulkner y Philip Roth han dedicado páginas y páginas a hablar sobre las múltiples fuerzas que motivan a alguien a avanzar o alejarse de una acción en particular. Por lo tanto, para nosotros los humanos lograr metas rara vez es tan simple como una recta entre Cleveland y Wichita Falls. Por eso Siri puede decirnos cómo cruzar el país manejando un coche, pero no puede decirnos por qué debemos levantarnos de la cama. Para quienes buscan hacer cambios, los vectores de nuestros motivadores internos y direcciones son mucho más complicados que las instrucciones como "camina 10,000 pasos" o "añade 300 gramos de carne molida".

CAMPOS Y CAMPOS DE FUERZA

Volvamos a ese café de Berlín en 1930. El momento eureka de Lewin surge cuando percibe una especie de burbuja invisible alrededor del mesero, un "espacio vital", o "campo", como lo llamaría más tarde.[7] Éste consiste en las propias fortalezas y debilidades psicológicas del mesero, lo que sucede en su entorno y las formas en que él responde al entorno y el entorno responde a él. Lewin creó una fórmula para estos campos: $C=f(P, E)$, lo que significa que el comportamiento (C) es una función (f) de una persona (P) y su propio entorno (E). Ésta fue una fórmula radical para la época, la cual desafió el modelo de estímulo-respuesta que en ese entonces era popular. Para Lewin, los seres humanos no sólo eran organismos motivados a la acción únicamente por recompensas y castigos externos. Eran "personas" con vidas internas, pensamientos, esperanzas y temores, con la capacidad de afectar su entorno (y no sólo ser afectados por él). Por lo tanto, Lewin vio que nuestro movimiento hacia las metas está dirigido por pensamientos, fuerzas y emociones dinámicas que cambian dependiendo de nuestra interacción con el ambiente que nos rodea.

Esto también fue una divergencia del psicoanálisis,[8] el otro gran método de aproximación a la psicología humana, que consideraba que el comportamiento reflejaba personalidades formadas por preocupaciones neuróticas e impulsos reprimidos, y no estaba tan enfocado en cómo las personas negocian los cambios reales de la vida cotidiana. Lewin afirmaba que nuestro movimiento hacia las metas en parte es una reflexión de nuestro estado actual, en vez de estar basado estrictamente en rasgos psicológicos. Lewin decía que la situación actual importa; un dicho que moldeó la psicología social moderna. *¿Cuántos psicólogos se necesitan para cambiar un foco?* La respuesta: *Depende de la situación.*

Sentado en el café, Lewin postuló que la memoria del mesero sobre los platillos que ordenó cada comensal dependía de un campo psicológico, el cual estaba conformado por el deseo del mesero de hacer un buen trabajo, las exigencias generales de su labor y la tarea específica ante él (por ejemplo, llevar milanesas, estofado y cerveza pilsner a la mesa ruidosa de psicólogos). El comportamiento del mesero, su impresionante memoria y su igualmente notable olvido después de que se pagara la cuenta tenían sentido al considerarse en términos del campo de acción: la persona que es (un mesero) y la situación que está negociando (llevar comida a las mesas). Esto es una Gestalt del "mesero" y crea la tensión, que provoca el mejoramiento de la memoria, de la discrepancia entre la orden de comida y bebidas, y la entrega de la cuenta. Para ponerlo de otra forma, no hay tensión entre tomar la orden y recordarla sin que el mesero realice las responsabilidades de su trabajo.

Pero ¿qué sucede cuando cambia el campo?, ¿qué ocurre cuando el mesero, llamémoslo Fritz, cambia su rol y las metas de ese nuevo rol salen a relucir? Supongamos que Fritz también es uno de los estudiantes de Lewin, y al ver a su profesor y sus compañeros de clase entrar al café, pasa de ser un mesero muy ocupado a un estudiante muy entusiasmado. Fritz se sienta con sus compañeros de clase y ordena alimentos (atendido por otro mesero) y los pedidos no son registrados por Fritz para nada. Su mente está en la teoría de vectores y campos psicológicos, y no en la cantidad de cervezas. Puede que él ni siquiera recuerde qué ordenó ninguno de sus compañeros porque está, literalmente, "fuera de ese campo de acción". El estado mental de Fritz cambia tan sólo con quitarse el delantal y sentarse con sus compañeros de clase, y ahora está involucrado en metas distintas.

Pero una vez que Fritz se vuelve a poner el delantal, de hecho no tiene garantizado que recordará todas las órdenes. En su campo no sólo hay fuerzas que lo mueven hacia sus metas, sino también resistencias que le impiden llegar.

Para Fritz, los vectores de avance que lo ayudan a recordar son su necesidad de un empleo remunerado, su deseo intrínseco de complacer a sus clientes, su habilidad de recordar mentalmente cosas diversas e incluso complicadas, la taza de café fuerte que concentra su atención y su deseo de obtener una buena propina. Todos juntos, estos vectores de avance entran en la tensión entre recordar las órdenes de los comensales y recolectar sus pagos. Lewin llamó fuerzas motrices a la suma de estos vectores positivos que mantienen a Fritz enfocado en su meta.

En coexistencia con estas fuerzas motrices se encuentran cosas que obstaculizan a Fritz, muchas de las cuales también lo limitan en la tarea de ser un buen estudiante: acaba de recibir noticias terribles de casa, se pegó en la cabeza la noche anterior, hace poco su jefe lo evaluó de forma mediocre, está preocupado por la noticia de una situación política alarmante, o sólo amaneció con menos memoria. Lewin llamó a estas situaciones lastres e influencias negativas que restringen las fuerzas. Cuando mides la magnitud de las cosas que evitan que una persona alcance su meta, contemplas estas fuerzas. Las fuerzas restrictivas son el motivo por el cual no podemos alcanzar nuestras metas con un chasquido. Si no hubiera cosas que nos restringen, no habría ninguna tensión y obtendríamos lo que queremos sin esfuerzo alguno.

Para comprender cómo alcanzamos las metas, Lewin desarrolló el análisis del campo de fuerzas (figura 1). Para él, el comportamiento de una persona existe en una dinámica (estado variable) entre las fuerzas motrices hacia una meta y las fuerzas restrictivas que obstruyen el camino de una persona hacia su meta.

La imagen que Lewin pintó es como esos juguetes de fiesta: soplas por el tubito y la pelota se eleva. Mientras tu respiración sea pareja, la pelota se mantiene en un solo lugar, flotando sobre el tubito, entre la fuerza motriz de tu respiración y la fuerza restrictiva de la gravedad. Para Lewin, los humanos sólo pueden alcanzar sus metas cuando la fuerza restrictiva se debilita o cuando la fuerza motriz se fortalece.

En realidad, esta idea de campo de fuerza no es invención de Lewin. Fue sir Isaac Newton[9] quien planteó que "un cuerpo en reposo permanecerá en reposo, y un cuerpo en movimiento permanecerá en movimiento, a menos que sea afectado por una fuerza externa". Lewin reconoció que estas leyes fundamentales no sólo afectan las manzanas que caen de un árbol, sino también a los humanos que se esfuerzan por estar mejor.

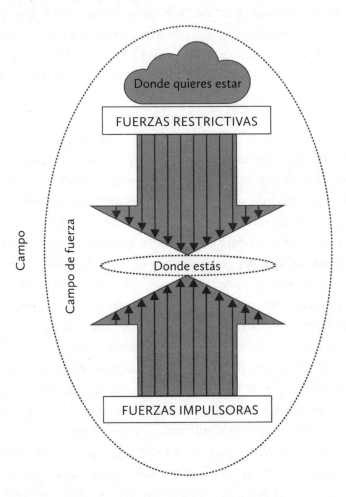

Figura 1

En este momento estoy sentado en una silla escribiendo. El motivo por el cual no me hundo en el suelo ni floto en el espacio es la tensión entre la masa y la gravedad. Yo soy la pelota sobre el tubito. Ya sea en la Naturaleza o en el espacio complejo llamado psique humana, la inercia es dinámica. Dejamos de ser cuerpos en reposo cuando cambia la potencia compensatoria de las fuerzas motrices y restrictivas.

A veces tus fuerzas motrices son tan intensas que logras una meta con rapidez, pero a veces tus fuerzas restrictivas evitan que la consigas. Otras veces, una de las fuerzas es muy débil y no requiere mucho esfuerzo para que la fuerza compensatoria la empuje en una nueva dirección. Tu estado en relación con la meta siempre es el punto exacto donde se encuentran ambas fuerzas.

¿Alguna vez has manejado en una autopista en una gran ciudad? Hay embotellamientos todo el tiempo. Así que aunque estés muy motivado para salir a tomar unos tragos, eso no significa que llegarás con tanta facilidad como crees. Por fortuna, tienes fuerzas internas que contribuyen al ímpetu de tu movimiento de avance; por ejemplo, tus habilidades para conducir, tu buena actitud y un navegador GPS como Waze. Pero también hay cosas poderosas que te frenan, y su fuerza te empuja en la dirección contraria a donde quieres ir: el que va como tortuga en el carril de alta velocidad, tu tendencia a ignorar el GPS hasta que te pasas la salida, el hecho de que la hora pico haya bajado la velocidad de 100 kilómetros por hora a unos temibles 15 kilómetros por hora. Ése es tu estado ahora mismo, determinado por el choque de las fuerzas motrices y restrictivas.

Pero no es *tan* sencillo. Verás, el significado que la meta tiene para ti posee una influencia significativa en el campo.

Volvamos a la hamburguesa con tocino. Quieres hacer la hamburguesa perfecta para impresionar a alguien con quien sales. En verdad te gusta esta persona y estás buscando sellar el compromiso. Pero ella está indecisa y tú te sientes inseguro sobre la relación.

Tanto que, de hecho, sientes que todo lo que haces es una audición para que esta persona te dé su aprobación. Eso incluye hacer tu hamburguesa con tocino favorita. Llevas la comida a la mesa y ambos la prueban. Tu pareja potencial no parece impresionada con la hamburguesa. De hecho, se está empezando a hartar de tus despliegues de inseguridad, y tu búsqueda constante de aprobación está empezando a desencantarla. Así que es claro que no estás alcanzando tu meta de demostrar que eres un buen partido.

En efecto, tu estrategia errónea te ha alejado un poco de ella. Físicamente estás satisfecho y la hamburguesa sabe igual que siempre, pero tienes todavía más ganas de hacer que esta relación funcione. Por lo tanto, la tensión motivante entre el punto de partida y la meta no termina con el consumo de una hamburguesa con tocino, y es probable que continúe, ya que tu estrategia de la hamburguesa para finalizar la discrepancia entre desear y comprometerte fue bastante absurda, para empezar. Tu inseguridad y las respuestas a ésta por parte de tu pareja potencial son fuerzas restrictivas que te debilitan.

Si alguien estuviera viendo cómo se desarrolla este escenario sin saber acerca de tu inseguridad, tus preocupaciones sobre el compromiso o tu enfoque contraproducente para recibir aprobación, vería un simple evento de una persona dándole de cenar a otra: meta lograda. Pero tu meta actual es distinta de como se ve. De hecho, está basada en algunas necesidades bastante neuróticas, sólo conocidas por ti y desconocidas para los demás.

Los significados de nuestras metas con frecuencia están ocultos y nuestro propio estado psicológico es importante con respecto a la tensión entre el punto de inicio y la meta, lo cual implica que en realidad no podemos comprender la motivación de una persona sin entender por qué quieren lo que quieren. Por lo tanto, cada campo (ese espacio, en términos de Lewin, compuesto de fuerzas motrices y restrictivas) es tan idiosincrásico y único, como un copo de nieve, formado por la interacción entre una personalidad única con motivaciones y una situación social distintivas.

Al ver que toda la motivación existe en un campo de influencias y reconocer que el significado de una meta es distinto para cada persona, Lewin destroza la mayoría de los consejos de autoayuda para lograr el cambio personal.

Los consejos que indican cómo hacer las cosas generalmente ignoran el funcionamiento complejo de la motivación y actúan como si una meta específica tuviera un significado para todos, y asume que cada persona vive en el mismo campo. Por lo tanto, están dirigidos a una persona psicológicamente consistente, cuyas acciones hablan del todo por sí mismas, sin un significado más profundo que eso que buscan alcanzar al nivel de lo observable. En otras palabras, una persona de fantasía.

Imagina que Jim, Carla y Lee buscan la misma meta de perder peso, pero por motivos muy distintos: Jim está solo y desea mejorar su atractivo social, Carla es jugadora de tenis y busca mejorar su destreza atlética, Lee tiene altos niveles de colesterol y quiere mejorar su salud cardiovascular. Claro, a los tres les ayudará evitar los alimentos chatarra. Pero atender las metas subyacentes (una vida social más diversa, correr más rápido hasta la red, temer menos a las enfermedades cardiacas) es algo particular para cada uno. Y la tensión motivadora entre donde está cada uno de estos individuos y donde quieren estar en gran medida está diseñada por el significado de sus metas particulares. Jim puede encontrar una pareja que ame a un hombre "pasado de peso" y ya no sentir que necesita hacer dieta, Carla puede subir en la escala competitiva en su club de tenis y experimentar una motivación adicional para perder peso, y a Lee le puede decir su médico que sus medicamentos de estatina están funcionando y está bien que relaje un poco su dieta. Todos se dispusieron a bajar de peso, pero el significado de sus metas controla el nivel de tensión entre cada uno de ellos y su meta, y por lo tanto el poder de la motivación para alcanzarla.

Como afirmaré a lo largo de este libro, los factores que posibilitan y los que restringen con más fuerza radican en este tipo de metas subyacentes, únicas y muy personales. Las instrucciones sobre cómo hacer las cosas no abarcan metas basadas en significados y no te dicen cómo manejarlas, porque no están conscientes de ti y de por qué quieres lograr lo que deseas.

Sin mencionar que el consejo popular es completamente inútil en el mundo real de individuos complejos y únicos. Pero, en conjunto con una buena dosis de contemplación, te puede ayudar a llevar a cabo el cambio deseado al brindarte un mapa construido por la sabiduría colectiva, y por lo tanto dar un empujón más a tus fuerzas motrices (también seguir el mapa puede ser decepcionante: nada cambia y te desmotivas). No obstante, los consejos populares sobre autoayuda están lejos de llevarte a donde quieres estar.

Odio decirlo, pero el campo de fuerza de Lewin tampoco te puede llevar ahí.

El campo de fuerza ofrece una vista panorámica de todos los campos y la forma en que influyen en la tensión motivadora que existe entre el lugar donde está una persona y el lugar donde quiere estar, con respecto a una cantidad infinita de metas (desde servir mesas hasta empresas más grandes como ganar guerras, negociar la paz o sobrevivir a la opresión política). El cambio personal se sitúa dentro de cualquiera de estos panoramas. Pero también tiene su especie única de presión, con sus fuerzas específicas que siempre son parte de esta presión cuando decides cambiar. Cuando quieres dejar un hábito, mejorar tu salud, aprender algo nuevo, establecer metas psicológicas o espirituales más profundas, o salir de tu zona de confort o ayudar a cambiar el mundo, entran en escena otras fuerzas restrictivas y particulares, que no siempre están presentes cuando trabajas para completar muchas otras metas en tu vida, como recordar órdenes en un café o cocinar tu hamburguesa con tocino favorita.

ENTRE LA ESPERANZA Y LA MUERTE: EL CAMPO DE FUERZA ESPECIALMENTE TENSO DEL CAMBIO PERSONAL

¿Recuerdas cuando eras niño y alguien te preguntó qué querías de regalo de cumpleaños? Tal vez lo pensaste un poco antes de que se te ocurriera una respuesta. Digamos que querías una bicicleta nueva. Después de hacer tu petición, ¿de pronto te sentiste como si debieras tener una bicicleta, como si al haber expresado este deseo de repente se volvió tan urgente, que tu vida estaba incompleta y que la bicicleta era esencial para tu felicidad? Mientras esperabas el regalo, ¿acaso crecieron estos dos sentimientos de tener una bicicleta: el dolor de su ausencia, su promesa de satisfacción? Si fue así, ése es un tipo de tensión que sucede cuando tienes la esperanza de algo. *Cuando tienes esperanza, le asignas un valor positivo a satisfacer la esperanza y un valor negativo a no alcanzarla.*

Al igual que los regalos de cumpleaños, hay todo tipo de metas en la vida que incluyen la tensión entre sentir esperanza y que no implican el acto de trabajar para lograr el cambio personal. Querer ganar esta noche en la mesa de *blackjack* o que tu vecino deje de tocar Metallica en la batería a la una de la mañana, son aspiraciones que no necesariamente implican cambio de tu parte. Pero, en definitiva, el cambio personal es un proceso que detona la experiencia generadora de esperanza, por querer y necesitar algo que sientes que es importante y el dolor de saber que no lo tienes. La naturaleza de la meta misma es lo que hace que la tensión inherente del cambio personal sea distinta y con frecuencia más intensa que otras metas.

Atender lo importante, señalar lo que falta

Cuando tienes la esperanza de un cambio personal, esperas una transformación en ti, no en un objeto en particular, como una bicicleta. Y eso significa que lo que ahora sientes que es importante, que también falta, es algo sobre ti (algo que quizá minimizaste o lo ignoraste antes de decidir hacer el cambio). Eso crea un tipo de tensión difícil y complicada, que requiere darte cuenta de dos cosas: algo que encuentras insatisfactorio acerca de ti mismo se ha vuelto importante, y existe el riesgo de la decepción por fracasar en modificar un aspecto de tu vida que identificaste como valioso.

Por ejemplo, hacer dieta: cuando planeas una, piensas tanto en adelgazar como en el sobrepeso que tienes en ese momento. Y si fracasas con la dieta, es muy probable que te vuelvas más consciente de tu peso que si nunca hubieras hecho la dieta.

No puedes cambiar sin darte cuenta de que estás insatisfecho en algún área de tu vida. Digamos que quieres aprender a dibujar, así que tomas clases de dibujo. Al otorgarle valor a esta meta, también dejas claro que te faltan habilidades que valoras. Si fracasas en esta clase, estarás donde te encontrabas antes de inscribirte en lo que respecta a tus habilidades. Pero notarás más tu carencia de habilidades que cuando comenzaste el curso, porque les diste valor al perseguirlas.

¿Entonces cómo los humanos (programados para completar cualquier cosa que se sienta inconclusa) satisfacemos la tensión de la esperanza del cambio personal? En otras palabras, ¿cómo lidiamos con el estira y afloja del sentimiento desagradable de que carecemos de algo y, por lo tanto, necesitamos cambiar, mientras lidiamos con la posible decepción de no cambiar, la cual nos enfrenta aún más con la carencia que nosotros mismos establecimos?

La segunda forma, y la más fácil, de terminar con la tensión es darnos por vencidos y permanecer igual. Claro, te sentirás pésimo durante un par de días. Pero al final, al no tener el objetivo de dibujar mejor no valorarás positivamente este atributo, y por lo tanto disminuirá la sensación de que algo te falta. Ésta es una razón por la que la mayoría de nosotros elige permanecer igual en vez de cambiar. Cada vez que avanzas hacia algo que quieres y necesitas, los riesgos son mucho más altos que si eres autocomplaciente.

Por eso el cambio personal es un asunto muy serio. No importa qué tan pequeño o frívolo parezca el cambio que tienes ante ti, siempre está implicado en la experiencia de ver alguna carencia, y considerar que no está asegurado que lo obtendrás. Ésa es una discrepancia profunda, que amenaza con revelar algo aún más profundo: una discrepancia tan irreconciliable que nuestros cerebros (que están hechos para completar todos los círculos) se sobrecargan y colapsan cuando la enfrentan.

He estado esperando a hablarte acerca de esta discrepancia. Es difícil. Respira hondo porque aquí viene:

Estás vivo ahora, un día no lo estarás, y ese día puede ser hoy.

Esta discrepancia no tiene solución. Es una tensión con la cual tienes que vivir (bueno, hasta que no vivas).

Ahora que te he dado estas terribles noticias, ¿qué quieres hacer con ellas? "¡Tomar esa clase de cocina que siempre he querido tomar!" "¡Perder esos cinco kilos!" "Seguir el consejo de canciones como 'Live Like You Were Dying' (Vive como si estuvieras muriendo)". ¡Bien por ti! Pero también debo advertirte algo: cuando haces este tipo de cambios, ese gran Kahuna (gran cultivador de todas las discrepancias) te va a fastidiar mucho más que si permaneces igual.

El cambio personal siempre tiene que ver con cómo existimos dentro de la sombra del gigante, un reloj de arena de nuestra mortalidad completamente impredecible. *Siempre* se trata de eso.

Al dirigirte hacia el cambio, quizá no te dices a ti mismo: "Estoy aprendiendo a tejer porque algún día estaré seis pies bajo tierra". Pero *sentirás* una especie de presión que no sientes cuando permaneces igual. Sentirás que *necesitas*, no sólo quieres, aprender a tejer. Con esta esperanza vendrá un sentido de responsabilidad contigo mismo, y la preocupación de fracasar en obtener aquello de lo que careces, antes de que sea demasiado tarde. Detrás de esta experiencia de responsabilidad habrá un reconocimiento silencioso de que no tienes todo el tiempo del mundo.

Tu mente entrará en frenesí para ahogar este reconocimiento, para protegerse a sí misma de volverse loca con un problema que no puede resolver. Aunque es muy buena para barrer el polvo debajo del tapete de la negación (con frecuencia haciendo que tu terror más grande, y el único hecho irrefutable en tu vida, además de los impuestos, parezca abstracto, oscuro y teórico) tu mente puede encontrar la amenaza siempre presente de la muerte si sabe dónde buscar. La innegable presión de hacer que las cosas sucedan ahora; la fuerza urgente, pero invisible, de la impaciencia y la postergación; el temor al aburrimiento y el vacío (todas son preocupaciones que sólo tienen aquellos que saben que son mortales).[10, 11, 12, 13]

Y mientras las experimentas a diario, tu mente hace un muy buen trabajo para desconectarlas de su raíz: tu muerte inminente. "Otra vez hay remordimiento. Hay impaciencia, arrepentimiento y aburrimiento en mi experiencia vital", como si no tuvieran una fuente compartida. Pero sí la tienen. Estas emociones no sólo se relacionan con tu muerte, sino también con cómo eso define tu *existencia*, y lo que quieres hacer antes de que termine. En otras palabras, demuestran las preocupaciones *existenciales*: cuando enfrentas tu responsabilidad única de hacer algo con tu preciada vida.

Cuando esperas un cambio personal (por ejemplo, una nueva habilidad, una mejor relación con tu familia, una meta de trabajo importante, una existencia más profunda), y por lo tanto también te das cuenta de que esta característica te falta en este momento, y lo conjuntas con el tiempo contado de tu existencia, y el hecho de que ese límite podría llegar en cualquier momento, provoca que las metas del cambio personal sean distintas de otras cosas que esperas en la vida. Quizá te des cuenta de que no tienes una bicicleta y esperes tener una, pero no sientes que algo de *ti* hará falta si no la obtienes. De igual manera, quizá tienes ganas de una hamburguesa con tocino, pero no sentirás que te estás perdiendo una oportunidad importante para mejorar tu vida infinita si se te quema en la estufa (a menos que el propósito de la hamburguesa fuera cambiar tu vida de alguna manera).

Esta diferencia provoca que tu proceso hacia las metas transite por tres leyes específicas del cambio personal, contenidas dentro del campo de fuerza de Lewin. Debes proceder dentro de las reglas de estas leyes para impulsarte hacia delante y generar un cambio duradero de verdad.

Estas tres leyes, una acerca de tu ansiedad por la responsabilidad y la soledad, las otras dos acerca de tu capacidad de tener esperanza y fe, son fundacionales. Están integradas por completo en las fuerzas motivadoras y restrictivas que surgen cada vez que deseas cambiar. Influyen en lo que te motiva y lo que te restringe, y suelen llevarte a permanecer igual.

Capítulo 3

Ansiedad, esperanza y fe: las tres leyes del cambio personal

Somos nuestras elecciones.
—Jean-Paul Sartre

- PRIMERA LEY: El "vértigo de la libertad" y su restricción
- SEGUNDA LEY: La fuerza motriz de la esperanza
- TERCERA LEY: La fuerza motriz de la fe y el poder de contención de la impotencia

El cambio tiene que ver con la tensión entre el lugar donde estás ahora y aquél en el que quieres estar. Digamos que el cambio es trivial: decides poner las llaves de tu casa en el mismo lugar todos los días antes de irte a la cama. Este tipo de tensión es fácil de manejar. Es como sujetar una liga entre los dedos índice de las manos, con un ligera tensión entre ellas (figura 2). Pero si intentas un cambio más sustancial que tiene que ver con cambiar algo de tu persona (un nuevo régimen alimenticio o una forma diferente de tratar a los compañeros de trabajo) la tensión será mayor y más difícil de mantener (figura 3). No es sólo que el objetivo sea mayor y, por tanto, más exigente; no se trata de un simple aumento lineal, como pasar de una pesa de cinco kilos a una de veinte kilos. Más bien, cuando se persigue un objetivo que en realidad cambia la vida, se añade mucho más. En primer lugar, atribuyes más importancia a ese objetivo, y también reconoces que ese objetivo, recién considerado relevante, es necesario en tu vida. En otras palabras, el objetivo adquiere importancia y se convierte en un reto simplemente porque lo has convertido en un objetivo y lo deseas.

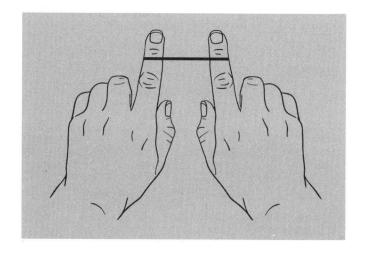

Figura 2

Por lo tanto, lo que está en juego para alcanzar el objetivo aumenta cuando lo tienes en la mira. Tienes esa sensación de anhelo, como si no pudieras vivir sin alcanzarlo, y una preocupación simultánea por lo que significará no obtenerlo. Por lo tanto, la tensión de realizar un cambio personal es mayor que la leve tensión que experimentas cuando te propones alcanzar otros objetivos que no alteran tu vida (como el hábito de poner las llaves en un lugar determinado). No puedes mantener esta tensión de forma constante, durante todo el día, pero puedes soportarla durante un tiempo.

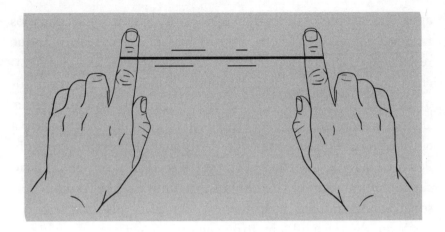

Figura 3

Cuando te diriges a un objetivo personal importante, también sientes la presión de hacer que tu vida finita sea lo más significativa, saludable y profunda posible. Lo que quiero decir con esto es que ya no estás en piloto automático; ahora estás manejando el avión y eso significa seleccionar un rumbo, trazarlo y alcanzarlo, lo cual requiere decisiones grandes y pequeñas. Eso significa que la liga se tensa aún más (figura 4). Por mucho que intentes mantener tus dedos temblorosos en posición vertical, se inclinan uno hacia el otro. Estás esperando que se *rompa*.

La forma más difícil y dolorosa de acabar con esta tensión es trabajar, a duras penas, hacia tu objetivo. Hay una forma fácil e indolora de reducir la tensión, y es permanecer igual.

Al tener en cuenta la atractiva simplicidad de seguir igual, y compararla con la desorientadora complejidad del cambio, no es de extrañar que tendamos a elegir la primera opción más que la segunda. Quedarnos en donde estamos es nuestro lugar preferido. En el campo de fuerzas de Lewin[1] hay todo tipo de cosas que nos empujan hacia nuestra meta, como nuestros talentos y competencias, el apoyo que recibimos de los demás, nuestro lugar en la sociedad y los recursos materiales que poseemos. Y hay todo tipo de fuerzas que restringen este impulso, como nuestra ineptitud en una tarea concreta, la falta de apoyo social, las fuerzas políticas opresivas y la pobreza material. Estas fuerzas cambian en cuanto a su importancia, algunas suelen estar ausentes como energía impulsora o restrictiva en nuestro campo, dependiendo de lo que intentemos conseguir. Por otro lado, la ansiedad por nuestra soledad y responsabilidad siempre está presente cuando nos dirigimos hacia el cambio personal. Son las influencias de nuestras fuerzas impulsoras y restrictivas, lo que diferencia el cambio personal de otros actos que requieren motivación.

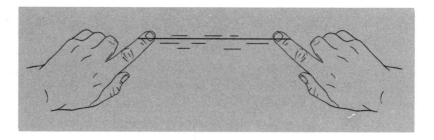

Figura 4

HAROLD Y LA CRAYOLA MORADA

Hace años, mientras acostaba a Max, mi hijo pequeño, tomé el libro infantil *Harold and the Purple Crayon* (Harold y la crayola morada)[2] para leérselo. También en ese momento trabajaba en el desarrollo de diez razones para no cambiar, y desempolvaba mis libros de posgrado sobre existencialismo para ayudarme a argumentarlas en un contexto filosófico. A medida que iba leyendo, me sorprendía la eficacia con la que este pequeño libro captaba lo que nos impulsa hacia nuestros objetivos, lo que nos impide alcanzarlos, y cómo estos impulsos y restricciones operan de una manera particularmente existencial. Cuando pienso sobre el existencialismo hoy, pienso menos en Camus y Sartre, y más en Harold (es mi héroe existencial).

En el libro, Harold siempre está solo con su crayón morado gigante. Cuando no utiliza el lápiz para dibujar, las páginas están en blanco. Cuando utiliza el lápiz, dibuja el mundo que lo rodea.

Algunos dibujos ayudan a Harold en su recorrido (por ejemplo, un policía que le señala el camino); muchos otros son aterradores y le impiden avanzar (como un monstruo, un océano tormentoso o un acantilado). Frente a las más peligrosas de estas fuerzas, Harold siempre es capaz de trazar un camino para seguir adelante a pesar de ellas. A veces se limita a seguir en la misma dirección, con la cabeza gacha, enfrentándose al reto que tiene delante. Pero la mayoría de las veces dibuja nuevas e ingeniosas formas de sortear los obstáculos que se interponen en su camino.

Harold y la crayola morada trata tanto del asombro como de la angustia de ser el autor de una vida, la maravillosa bendición humana de la decisión, el peso de la responsabilidad de decidir para que nuestra vida tenga sentido y sea satisfactoria, las formas en que ese peso puede mantenernos en nuestro sitio, lo que tenemos que hacer para seguir adelante y cómo podemos levantarnos en momentos de decepción y fracaso.

Hay una secuencia en el libro que describe extraordinariamente el tipo de fortaleza que necesitamos para crecer, a pesar de la restricción de nuestras preocupaciones por ser los responsables de nuestras vidas. Harold dibuja primero un árbol. Es hermoso, lleno de frutos: abierto, frondoso y real. Harold quiere proteger el árbol. Así que dibuja un monstruo guardián. Pero entonces Harold se olvida de que ha dibujado el monstruo.

Se pone ansioso y empieza a temblar. Su mano tiembla tanto que, sin querer, dibuja marcas en forma de olas. Las olas se convierten en un océano.

Cae en este mar literal de ansiedad. Pronto se ahoga en él.

Entonces saca la mano del agua, dibuja un barco y se sube a él. Se hace a la mar. Todo está bien... pero sólo por un tiempo. Hay otros retos a los que tendrá que enfrentarse, y lo único que tiene es su crayola morada para conseguirlo.

Ésa es una de las lecciones más importantes que debes saber sobre el cambio: cuando cambias, eres tú quien dibuja tu vida; eres responsable de que el cambio se produzca. Eso significa que corres un gran riesgo cada vez que cambias, ya que no lograrlo significa que no consigues lo que necesitas, por tu culpa. Y después ves esa cosa como algo de lo que careces. Intentar transformarte también es arriesgado porque nunca estás seguro de manejar este sentimiento de ansiedad y responsabilidad: ¿puedes construir el barco que necesitas para mantenerte a flote mientras te enfrentas a los contratiempos y los fracasos, y puedes dirigirte hacia el destino que has elegido? Al igual que Harold, tu capacidad para seguir adelante, para creer en ti mismo lo suficiente, para fijar el siguiente rumbo y para seguir sorteando los obstáculos en tu camino, depende de tu capacidad para mantener la esperanza.

Todos somos Harold, y experimentamos ansiedad por ser responsables de nuestras vidas todo el tiempo; lo hacemos cuando nos despertamos con los ojos desorbitados a las tres de la mañana, preguntándonos qué ha pasado con nosotros; cuando nos sentimos perdidos en el trabajo o a la deriva en nuestras relaciones; o cuando simplemente queremos cambiar alguna cosa sencilla y sentimos que algo nos aleja del éxito. En esos momentos nos enfrentamos a nuestras propias páginas en blanco y depende de nosotros dibujar un camino con sentido. Encontramos también formas innovadoras de seguir adelante y, a pesar del peso de la responsabilidad, nuestros "crayones morados" del cambio nos sostienen, nos mantienen a flote y nos ayudan a construir el tipo de artefactos que nos llevarán a donde queremos estar. Para todos, la crayola morada (nuestra libertad para elegir y decidir) es fuente tanto de una terrible ansiedad (crea olas de incertidumbre y duda sobre los objetivos y sobre nuestra capacidad para alcanzarlos) como de una importante esperanza (nos proporciona los medios para alcanzarlos).

¿Cómo te sientes al saber que tienes opciones que tomar, y que las consecuencias de optar por alguna de ellas te ha llevado hasta aquí, a leer este libro?, ¿estás un poco inquieto e intranquilo?, ¿un poco agitado? Eso es la ansiedad golpeando tu psique. Es el "vértigo de la libertad", como lo llamó el existencialista Søren Kierkegaard:[3] la sensación de ansiedad que experimentas cuando despiertas al hecho de que tienes elección y que estás a cargo de tu tiempo y de tu vida.

La vertiginosa ansiedad de la libertad puede hundirte, abrumándote en un mar de preocupaciones. Pero este vértigo también está presente en la línea de salida del cambio: "en sus marcas, listos, fuera". La ansiosa sensación de que eres tú quien decide tu destino te frena y te impulsa a la vez.

La primera ley del cambio personal se refiere a la parte de restricción de esta ecuación: la ansiedad por la libertad de cambiar.

PRIMERA LEY DEL CAMBIO PERSONAL: EL "VÉRTIGO DE LA LIBERTAD" Y SU RESTRICCIÓN

Cuando te diriges hacia el cambio personal, estás apoderándote de tu existencia para hacerla mejor. Eso significa que perseguir el cambio personal te enfrenta a tu responsabilidad existencial y a tu soledad, con más intensidad que la alternativa de permanecer igual. Estas comprobaciones suelen producir ansiedad existencial. Por lo tanto, cada movimiento hacia el cambio personal suele llevar consigo la fuerza contraria de la ansiedad existencial que se opone a dicho cambio (figura 5).

Como ya mencioné, cuando avanzas hacia una transformación, todo tipo de cosas se interpondrán en tu camino. Pero habrá una fuerza restrictiva que siempre estará presente, independientemente de quién seas y de lo que te ocurra en ese momento o de la meta que quieras alcanzar. Esta fuerza de contención proviene de la conciencia de tu *responsabilidad y soledad* existencial; la confrontación con el hecho de que tienes esa crayola morada y estás a cargo de lo que sucederá a continuación.

Cuando eres consciente de tu responsabilidad y de tu soledad, dos hechos que tu cerebro, temeroso de la muerte, trata de sofocar, te pones ansioso de forma abrumadora.

Aunque es demasiado complejo y variado para abordarlo aquí, un enfoque existencial[4] de nuestra psicología nos ofrece unas cuantas ideas importantes y un tanto ordenadas respecto a la contención fundamental de nuestra ansiedad existencial.

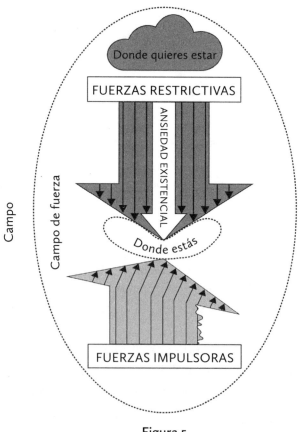

Figura 5

El existencialismo afirma que todos vivimos sólo durante un cierto tiempo y después no hay nada más. A este hecho, podemos añadir la suposición de que, en nuestro recorrido entre el nacimiento y la muerte, estamos solos en esencia. Incluso cuando estamos profundamente conectados y tenemos grandes momentos de amor, participación comunitaria y fusión espiritual, lo que obtenemos de estos eventos depende de nosotros, *de nuestro yo individual*. E incluso cuando nos enfrentamos a momentos significativos de opresión y trauma, en última instancia estamos solos en cuanto a la forma en que elegimos enfrentarnos a estos desafíos y a las lesiones que podamos sufrir. Nuestras opciones en estas situaciones son limitadas, y los resultados de estas elecciones limitadas pueden llevarnos a objetivos también muy limitados en cuanto a la satisfacción, pero aun así, tenemos que elegir.

La palabra *existencial* tal vez evoca la imagen de un filósofo francés fumando sombríamente un cigarrillo en un café de París. Está sintiendo lo que los existencialistas llaman angustia: la ansiedad que experimentas cuando reconoces tu propia responsabilidad de actuar y tu propia soledad al hacerlo. Da miedo pensar que tus resultados dependen en última instancia de ti mismo, que eres el autor final de tu vida. Por eso la responsabilidad es una conciencia tan aterradora. "¿Y si me equivoco al dar forma a mi vida?" "¿Y si el camino que tomo me lleva al sinsentido?" "¿Y si muero vacío y solo?" "¿Cómo me enfrento a mí mismo, si lo único que tengo es a mí mismo?" "¿Cómo afronto las duras experiencias de soledad y aislamiento?" "¿Qué hago para conseguir consuelo para mí mismo cuando justo depende de mí conseguir ese consuelo y experimentarlo?" Este tipo de preguntas están en la raíz de la ansiedad existencial.

Tanto si decides darte cuenta de ellas o no (para la mayoría de nosotros es un "no"), este tipo de preguntas suelen surgir cuando te diriges hacia el cambio personal. De hecho, el cambio personal es un momento existencial definitivo: es el punto en el que te ayudas a ti mismo de forma independiente, asumes la responsabilidad de tu vida al darle un valor a algo y tomas la decisión de actuar en consecuencia. Requiere que te mires al espejo y observes atentamente el reflejo de ti mismo: estás ahí solo, de forma insoportable.

Piensa en un momento en el que hayas perseguido un objetivo personal importante, incluso si tomaste esta decisión en una conversación con otra persona, ¿no te diste un apretón de manos contigo mismo? Luego, al emprender este cambio, ¿no sentiste una creciente sensación de estar solo? Aunque estuvieras rodeado de un conjunto de corredores en la línea de meta, ¿no fuiste también consciente de una sensación de profunda soledad?

Ahora piensa en un objetivo que no hayas podido alcanzar. Probablemente sentiste desesperación (leve o intensa) sobre ti mismo, experimentaste tu propia incompetencia. Ahora piensa en una ocasión en la que alcanzaste tu objetivo. "¡Lo *logré*!" Sentiste un orgullo exultante por tus propios poderes, quizá teñido de un poco de ansiedad por mantenerlo. En cualquier caso, y sin importar lo insignificante que fuera tu objetivo, el proceso te dio una mayor conciencia de tu responsabilidad para apoderarte de tu vida.

Cuando haces cambios, nadie más realizará esas transformaciones. Eres tú el que está ahí fuera, solo. Si fracasas, te enfrentas a tu responsabilidad por ese fracaso y, por extensión, recordarás que eres el único responsable de tu vida. Si logras el cambio, debes reconocer tu responsabilidad si quieres continuar en el nuevo rumbo. De cualquier manera, una vez que metes la punta del pie en las aguas del cambio personal, te adentras en las mareas de la eterna soledad. Por eso, la mayoría de las veces nos quedamos en Tierra.

Permanecer igual es nuestro santuario frente a la abrumadora experiencia de que estamos al mando. En otras palabras, es una elección oculta que hacemos para sentir que no somos responsables. Y esa tendencia a evitar la responsabilidad es un elemento central en nuestras vidas, incluso cuando los desafíos son mucho menos poderosos que el vigoroso acto de cambiar.

Buena y mala fe

Se acerca el cumpleaños de mi amiga y *tengo* que comprarle un regalo. De camino a la tienda, me detengo en un par de semáforos. En la tienda, elijo lo que necesito. Ahora *tengo que* comprar una bonita bolsa de regalo o un bonito papel de envolver, y luego *tengo que* formarme en la fila. Una vez en la caja, *tengo que* pagar. Todos estos momentos en los que me siento obligado a hacer cosas son en realidad elecciones: *No quiero decepcionar a mi amiga. Prefiero no obtener una multa. Quiero que a mi amiga le guste lo que le compro, y quiero que aprecie mi esfuerzo hasta en la envoltura. Colarse en la fila no merece todos los problemas que voy a crear. Si robo el artículo puedo ir a la cárcel.* Resulta que no tuve que hacer nada. Tras bambalinas, hay un director de escena que sopesa los pros y los contras de mis decisiones.

Jean-Paul Sartre, el célebre existencialista francés, denominó "mala fe" a esta forma de autoengaño, en la que se niega la capacidad de decisión de uno mismo y de los demás.[5] La mala fe viene en diversas presentaciones: desde algo tan mundano como comprar un regalo de cumpleaños hasta las grandes mentiras que nos decimos, siendo la más reprobable: "Sólo cumplía órdenes".

Es la postura en la que el ser humano niega su libertad absoluta y se comporta como un objeto inerte que simplemente está a merced de los eventos fortuitos. Entonces, en oposición, la "buena fe" tiene que ver con la libertad para elegir y dirigir nuestras vidas hacia el objetivo final que hemos escogido. La mayoría de nosotros escoge el camino de la buena fe más raramente que el de la mala fe, preferimos elegir nuestras opciones, pero inevitablemente decidimos protegernos de la ansiedad que surge de ser responsables y estar solos en nuestras decisiones. Por eso, cuando intentas cualquier transformación, actúas más de buena fe que de mala fe. Eso significa que intentar siempre viene con su propia fuerza de restricción. Cuando te comprometes con un cambio personal, te enfrentas de forma automática a grandes dilemas sobre tu existencia, los cuales comúnmente intentas evitar. Así que una postura de mala fe, en la que te quedas igual, supuestamente incapaz de hacerte cargo y avanzar, aparece como una alternativa razonable.

Por suerte, también hay fuerzas que te movilizan al cambio como tu capacidad de esperar y tener fe.

SEGUNDA LEY DEL CAMBIO PERSONAL: LA FUERZA MOTRIZ DE LA ESPERANZA

La esperanza es la fuerza contraria a la ansiedad existencial. Te hace seguir adelante a pesar de ser consciente de que eres el único responsable de tu vida (figura 6). *Parte de la esperanza es la fe y, sin ella, su poder colapsa y aumenta tu ansiedad respecto a tu responsabilidad y soledad, haciendo que consideres peligrosas las energías que normalmente te impulsan.*

Claro, la libertad viene con la carga de la responsabilidad y la amenaza de la ansiedad. Pero sólo los fascistas y los fundamentalistas ven la libertad como una mala palabra. La libertad es la raíz de las aspiraciones democráticas, y aquello por lo que muchos lucharemos y moriremos. Es algo que consagramos y protegemos como sagrado en la Declaración de Independencia de Estados Unidos y en la Constitución, sobre todo en la Declaración de Derechos. La libertad, al igual que volar, puede asustarnos, pero también nos entusiasma vertiginosamente. Puede que nos enfrente a nuestra soledad, pero a través de la libertad podemos encontrar y realizar nuestro yo más profundo.

Me adhiero a la creencia jeffersoniana de que todos nacemos con el derecho inalienable de la capacidad de voluntad: la posibilidad de tomar decisiones que tendrán consecuencias importantes para la calidad de nuestra vida, para las experiencias y la calidad de las vidas de los demás, y para nuestro entorno, tanto natural como humano. Aunque este hecho puede suponer ansiedad, también puede ofrecer una perspectiva emocionante, ya que ofrece la posibilidad de inventarnos a nosotros mismos y hacer que nuestras vidas sean profundas y ricas. Cuando te enfrentas a tu responsabilidad y a tu soledad, tienes una oportunidad real de desarrollar tu propio yo de forma completa, y de notar las fortalezas y los dones potenciales que quizá sólo sospechabas que poseías. Pero para emprender el vuelo hacia la libertad, en lugar de caer en picada en una ansiedad abrumadora, se requiere la emoción propulsora de la esperanza.

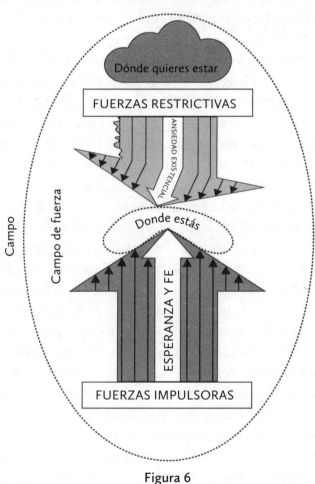

Figura 6

La segunda ley del cambio personal dice que todo movimiento hacia delante está impulsado por esta poderosa pero delicada emoción. Cuando te propones cambiar algo de ti mismo, hay muchas cosas que te impulsan: amigos que te animan, la confianza en ti mismo, los recursos materiales como dinero y un trabajo estable, tus talentos innatos, tu posición en la sociedad. Y estas fuerzas impulsoras son tan idiosincrásicas como tu campo lewiniano particular: a veces las tienes, a veces no, unas veces son fuertes, otras no. La esperanza, sin embargo, siempre está presente cuando intentas algo. Está tan presente en el proceso de cambio como la ansiedad existencial y el empuje contra esa fuerza restrictiva.

La esperanza es un concepto que se utiliza con frecuencia en el ámbito espiritual, el lenguaje de la religión y la poesía. Sin embargo, yo la veo también como un elemento integral de nuestra supervivencia psicológica y física. De hecho, creo que la esperanza es la base del concepto más secular: la evolución. Es lo que nos impulsa a actuar, lo que sostiene nuestros esfuerzos por adaptarnos y cambiar, a pesar de las poderosas fuerzas que nos frenan.

Cada vez que te propones algo, te enfrentas a una amenaza (*si no dejo de fumar, es probable que muera joven*), a un reto (*dejar la nicotina no va a ser fácil*), o a ambos. Es tu postura ante ellos lo que determina tanto tu voluntad de intentar cambiar como tu capacidad de persistir una vez que empiezas. La esperanza es la fuerza interior que te provee ganas de intentarlo, la fortaleza para seguir adelante y la capacidad de levantarte e intentarlo de nuevo cuando fracasas.

La esperanza es fundamental para actuar o congelarte ante las amenazas y los retos, razón por la cual este término etéreo se relaciona con nuestra evolución. La forma en que cualquier animal percibe y afronta las amenazas y retos es una parte central y básica de su propia supervivencia y del progreso evolutivo de su especie.

Es probable que un ciervo que posterga la huida cada vez que oye a un posible depredador termine adornando algún día una chimenea, y una hormiga que se resista a subir la de una colina creará un caos importante en el ordenadísimo mundo de las hormigas. Los humanos, en cambio, tenemos algo más que una configuración automática para sobrevivir. Contemplamos y decidimos qué hacer cuando vemos amenazas y desafíos. Nuestras opciones superan el dilema binario de luchar o huir, lo que significa que nuestras decisiones se guían por las preferencias personales, las normas culturales y nuestra colaboración con los demás. Programados para la incertidumbre (incluida aquella causada por saber que morimos, pero no cuándo ni cómo) nuestro filtro para las amenazas y los desafíos depende de nuestras elecciones. Eso significa que debemos lidiar de forma constante con el peligro potencial del fracaso. La esperanza nos permite reunir la energía necesaria para seguir adelante a pesar de nuestro futuro incierto. Es más, nos da el poder de participar en los comportamientos más humanos: relacionarnos en libertad con los demás, explorar, ser curiosos, imaginar, innovar y descubrir. La esperanza es un medio de supervivencia en un mundo incierto y la actitud que hace soportar la incertidumbre: es nuestra capacidad para manejar lo desconocido, para darle un buen uso y quizás hermoso, sin quedarnos inmovilizados por el miedo.

Entonces, ¿en qué consiste esta actitud tan relevante para lograr cambios en tu vida?

ESPERANZA, CAMINOS ALTERNATIVOS Y PENSAMIENTO DE VOLUNTAD

En *Harold y la crayola morada*, Harold no se encuentra en una aventura sin fin: está buscando el camino de vuelta a casa. Por lo tanto, tiene un destino muy claro en mente, y está probando todo tipo de formas para llegar. Así que, para Harold, en definitiva existe esa tensión lewiniana entre donde está y donde quiere estar.

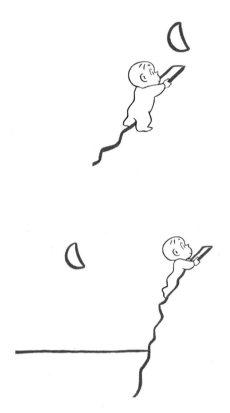

Su esperanza de llegar a su casa crea esa tensión, pero seguir esperando (encontrando diferentes maneras de avanzar cuando se enfrenta con obstáculos) es también su medio para soportar esa tensión y seguir adelante.

Al igual que mi anterior ejemplo de la bicicleta soñada, el resultado inevitable de la esperanza es que designa algo como importante y te hace notar que te falta esa cosa. Pero el propósito de la esperanza (su razón de ser) es librarte de la inmediatez del querer, y del *objetivo* de *conseguirlo* algún día. La esperanza, en otras palabras, existe dentro de un sentido anticipatorio del tiempo. Una "perspectiva temporal", como diría (¡lo has adivinado!) Lewin.[6]

Una perspectiva temporal, según Lewin, es "la totalidad de los puntos de vista del individuo sobre su futuro y su pasado psicológico existentes en un momento dado". La esperanza, desde este punto de vista, es un poco como la memoria del que espera. Se genera por la tensión entre: *estoy en un mejor lugar que ayer, estoy dando un paso hacia algo en este momento, y sé qué meta quiero alcanzar. Se trata del pasado, el presente y el futuro.*

La esperanza te mantiene equilibrado mientras luchas por sentir que te falta algo importante, algo que *necesitas*. Y te hace seguir adelante, incluso cuando no consigues satisfacer esta necesidad de inmediato.

Winston Churchill[7] capta esta comprensión de la esperanza en su discurso más famoso, pronunciado en la hora más oscura de Gran Bretaña, cuando se encontraba frente a la aparentemente imparable embestida nazi. "Seguiremos hasta el final", proclamó.

> Lucharemos en Francia, lucharemos en los mares y océanos, lucharemos con creciente confianza y creciente fuerza en el aire, defenderemos nuestra isla, cualquiera que sea el costo, lucharemos en las playas, lucharemos en las pistas de aterrizaje, lucharemos en los campos y en las calles, lucharemos en las colinas, ¡nunca nos rendiremos!

Churchill habla más de luchar que de ganar, de no rendirse o de no ceder. Su discurso combina el anhelo de algo mejor con un llamado a avanzar en el presente hacia un objetivo, tanto si las cosas mejoran como si no. Eso es la esperanza.

En esencia, el discurso de Churchill es también una lista de formas alternativas de luchar. Así, al igual que Harold y los diferentes modos en que dibuja un medio para volver a casa, Churchill vincula la esperanza a "no rendirse nunca" y a inventar y localizar nuevas rutas innovadoras para "llegar a su casa". Ése es un elemento central de la esperanza: encontrar formas de rodear, ir por debajo, por encima y a través de los obstáculos.

Vías alternativas

Según Charles Snyder,[8] uno de los principales teóricos de la psicología social sobre la esperanza, esta capacidad de encontrar caminos hacia los objetivos deseados es el don que nos da la esperanza. Cuando tu esperanza es alta y ves un obstáculo frente a ti, descubres un camino diferente para sortearlo. Cuando careces de esperanza, si el camino que emprendiste está bloqueado, te rindes rápido ya que crees que ésa es la única ruta que puede llevarte a tu destino. En mi opinión, esto significa que la esperanza está conectada con la contemplación, esa capacidad que es esencial del cambio personal de tomar distancia y, liberándote de cualquier pasión, estudiar todas las alternativas que tienes.

La esperanza te hace seguir de la manera más creativa posible, a pesar de los contratiempos. La esperanza, desde este punto de vista, es el antídoto contra la desesperación. *Nunca te rindes* cuando tienes esperanza, porque siempre existe una alternativa cuando te enfrentas a una barrera. Sólo hay que saber usar la crayola para descubrirla.

Sin embargo, en otra difícil paradoja, la esperanza viene con una etiqueta de advertencia: la esperanza es la principal causa de la desesperación. Esperanza y desesperación están en una relación de ida y vuelta. No tendrías necesidad de esperanza si no fuera por la apremiante desesperación siempre a tu espalda, y *tú* nunca caerías en la desesperación si nunca te arriesgaras a las altas aspiraciones de la esperanza.

La esperanza no niega, borra o disipa la desesperación. La esperanza te mantiene en movimiento a pesar de ella, te impulsa a seguir, aunque desesperes, para conseguir ahora mismo lo que quieres. Ese empuje puede ser profundo, te da la fuerza para seguir adelante, y seguir contemplando cómo avanzar por oscuros túneles aunque no percibas una luz al final. Sin embargo, al señalar cosas importantes y valiosas, y mostrarte que te hacen falta, la esperanza también te hace sentir una carencia si no alcanzas tu objetivo. Así pues, la esperanza no es sólo lo que te impulsa en los momentos de desesperación: es el camino principal hacia la desesperación.

Si, como yo creo, la desesperación es la experiencia ansiosa y por completo impotente de no conseguir algo de lo que careces, y lo necesitas profundamente, entonces no llegas a la desesperación sin ir primero hacia la esperanza, la actitud que atribuye importancia a los objetivos y aclara "que te faltan".

La relación entre la esperanza y el riesgo de la desesperación se parece mucho a escalar un acantilado. Cuanto más esperas, más resientes la espera. Eso significa que la herida de la caída de la esperanza (esa experiencia de necesidades vitales insatisfechas) es mayor cuanto más alto hayas subido.

Mi paciente Mark[9] ofrece un ejemplo dramático de lo que ocurre cuando se espera algo y hay obstáculos para conseguirlo.

Mark y el tocadiscos

Mark tenía unos 40 años cuando acudió a mí en busca de ayuda tras una difícil ruptura con su novia. Su principal queja era una experiencia de fractura: "No sé lo que quiero, ni siquiera lo que me gusta. No puedo decidirme por nada: no puedo moverme porque no sé qué hacer. Sólo actúo cuando tengo que hacerlo, cuando hay algún tipo de crisis".

Mark sufrió un fuerte abuso emocional por parte de sus padres cuando era joven. Ambos lo insultaban, menospreciaban sus esfuerzos y lo trataban como alguien no deseado. La vida adulta de Mark estuvo marcada por esta sensación de estar fracturado, es decir, desconectado de su núcleo interno e incapaz de alcanzar las más pequeñas metas que se proponía. Durante una sesión, Mark contó una historia de su juventud:

—Estaba en mi habitación, solo, y alguien puso el tocadiscos en el estudio —dijo—, me encantó la canción que sonaba y fui al estudio a escucharla. Me puse a bailar al ritmo de la música. Al principio apenas me movía, porque no quería que nadie se enojara. Pero luego me dejé llevar, y sólo bailé, tocando la guitarra de aire, ese tipo de cosas. Me sentí tan feliz y alegre, totalmente yo mismo. Era muy raro que yo sintiera este tipo de libertad. Por lo regular me limitaba a mí mismo, ya que me parecía demasiado arriesgado hacer algo divertido, pero ese día me volví un poco loco. Mientras bailaba, tropecé con el tocadiscos y el disco empezó a saltar. Mi padre entró corriendo en la habitación, y me gritó.

Al tener en cuenta todos los horribles abusos que Mark sufrió de niño, este incidente parecía menor. Sin embargo, expresó un motivo central en nuestro trabajo terapéutico, y se convirtió en algo a lo que volvíamos una y otra vez, como metáfora de las experiencias que Mark seguía teniendo como adulto. Cuando Mark bailaba al ritmo de esa música, buscaba sentimientos que rara vez intentaba alcanzar, pero que en realidad son esenciales en la infancia: el juego, la naturaleza, la alegría, la espontaneidad, la fantasía. Por un momento, Mark había emprendido el vuelo, y la caída hizo que ese vuelo resultara peligroso. De repente, su don para la alegría y la libertad se convirtió, para él, en un lastre. Su historia trataba del profundo dolor que sufrimos cuando la esperanza nos arroja a la vida sin escudo, al intentar alcanzar lo que necesitamos. Y entonces nos sentimos heridos en este estado tan vulnerable. Era una historia sobre la desesperación y la desesperanza. Se convirtió en un motivo de nuestra terapia porque él notó cómo estos sentimientos bloqueaban su capacidad de esperanza. También hizo que Mark dudara de forma constante de sí mismo y de los demás.

Creo que en el centro de la esperanza se encuentra una actitud de confianza sin certeza, algo de lo que Mark careció en su edad adulta, un vacío que hizo trizas sus experiencias. Se trata de una creencia en uno mismo, en los demás y en el cosmos, sin pruebas ni certeza en la fiabilidad de esta creencia. Así es como la esperanza te saca de la desesperación y la incertidumbre; explica por qué estás dispuesto a arriesgarte a fracasar cuando tienes esperanza: posees una sensación de confianza en que pasar al otro lado de la desesperación vale la pena, que puedes manejar la incertidumbre y que, si te caes, seguirás intacto y podrás recuperarte. Hay una segunda parte del concepto de esperanza de Snyder que apunta hacia ese tipo de confianza. Lo llama "pensamiento de voluntad".

Pensamiento de voluntad y autoeficacia

Para Snyder, la esperanza no sólo consiste en encontrar caminos. También es la capacidad de "motivarse a sí mismo mediante el pensamiento de voluntad para utilizar esos caminos". El pensamiento de voluntad, según Snyder, es una especie de confianza en el propio dominio: "Las personas con mucha esperanza", escribe, "adoptan frases de voluntad, de conciencia de uno mismo como 'puedo hacerlo' y 'soy imparable'".[10] Las personas esperanzadas, en otras palabras, no sólo saben a dónde quieren ir y cómo llegar allí (y trabajan de forma innovadora para sortear los obstáculos en el camino) sino que creen que tienen los medios para hacerlo. Es justo la falta de este pensamiento de voluntad (causada por todos los momentos en que la esperanza le falló cuando era niño) lo que Mark pensó que quería en su vida adulta.

El trabajo del psicólogo social Albert Bandura aborda este tipo de confianza y lo llama "autoeficacia percibida". Como dice Bandura, la autoeficacia es "la creencia que tienen las personas en sus capacidades para producir niveles designados de rendimiento que ejercen influencia sobre los acontecimientos que afectan a sus vidas." "Un fuerte sentido de la eficacia", escribe Bandura,[11] "mejora la realización humana y el bienestar personal de muchas maneras."

Las personas con una gran seguridad en sus capacidades abordan las tareas difíciles como retos que hay que dominar y no como amenazas que hay que evitar... Se fijan objetivos desafiantes y mantienen un fuerte compromiso con ellos mismos. Aumentan y mantienen sus esfuerzos ante el fracaso. Recuperan con rapidez su sentido de la eficacia tras los fracasos o contratiempos. Atribuyen el fracaso a un esfuerzo insuficiente o a unos conocimientos y habilidades deficientes, pero que pueden adquirir. Abordan las situaciones amenazantes con la seguridad de que pueden tener control sobre ellas.

Es difícil imaginar que actúen realmente con esperanza sin tener también percepción de autoeficacia. Para avanzar, debes creer en ti mismo, y creer que puedes moldear al mundo.

Los conceptos de pensamiento de voluntad y autoeficacia me llevan a otro término que, al igual que la esperanza, se asocia más con los sermones religiosos que con las conferencias de ciencias sociales: la fe. La fe es un tipo de confianza que podría basarse en hechos, pero que al final se fundamenta en la creencia. No se puede actuar realmente con esperanza sin *fe*; en uno mismo, en los demás y en el mundo.

La fe, a diferencia de la esperanza, aún no ha sido desarrollada por la psicología. Esto es lamentable, porque creo que la fe es una parte central de nuestras fuerzas motrices hacia el cambio. Tal y como yo lo veo, no se puede tener una esperanza plena (esperar cosas buenas y avanzar hacia ellas a pesar de las dificultades y de un futuro desconocido) sin la confianza implícita de la fe. Decirte "puedo hacerlo" y sentir que puedes influir en tu mundo requiere el tipo de confianza en ti mismo que no se basa sólo en hechos, sino en creencias.

Al igual que la esperanza, cuando actúas con fe, te arriesgas; das un salto. Cuando das un salto de fe te arriesgas a que tu confianza sea errónea o simplemente equivocada.

TERCERA LEY DEL CAMBIO PERSONAL: LA FUERZA MOTRIZ DE LA FE Y EL PODER RESTRICTIVO DE LA IMPOTENCIA

Si la esperanza es el anhelo de algo que has designado como importante y de lo que sientes que careces, entonces la fe es el mensaje de que tienes la capacidad de alcanzar esa cosa importante. Es difícil, si no imposible, avanzar en la esperanza sin tener también fe.

Solemos hablar de esperanza y fe como si fueran conceptos intercambiables. Pero no lo son. De hecho, ambos son muy diferentes, aunque cada uno forme parte del otro.

He aquí una historia de mi propia práctica que creo que ilustra la diferencia entre la esperanza y la fe, y cómo estas diferentes experiencias están intrínsecamente entrelazadas. Se trata de Bridget y sus padres, un trío extraordinario con una extraña capacidad para mantener intacta su confianza, sin importar sus decepciones.

"Le confiaría mi vida"

Bridget era una mujer de 25 años, muy inteligente, y con una creatividad extraordinaria. Diseñaba su propia ropa, realizaba cortometrajes documentales y organizaba fastuosas y caprichosas fiestas con sus numerosos amigos. Diagnosticada con trastorno bipolar, también experimentaba largos periodos de manía aguda, un síntoma caracterizado por una gran exuberancia y una sensación ilusoria de invencibilidad. En su fase maníaca, Bridget se comportaba de forma que corría un riesgo importante, como acostarse con extraños, viajar largas distancias en su coche mientras bebía y, en una ocasión, entrar sin permiso en un parque de atracciones. Entraba y salía de los hospitales psiquiátricos durante estas fases maníacas, y era incapaz de mantener un trabajo o terminar la universidad. Pero, de alguna manera, Bridget seguía adelante, sin dejar de crear, con resultados brillantes.

A diferencia de muchas personas con las que trabajo que han entrado y salido de centros de tratamiento, Bridget no tenía una visión negativa de sus problemas relacionados con el estado de ánimo. No es que fuera arrogante en cuanto a los riesgos que corría cuando era maníaca. Pero también sentía que sus estados de ánimo "le daban mensajes claros sobre la vida" y, aunque a veces eran extremos, "siempre daban en el blanco con respecto a la realidad". Quería ayuda para controlar sus estados de ánimo, pero también decía a cualquiera que quisiera escucharla que "no renunciaría a ser bipolar por nada del mundo".

Me reunía con regularidad con los padres de Bridget mientras lidiaban con su casi persistente estado de crisis. Sus padres eran muy parecidos a ella. Nunca parecían estar demasiado disgustados cuando volvía a ingresar en el hospital, y siempre esperaban al día siguiente como una nueva oportunidad para enderezar las cosas. Cuando algo salía mal, buscaban con energía soluciones y nuevas ideas. El mantra de su madre era: "Siempre hay un camino".

Los padres de Bridget no se doblegaron ante mi experiencia. Me trataron como a un igual, encontrando algunas de mis ideas buenas, pero también me decían si pensaban que mi visión estaba fuera de lugar. Eran amables y afables, pero tenían poco tiempo para todo lo que consideraban poco útil.

Me reuní con ellos a lo largo de tres años, y durante ese tiempo Bridget fue capaz de construir una vida mucho mejor, regresó a la universidad, no volvió al hospital y continuó con sus actividades creativas. Sabía que su futuro sería notable, excepcional y emocionante. De hecho, una parte de mí sentía un poco de envidia por la pasión y la voluntad de Bridget de probar cosas nuevas y abordar la vida con tanta creatividad.

Pedí que Bridget se uniera a nosotros para mi última reunión con sus padres.

—Tengo que preguntar —comenté casi al final de nuestra sesión—, ¿qué les ha hecho seguir adelante? Me sorprende lo positivos y enérgicos que han sido.

—Es Bridget —respondió su madre—. Sé que todos los padres dicen esto, pero ella es realmente increíble. Estábamos convencidos de que estaría bien. Conociéndola como la conocemos, era obvio que las cosas iban a funcionar. Nunca perdimos la esperanza, jamás.

—Es muy fuerte —añadió su padre—, le confiaría mi vida más que a nadie. Para nosotros es obvio que siempre le irá bien.

—Ay, caramba —dijo Bridget, aportando un poco de humor a la habitación para aligerar el peso de los cumplidos de sus padres—. El asunto es el siguiente: mis padres creen por completo en mí. En definitiva los he asustado con mi comportamiento, pero tienen una confianza real en que estaré bien. Supongo que la mejor manera de decirlo es: tienen fe en mí.

Bridget tenía razón. Sus padres tenían una gran fe en ella y en su capacidad para seguir adelante, a pesar de lo que sucediera. Su fe les daba esperanzas con respecto a su futuro. Por decirlo de otro modo, no podían esperar que se pusiera bien sin tener fe en que lo conseguiría.

La forma más sencilla de pensar en la diferencia entre la esperanza y la fe comienza con dos palabras al parecer insignificantes: *para* (ir hacia algo) y *en* (algo dentro de otra cosa). Al igual que Bridget y sus padres, con respecto a sus capacidades para alcanzar por fin un estado más estable en su vida, cuando uno tiene esperanza, está esperando que algo suceda para conseguirlo. Al igual que su creencia en sus habilidades, cuando tienes fe, estás confiando en algo que crees que ya va a ocurrir y que puede llevarte al lugar que esperas. Cuando la madre de Bridget pronunció su mantra de "Siempre hay un camino", estaba hablando de opciones hacia algo que todos querían y hacia lo que *avanzaban*. Cuando su padre dijo: "Le confiaría mi vida", afirmaba su confianza *en* Bridget, tal y como era en el presente.

Cuando pienso en la experiencia de Bridget con su familia, mi corazón se rompe por Mark. Mientras Bridget tenía todo lo que necesitaba para mantener la frente en alto y seguir confiando en sí misma, Mark tenía recursos trágicamente bajos, o ninguno, para hacerlo. Cuando, como Mark, careces de esperanza, pierdes el sentido de un futuro, que siempre es un *ir adelante*. Cuando pierdes la fe, pierdes la confianza en ti mismo, en los demás y en el orden establecido. Cuando tu fe está herida, frena o detiene el movimiento de la esperanza, que de otro modo iría hacia delante. No puedes perseguir un futuro esperanzador sin tener fe en que llegarás a él.

La información de las corazonadas de la fe

Martin Luther King[12] se une a Churchill en el monumento de los grandes oradores de la esperanza. En su discurso más famoso, capta de maravilla la relación entre la tenacidad de esta emoción y la confianza de la fe.

"No olvido que muchos de ustedes están aquí tras pasar por grandes pruebas y tribulaciones", dijo King en su discurso "Tengo un sueño".

> Algunos de ustedes acaban de salir de celdas angostas. Algunos de ustedes llegaron desde zonas donde su búsqueda de libertad los ha dejado golpeados por las tormentas de la persecución y sacudidos por los vientos de la brutalidad policial. Ustedes son los veteranos del sufrimiento creativo. Continúen su trabajo con la fe de que el sufrimiento sin recompensa asegura la redención.

Transformar el "sufrimiento inmerecido" en algo "redentor" es la mayor de las órdenes. Al implorar a la gente que participe en este acto de vulnerabilidad, les pide que den un gran salto de fe, y expresa su propia fe en que pueden hacerlo.

Las palabras *fe* y *confianza* comparten un parentesco léxico. Su raíz latina común es *fid* (que significa "confianza"), como en la fidelidad y la buena fe (por no hablar de Fido, el nombre que damos a nuestro compañero animal más querido). La fe es la confianza sin una declaración firmada. Cuando dices a alguien: "Creo en ti", estás expresando una confianza basada en la fe. Cuando le dices: "Puedes hacerlo", estás haciendo lo mismo. Estás pensando en la voluntad, en términos de Snyder; actuando sobre el sentido de autoeficacia en términos de Bandura.

Estás avanzando hacia la meta que te has fijado, y cada paso aumenta la importancia de la meta y hace más evidente su ausencia en tu vida. La esperanza de que tus esfuerzos tengan éxito te fortalece.

Pero lo que valida tu esperanza es tu confianza (una de esas palabras provenientes del latín *fid*, que significa "con fe") en que puedes seguir escalando y en que serás capaz de levantarte si te caes.

Entonces, ¿qué indica esta confianza sobre mantener la esperanza hasta esa montaña? ¿De dónde obtienes la información suficiente para saber que las posibilidades de lograrlo son buenas, que el riesgo merece la pena y que estarás bien si fallas? Parte de la confianza proviene de hechos externos comprobables: has conseguido muchas cosas observables en tu vida, por lo que sabes que eres capaz, y como has trabajado para conseguir estas cosas, has descubierto que el entorno que te rodea es lo bastante benigno como para darte oportunidad para conseguirlas. Como dice Bandura,[13] "un sentido de eficacia resistente requiere experiencia en la superación de obstáculos mediante un esfuerzo perseverante. Cuando las personas se convencen de que tienen lo que hace falta para triunfar, perseveran ante la adversidad y se recuperan con rapidez de los contratiempos". En otras palabras, cuantos más datos tengas sobre tu capacidad para conseguir cosas, más crecerá tu sentido de la eficacia, ya que tu cabeza está llena de pruebas de que puedes lograrlo.

Hechos y datos son cosas muy importantes que aportan mucho a tu capacidad para decidir y luego actuar. Sin embargo, no son suficientes.

Cuando avanzas hacia un objetivo, también te apoyas en otra información menos objetiva, menos derivada de la lógica, que te da esa confianza para tomar una decisión y ponerte en marcha. Esa información proviene de tus *sentimientos*. Incluso cuando tienes todos los datos y te inclinas por una opción, la decisión que eliges y el siguiente paso para actuar en consecuencia provienen de una combinación entre tu lógica y tus emociones.

Piensa en una decisión que hayas tomado sobre tu futuro: a qué universidad ir, qué trabajo aceptar, con quién casarte, qué casa comprar o qué departamento rentar. Quizá pensaste en todos los pros y los contras, e incluso hiciste una lista. Pero cuando llegó el momento de decidir, ¿no se redujo a lo que sentías?, ¿no fue la fuerza de las emociones positivas (como el entusiasmo, el anhelo, la anticipación, el deseo) lo que te impulsó hacia la decisión final?, ¿o elegiste contra la fuerza de las emociones negativas (como el miedo, la ansiedad, la repulsión)?

Eso es lo que postula el enfoque del afecto como información[14, 15] en psicología social: utilizamos nuestras emociones como información importante cuando deliberamos sobre nuestro próximo movimiento.

Las investigaciones sobre el afecto como información demuestran que las emociones ayudan a planificar de forma más creativa y flexible (resultado de la inteligencia emocional), a distinguir las cosas como buenas o malas y a decidir la actitud a tomar y la rapidez con la que hay que responder ante un acontecimiento importante.[16] En otras palabras, mucho de lo que hacemos al tomar decisiones depende de una respuesta visceral.

Y por "visceral" puede que no estemos hablando metafóricamente. Como describe el neurocientífico Antonio Damasio en sus investigaciones, dependemos de los "marcadores somáticos" para tomar decisiones. Se trata de sensaciones corporales (aumento de los latidos del corazón, sudoración de las palmas de las manos y náuseas en el estómago) que están vinculadas a las emociones. Las investigaciones sobre los marcadores somáticos[17] demuestran que las personas que dependen de estos marcadores toman decisiones más rápido y sus decisiones suelen conducir a resultados más positivos que los individuos que no pueden acceder a estos marcadores somáticos (por ejemplo, los sujetos con lesiones cerebrales). De hecho, las personas que han sufrido daños en los centros emocionales del cerebro, como la amígdala, pueden divagar por innumerables razones por las que deben y no deben tomar una determinada acción sin poder llegar a una resolución.

Entonces, ¿qué tienen las emociones que son fuentes de información especialmente importantes en nuestra toma de decisiones, y que las diferencian de una dependencia de la lógica? Los teóricos del afecto como información, Gerald Clore y Stanley Colcombe, escriben que "la información procedente de los sentimientos es convincente porque se experimenta como si surgiera con espontaneidad en nuestro interior", y el hecho de proceder de nuestro interior otorga a esta información una validez especial, ya que "nos consideramos fuentes especialmente creíbles".[18]

Gran argumento, pero no siempre es cierto.

Primero tenemos que vernos a nosotros mismos como creíbles (*en otras palabras, tener fe en que la fuente de nuestras emociones es digna de confianza*) para creer que las emociones contienen información importante.

Los resultados de las investigaciones del psicólogo social Kent Harber (que es también el investigador principal del proyecto del temor a la esperanza), apuntan en esa dirección. Su trabajo demuestra que las personas con un menor sentido de autoestima son menos propensas a utilizar sus emociones a la hora de tomar decisiones que las personas con más autoestima.[19] Harber está totalmente de acuerdo con los teóricos del afecto como información, pues considera que se toman decisiones mejores y más rápidas cuando las personas dependen de sus emociones como señales. Pero la gente primero tiene que "confiar y respetar la fuente de estas señales, es decir, a sí misma". En otras palabras, hay que tener fe en uno mismo para tener confianza en las emociones y poder utilizarlas para tomar decisiones y luego actuar en consecuencia.[20]

La forma en que deliberamos sobre una decisión se parece mucho a la lectura de un periódico. Lees una información que se presenta como un hecho. Sin embargo, aceptas esta información como un hecho porque *sientes* que el periódico es fiable. Y si a alguien (digamos, por ejemplo, un presidente populista) no le gustan los hechos del artículo, y tampoco quiere emprender el duro trabajo de hacer su propia investigación, puede intentar persuadirte de que el periódico no es creíble, y señalar que tal vez sean NOTICIAS FALSAS. Si no confías en el periódico, no creerás en los hechos que contiene. Si se desacredita al mensajero, todos sus mensajes quedan también desacreditados.

Volvamos a esa lista de decisiones importantes: trabajo, matrimonio y casa. Según Harber, no pudiste tomar las decisiones en estas áreas sólo porque tus emociones eran fuertes: pudiste hacerlo porque creías y tenías fe en ellas, probablemente porque tenías fe en ti mismo. Piensa en este tipo de decisiones en una situación en la que no logras elegir. Quizá tuvieras la misma cantidad de emociones positivas y la misma ausencia de emociones negativas, o viceversa, pero no sentías que podías confiar en tu instinto porque no confiabas en ti mismo.

Así es como funciona para todos cuando estamos a punto de cambiar o comprometidos con una transformación. Tienes algunos hechos válidos que apoyan una elección afirmativa. Pero al final, también dependes de cómo te sientes con respecto a la decisión, y esa confianza en los sentimientos depende de tu fe en ti mismo. Quizá también requieres fe en que el mundo que te rodea te dejará avanzar hacia lo que quieres. Sin esa fe (en ti mismo y en el mundo) la información siempre será insuficiente, y los sentimientos necesarios para actuar sobre ellos se considerarán noticias falsas: como fuentes de información poco fiables.

Permíteme volver a Bridget y a sus padres para aclarar este importante punto sobre las emociones y la fe.

A lo largo de mi carrera he trabajado con cientos de personas que, como Bridget, han experimentado episodios maníacos seguidos de otros depresivos. Todas han sido inteligentes, y muchas han tenido el mismo espíritu creativo y el mismo enfoque innovador y espontáneo de la vida que Bridget. Como mucha gente, estoy convencido de que hay algo que conecta la manía con el genio y la creatividad. Desde Vincent van Gogh hasta Virginia Woolf, pasando por Winston Churchill, Vivien Leigh, Buzz Aldrin, Ernest Hemingway, Graham Greene, Lou Reed y muchos otros, la historia está llena de líderes y creativos famosos a los que se les ha diagnosticado (eso sí, desde el escritorio) experiencias bipolares. Sin embargo, también he visto un resultado especialmente conmovedor de tener estos vaivenes emocionales: la pérdida de fe en las propias emociones. *¿Soy feliz en este momento, o se trata de una manía? ¿Terminar con mi amado me entristeció, o me dirijo hacia una profunda depresión?* Y, en ambos casos: *¿Me están llevando mis emociones hacia el peligro y el riesgo otra vez?*

Esa pérdida de fe en las propias emociones, tal y como yo lo veo, lleva a una persona a desaprovechar sus propios talentos significativos. La fe de los padres de Bridget en ella, y su fe incondicional en sí misma, la protegieron del posible trauma de sus cambios emocionales, ya que esta fe llevaba el mensaje de que siempre era creíble, sin importar de dónde la llevaran sus emociones, y que sus propias emociones también eran creíbles. Como me dijo, las emociones "me dan mensajes claros sobre la vida" y "siempre dan en el blanco con respecto a la realidad". Son extremas, pero precisas.

En el caso de Mark no puede decirse lo mismo sobre las emociones. Mark aprendió a no confiar en las emociones importantes, positivas y primarias relacionadas con la espontaneidad y la alegría, porque en su situación estas emociones lo traicionaban la mayoría de las veces, llevándolo al castigo cada vez que actuaba conforme a ellas. Y esa desconfianza hacia sus emociones le hizo no tener fe en sí mismo (la fuente de estos sentimientos, por tanto, la fuente de las cosas que le ocasionaban problemas). Ver los sentimientos positivos como algo que conduce a malos resultados lo hizo limitar de forma muy severa su crecimiento personal y experimentarse a sí mismo como algo descompuesto, fallido. Llevaba una vida en la que no podía seguir ninguna brújula interior, porque en su familia eso significaba desviarse hacia experiencias muy dolorosas.

En la idea de Harber, la falta de fe en ti mismo provoca la falta de fe en tus emociones, lo que lleva a la dificultad para tomar una decisión y luego actuar. Creo que la herida en tu fe puede funcionar en la dirección opuesta. Algo malo te sucede por una decisión que tomaste y una acción que realizaste basada en esta decisión. Entonces ves que tus emociones, que son información que proviene de tu interior, te llevan por el camino de la decepción. A partir de ahí, pierdes la fe en ti mismo (que eres quien genera estas emociones).

Para ampliar este punto, permíteme recapitular la historia de Mark con el tocadiscos, cuando primero bailó con alegría y luego se burlaron de él por ser alegre. Mark utilizó ese episodio como metáfora para describir un patrón repetido de interacciones en su familia y su efecto en él. Ofrece una imagen completa de todos los elementos del campo de fuerza del cambio, y una narración sobre cómo la decepción puede conducir a la falta de fe en uno mismo.

Cuando Mark empezó a bailar, actuaba con base en la información de sus emociones. Y eso requería mucha fe, pues tenía información de que las cosas no acabarían bien si se dejaba guiar por sus emociones. Así que en ese momento, invirtió una cantidad significativa de credibilidad en sí mismo como fuente de información. Una parte de él conocía los peligros del baile y de arriesgarse a expresar de forma abierta su plena autonomía en el mundo (su única capacidad de moverse de forma espontánea y con alegría al ritmo de la música) y sabía que podía acabar en catástrofe. Pero esperaba un minuto de alegría en una vida sin ella, su anhelo de diversión pesaba más que su preocupación por el probable castigo por su gesto autónomo. Como esperaba, en ese momento se sentía bien bailando, por encima de la típica negación de su propia autonomía.

Pero, de nuevo, Mark no podría haber actuado con su esperanza si no tuviera fe en que sus emociones contenían información válida de una persona en la que podía confiar (es decir, él mismo). Cada movimiento que hacía, confiando en su fuente creíble de que estaba bien hacerlo, era una subida a esa cima de aspiraciones, desde la cual la caída hacia la decepción se hacía más profunda cuanto más alto subía. La dura respuesta de su padre lo hizo caer. Y cuando experimentó la profunda decepción de su caída, aprendió un par de lecciones paralizantes: que es mejor desconfiar de la persona que envía esas señales emocionales para actuar (su propio yo, en otras palabras), y que es peligroso ser una persona autónoma, espontánea, esperanzada y fiel. Aprendió que quedarse quieto era mucho más seguro que bailar. Al igual que la inmovilidad tónica, esa postura congelada que adoptan los animales para escapar del peligro: permanecer igual, rígido y en su sitio, fue el refugio de Mark.

R. D. Laing, un importante y controvertido psiquiatra, tenía un término para esta posición congelada que asumía Mark: petrificación. Para Laing, la petrificación, resultado de una profunda inseguridad, es una "ley general que consiste en que, en algún momento, los peligros más temidos pueden ser englobados para prevenir que ocurran en realidad". Así, renunciar a la propia autonomía se convierte en un medio para salvaguardarla en secreto; hacerse el flojo, fingir la muerte, se convierte en un medio para preservar la propia vida".[21]

Petrificación: ¿crees que esta idea se parece mucho a seguir igual? Así es.

La petrificación y permanecer igual

El acto de petrificación que describe Laing puede rastrearse hasta la cuna, así como la esperanza de sustento y calidez y el terror a no ser alimentado. Cada vez que un bebé llora, actúa según su instinto (sensación de hambre, necesidad de calidez) y también actúa con base en la esperanza, pidiendo lo que necesita y llorando con el dolor de no tenerlo. Cuando los psicólogos estudiaron por primera vez la relación afectiva entre los niños y sus madres (entonces sólo las madres), dieron un nombre a un tipo de depresión que se producía cuando las necesidades del bebé no se satisfacían con regularidad: depresión anaclítica[22] ("anaclítica" significa el anhelo de recibir atención de un cuidador (con raíces en la palabra griega que significa "apoyarse", "depender"). La depresión anaclítica se caracteriza por una severa resignación.

Los bebés que han sufrido la ausencia de sus padres, que reciben todas sus necesidades físicas (alimentación, ropa, atención médica), pero no conexiones emocionales fiables, parecen afligidos. A finales de la década de 1940, el psicólogo René Spitz visitó un hogar de niños abandonados, un orfanato para bebés cuyos padres estaban en la cárcel o no podían cuidar de ellos.[23] El personal era responsable y comprometido, pero no podía proporcionar a cada bebé la respuesta emocional que cada uno de ellos requería. Las fotos y las películas que hizo Spitz son devastadoras, incluso hoy en día. Muchos bebés aparecen inconsolables en su desolación, llorando de forma parecida a la reacción de duelo de un adulto. Y peor aún eran los que mostraban una lánguida resignación. Comúnmente, esta incapacidad de ver satisfechas sus necesidades emocionales, de verse defraudados en sus peticiones de conexión, deprime el crecimiento físico (una condición llamada enanismo por privación), así como la enfermedad e incluso, trágicamente, la muerte.

Los trabajos relacionados[24,25] sobre los estilos de apego muestran, de forma menos grave pero igual de dramática, lo que les ocurre a los bebés cuya esperanza no verbalizada de conexión no se hace realidad de forma fiable. De hecho, se puede observar esta resignación de forma directa en el comportamiento de los bebés que han sido privados de calor y alimento: una trágica renuncia, ya que se *apartan* de sus padres cuando éstos entran en una habitación y suelen rechazar su alimento emocional (también llamado apego evasivo). En los casos graves, estos niños y bebés se resignan por completo, se mueven poco y no responden a nada. "Fracaso en el desarrollo" es la etiqueta que se les aplica de manera acertada cuando esto ocurre.

Aunque las típicas decepciones que puedes sentir cuando intentas hacer un cambio personal no son tan traumáticas como la devastadora experiencia de los niños con carencias, sigues participando en una versión de esto cuando te arriesgas a esperar, dependes de tu fe para actuar y potencialmente descubres que no puedes conseguir lo que necesitas. Y cuando te arriesgas a pedir ayuda e intentas que se satisfagan tus necesidades, y las cosas no salen como esperabas, tu tendencia se dirige a algo parecido a las posturas anaclíticas y evasivas: quedarse en el mismo lugar, no moverse. Te apartas del alimento de la fe para evitar el dolor de la decepción, te congelas.

Digamos que anhelas encontrar pareja. Ha pasado un año desde una ruptura muy mala, y has sido tímido a la hora de volver a intentarlo. Pero al final te apuntas a un sitio web de citas y descubres a alguien interesante. Tienes una primera cita con esa persona y vuelves a casa entusiasmado con la posibilidad de una relación. Sientes que esa persona es la adecuada para ti; lo sabes en tu interior. Y te permites tener esperanzas, dejando que tu entusiasmo haga brotar escenarios románticos imaginados. Pero entonces esa persona no te devuelve las llamadas ni los mensajes. Te quedas destrozado; la profundidad de tu decepción coincide con el nivel de tu esperanza. Si no hubieras confiado en tus emociones en primer lugar, no habrías designado con entusiasmo a esta persona como alguien que querías y necesitabas en tu vida. Pero ahora que has dado importancia a esta persona, el fracaso de la relación hace que tu deseo de tener una pareja sea aún más descarnado y apremiante. *¿Por qué me he dejado llevar por mis emociones?*, te preguntas.

Aunque sólo se trate de un primer intento, no puedes evitar cuestionar tu capacidad para encontrar a alguien. Sin embargo, sigues intentándolo. La próxima vez que entras en la web y conoces a alguien con perspectivas reales, tu instinto te dice que esa persona parece la adecuada. Pero también te dices a ti mismo que *te lo tomes con calma, que no te lances.* Tienes varias citas con esa persona. Pero al no tener confianza en lo que te dicen tus emociones, y preocupado por sentir esa horrible sensación de decepción que tuviste la última vez, te muestras reticente, distante. De hecho, cada vez que te sientes un poco emocionado por esta nueva perspectiva, empiezas a cerrarte emocionalmente. La última vez, tus emociones te dominaron; esta vez no lo harán.

Tu mano abierta de esperanza es ahora un puño cerrado. Y como estás más contenido, también lo está la persona con la que sales, y también lo está cualquier sentimiento de conexión a partir del cual pueda crecer una relación. Decides que "no hay conexión" y sigues adelante. Sin embargo, una vez que terminas con esa persona, la ves bajo la misma luz que al principio: tu instinto te dice que es una posibilidad real. Sientes que podría ser lo que necesitas. Le envías un mensaje de texto para intentarlo de nuevo, pero ya ha pasado página. Piensas: *¿Por qué no le hice caso a mi instinto?*

Ahora te sientes decepcionado contigo mismo y te cuestionas adónde te ha llevado tu indecisión respecto a tus sentimientos. Empiezas a perder la fe en ti mismo, preguntándote *si no eres bueno para el compromiso.* También pierdes la fe en que el mundo es lo bastante generoso como para ofrecerte más opciones, dudando de que haya alguien por ahí que realmente atraiga tu interés y afecto. En algún momento tuviste sentimientos muy fuertes hacia esa persona. ¿Y si fuera "la elegida"? La próxima vez que entras en la página de citas y encuentras una posible pareja, cierras de inmediato el navegador. No quieres seguir tus sentimientos, porque te llevarán de nuevo a la esperanza de que una persona pueda hacerte sentir completo, con toda la posibilidad de que acabes sintiéndote perdido si las cosas se convierten en una decepción. En cuanto a las citas, tu vida está congelada.

En este ejemplo, la petrificación es específica de las citas, no una postura general ante la vida como en el caso de Mark. Y no te deja acurrucado en tu cama, sin querer responder a ninguna de las formas en que la vida puede atraer el riesgo, de una manera verdaderamente anaclítica, pero sí te mantiene en tu campo de fuerza particular con respecto a las citas.

Aunque puede haber muchas áreas en tu vida en las que avanzas con gusto, puede haber otros lugares en los que te haces el flojo porque no soportas la idea de esperar algo que necesitas y luego no conseguirlo.

Tómate un segundo y haz una lista de todas las cosas que estás haciendo ahora mismo y que tienen que ver con mejorar algo de ti mismo que en realidad anhelas mejorar, cosas que sientes de verdad que faltan. Si te diera un pequeño sello de tinta, apuesto a que podrías encontrar fácilmente esos aspectos de la lista que no has podido conseguir. Yoga: sin sello; comer sano: sello; llamar a tu madre con más regularidad: sin sello; pedir un ascenso laboral: sin sello; volver a jugar al tenis: sello. Cada lugar marcado con el sello representa estados petrificados, en los que tu lucha con la fe supera la fuerza de tu esperanza, debilitando la capacidad de tu fuerza motriz para hacerte avanzar.

Esta pérdida de fe también exalta las fuerzas restrictivas que te detienen. Cuando pierdes la fe en ti mismo y en el mundo, la ansiedad fomentada por la conciencia de tu responsabilidad existencial y tu soledad puede volverse insoportable.

La pérdida de la fe y la impotencia: la cicatriz de la decepción

Se te ha dado la estimulante y desafiante crayola morada del albedrío humano, la capacidad de decidir y elegir. Ésta te ofrece una gran oportunidad, pero también te produce ansiedad. Estás preocupado porque con esta capacidad de decidir viene la conciencia de que estás solo en tus decisiones y de que eres responsable de tus resultados, que éstos importan mucho ya que no vives para siempre.

La doble ansiedad de la soledad y la responsabilidad se hace más evidente cuando *decides algo*. Y puedes amortiguar esta conciencia buscando formas *de no decidir*. El cambio personal es una decisión particularmente importante, porque estás haciendo una elección sobre una transformación en ti mismo. Y ese tipo de decisión tiende a exponer aún más tu responsabilidad. Entonces, ¿qué ocurre si sospechas que la crayola morada de la voluntad personal no es fiable o, peor aún, que está defectuosa? Cuando eso ocurre, te sientes responsable de tu vida pero sin los medios para hacerla funcionar.

¿Qué se siente?, ¿cuál es el resultado de la ruin aritmética de la responsabilidad existencial + la falta de fe?

Creo que es la experiencia de una impotencia extrema para satisfacer tus necesidades.

Quizás esa experiencia de impotencia es lo que encadenó a Mark, atrapándolo en un círculo vicioso de necesidades insatisfechas pero esenciales y su incapacidad para satisfacerlas. Y aunque los bebés no tienen que enfrentarse a las experiencias adultas de responsabilidad y mortalidad, esta misma sensación extrema de impotencia para satisfacer sus necesidades está en la raíz de su comportamiento anaclítico y evasivo. Esta impotencia provoca la resignación entre los aspirantes a citas, cuya decepción inicial conduce a una cautela que inhibe la chispa necesaria para encender un nuevo romance. De este modo, la desesperanza se convierte en una profecía cumplida.

Ya te causa suficiente ansiedad el hecho de tener la enorme responsabilidad de navegar por tu vida. La impotencia (esta disminución del pensamiento de voluntad y de la autoeficacia) dice que estarás perpetuamente perdido, incluso si eres capaz de reunir el valor para asumir esta responsabilidad. Si te consideras como un barco deteriorado y roto, incapaz de llegar a su destino sin hundirse, o si te piensas como el marinero que se acerca a un remolino imposible, o ambas cosas, creo que el mensaje de la impotencia es que no puedes alcanzar lo que eres responsable de alcanzar. Es una experiencia insoportable, como la angustia indescriptible articulada en el llanto de un bebé. Te dice que no puedes ser el autor de tu vida, aunque quieras.

En esta situación, la mala fe parece bastante atractiva. *¡Sólo dime qué hacer!*, suplica tu mente al mundo, pues ya no confías en ti mismo para tomar las riendas y guiar el barco de tu vida.

Una escena de la serie de la BBC *Fleabag* capta a la perfección esta postura. La heroína, Fleabag, siempre comete errores y de forma regular se decepciona de sí misma y del comportamiento de los demás. Pero sigue adelante, mantiene la frente en alto y sigue siendo valiente y auténtica.

Nunca deja de ser ella misma, no está dispuesta a quedarse petrificada (Fleabag es heroica en este sentido, y pienso que la serie trata del valor existencial). Sin embargo, la tentación de detenerse y entregarse a una postura de mala fe siempre está ahí. En una escena, tras una serie de dolorosas decepciones, anhela rendirse y actuar como si no tuviera elección. Está en un confesionario con un sacerdote del que se ha hecho amiga (y con el que, en su tendencia al catastrofismo, quiere acostarse). Él le pregunta qué quiere de la vida. Ésta es su respuesta:

> Quiero que alguien me diga qué debo ponerme por la mañana. Quiero que alguien me diga cómo vestirme cada mañana. Quiero que alguien me diga lo que tengo que comer. Qué querer, qué odiar, qué escuchar, qué grupo musical me debe gustar, para qué comprar entradas, con qué bromear, con qué no bromear. Quiero que alguien me diga en qué creer, por quién votar, a quién amar y cómo decírselo.
>
> Sólo quiero que alguien me diga cómo vivir mi vida, padre, porque hasta ahora creo que lo he hecho mal, y sé que por eso la gente quiere a personas como tú en sus vidas, porque tú les dices cómo hacerlo. Les dices lo que tienen que hacer y lo que van a conseguir al final, y aunque no me creo tus peroratas, y sé que científicamente nada de lo que hago marca la diferencia al final, sigo teniendo miedo. ¿Por qué sigo teniendo miedo?[26]

Simplemente brillante, perfecto. Es justo eso: cuando no tienes fe en tu propia capacidad de acción debido a las decepciones de tu vida, tu responsabilidad y tu soledad (esas cosas que todos tratamos de mantener fuera de nuestra conciencia, pero que el cambio personal siempre *trae a la conciencia*) ahora se sienten más aterradoras que nada. Y así, hacerse el flojo empieza a tener cierto sentido.

Te protege de la horrible experiencia de estar solo, ser responsable, porque no eres una fuente creíble para lograr ir de aquí a allá. Y así empiezas a buscar respuestas fuera de ti. No porque esas respuestas estén realmente disponibles, sino porque ya no puedes soportar la idea de que tú eres la fuente de todas las respuestas relativas a tu existencia.

El policía le señaló a Harold el camino a seguir.
Pero Harold sólo le dio las gracias.

Sólo creo que quiero que alguien me diga cómo vivir mi vida.
    Es insoportable verse a sí mismo como indefenso o roto para emprender ese camino que sólo tú eres responsable de recorrer. Y cuando te encuentras en este estado, preocupado por cualquier mensaje de que no eres capaz de dominar tu propia vida, hay una experiencia que amenaza con sacarte de tu estado de petrificación y hacerte avanzar por ese aterrador camino: la esperanza.
    Cuando pierdes la fe en ti mismo y en el mundo, ves la esperanza como tu mayor amenaza, porque te tienta a tener aspiraciones

que temes no poder cumplir, y te transmite una sensación de fracaso si no las cumples.

Temor a la esperanza

Recordemos la compleja anatomía de la esperanza. La esperanza requiere identificar un objetivo importante, trazar un camino hacia ese objetivo y sentirse confiado en tu capacidad para seguirlo con éxito. ¿Qué ocurre cuando falta la voluntad? Cuando sabes lo que quieres, ¿puedes ver cómo llegar a ello, pero te falta fe en ti mismo como alguien que tiene la aptitud de actuar? Cuando te falta esa creencia crucial en tu eficacia (tu fe en tu capacidad para realmente llevar a cabo todo esto, o levantarte si no lo haces) no avanzarás.

La esperanza vacía de fe es una experiencia horrible y agitada. Designas algo como importante, ves que te falta, y no te crees capaz de conseguirlo, ni de construir una barca lo bastante fuerte para mantenerte a flote si no lo consigues. Anhelas llegar a casa, y te aterra dar el siguiente paso.

Piensa en un cambio personal que quieras hacer ahora mismo. Puede ser pequeño y sencillo, o grande y complejo. No importa. ¿Qué se interpone en el camino? *He fracasado en esto un millón de veces; esta vez no será diferente.* O, *Realmente no quiero sentirme mal conmigo mismo si fracaso.* Es tu falta de fe la que habla, y te corroe porque ves la cosa que tienes delante como importante. Una parte de ti intenta sofocar la esperanza denigrando lo que buscas. *No es tan importante hacerlo. Puedo esperar. Hay cosas más importantes que conseguir en mi vida.*

En este punto, tu relación con la esperanza se vuelve conflictiva. La esperanza te hace avanzar hacia las cosas que quieres. Y cuando avanzas hacia las cosas que quieres, también te enfrentas a la ansiedad de que estás solo al hacerlo. Cuando no tienes fe en que puedes

alcanzar lo que quieres, o no te recuperas del fracaso de no alcanzarlo, la esperanza se convierte en algo aterrador. Te asusta porque
convierte la aspiración y el deseo en decepción y frustración. Y porque amenaza con hacerte perder la fe en ti mismo y en el mundo.

En esta situación, la esperanza (la emoción que te impulsa a avanzar hacia tu objetivo y, por tanto, desafía tu confianza a cada paso)
parece peligrosa: un provocador que parece engatusarte hacia un
camino condenado. Al carecer de fe en la esperanza, y por lo tanto
sentir terror ante el siguiente paso, rechazas la guía y el estímulo
que necesitas para avanzar. Yo llamo a esta actitud un angosto y de-
fensivo temor a la esperanza.

El temor a la esperanza amplifica la fuerza la ansiedad existencial al hacer que te preocupes por no alcanzar los objetivos de los
que eres responsable. El temor a la esperanza también debilita tu
capacidad de beber del pozo del cambio. Sin importar tu situación,
tanto si has sufrido contratiempos debilitantes como el de Mark,
como otros menos catastróficos, creo que cuando te enfrentas a un
cambio personal, tu capacidad para alcanzar tu objetivo viene determinada por lo mucho o poco que temas a la esperanza.

En el próximo capítulo leerás sobre la sorprendente, compleja y
difícil relación entre tener esperanza y temer la esperanza, y la forma en que la fe juega en la forma de seguir adelante.

Capítulo 4

El temor a la esperanza

Cualquiera cuyo objetivo sea "algo más alto" debe esperar sufrir
vértigo algún día. ¿Qué es el vértigo? ¿Miedo a caer? No, el vértigo
es algo más que el temor a caer. Es la voz del vacío que subyace
en nosotros, que nos tienta y atrae, es el deseo de caer, contra
lo cual, aterrorizados, nos defendemos.

—MILAN KUNDERA

MARY Y EL MURO DE NO TE HAGAS ILUSIONES

Es 2006. Mary tiene 35 años. Viene a verme después de años de trabajo terapéutico con otros médicos. Diagnosticada por sus terapeutas anteriores con una depresión severa e intratable, combinada con un trastorno de ansiedad, Mary vive con su madre, tiene pocos amigos y pasa la mayor parte de sus días viajando como representante de ventas para una compañía de software. Mary tiene antecedentes de intentos de suicidio y su psiquiatra anterior la ha ingresado en centros psiquiátricos varias veces durante el último año.

Ella me cuenta su historia.

Su vida no siempre fue así. De hecho, una vez fue la personificación de alguien con fuertes impulsos, actuando, con gran coraje, en su esperanza. Era la imagen de una persona que podía enfrentar, e incluso apreciar, la experiencia potencialmente restrictiva de su propia responsabilidad para apoderarse de su vida.

En 1994, su último año en la escuela secundaria, era una jugadora de futbol clasificada en el estado y la mejor de su clase en lo académico. Era enérgica, popular, con muchos amigos cercanos del equipo de futbol.

El entrenador de futbol de Mary siempre exhortaba al equipo a "ser valientes o irse a casa". Al igual que sus compañeros de equipo, Mary se burló de esas palabras, de su cursilería. Pero en secreto sabía lo que quería decir su entrenador. La vida se trataba de ponerlo todo, empujar los límites, tomar riesgos. En sus clases, a Mary se le ocurrieron soluciones a problemas que eran únicos, a veces extravagantes, siempre con una nueva visión de las cosas, y le valieron un importante reconocimiento por parte de los maestros, quienes comentaron más de una vez que ella era "brillante". En el campo de futbol, fue famosa por su bien afinada "barrida" por el lado izquierdo, un movimiento arriesgado en el futbol que puede provocar tanto lesiones como faltas. Para Mary, la audacia casi siempre equivalía al éxito. Ella en realidad nunca experimentó una desventaja por "ser atrevida".

Pero entonces Mary se encontró con una larga serie de contratiempos. Comenzó con un caso grave de mononucleosis en su último año de secundaria, lo que significó que no podía jugar futbol al comienzo del semestre. Luego se rompió el bazo, después de practicar en secreto sus movimientos de futbol en un parque local, contra el consejo de su médico. Tumbada en la hierba, experimentando con mucho dolor los resultados de su propia voluntad de arriesgar, sintió una pizca de desesperación, sabiendo que ahora estaría fuera del campo durante todo el año.

Por primera vez en su vida, Mary comprendió lo que era mirar en lugar de ser observada; ser parte de la multitud, no el foco. Mientras se sentaba en la banca durante los juegos, su desesperación adquirió una forma más compleja: una ligera sensación de que las cosas podrían *no* salir bien para ella, una vaga experiencia de impotencia que nunca antes había sentido, y una creciente ira consigo misma por llevar las cosas demasiado lejos ese día en el parque. Pero también sabía que tenía que seguir hacia delante. Tenía exámenes de admisión en puerta y un promedio que mantener, lo cual importaba más ahora que el futbol, que ya no le permitiría aspirar a una beca. Éste no era un momento para pensar en sentimientos no deseados. Su fuerza la devolvió a las tareas escolares que tenía por delante.

Llegó la primavera, al igual que las cartas de rechazo de la mayoría de las mejores universidades. Esa nueva sensación de que las cosas podrían no funcionar para ella, y esa ira consigo misma se hizo más grande: nubes oscuras en su vida productiva. Mary mantuvo sus esperanzas en una carta más. Una de las mejores universidades, una institución bastante grande en California todavía no se había puesto en contacto, y ella esperaba su respuesta todos los días, pensando que todavía habría una oportunidad. Finalmente llegó un sobre de aceptación grande y grueso. Todo iba a estar bien. Estaba llena de energía: todos los sistemas funcionan.

El otoño siguiente, Mary ingresó a la universidad con entusiasmo. Al ingresar a una de sus mejores escuelas sin el estímulo de sus entrenadores de futbol, había esquivado una bala e iba a aprovechar al máximo este regalo. Disfrutaba de la vida en el dormitorio, las fiestas, la camaradería, y amaba sus clases y los desafíos que representaban.

A Mary le gustó en particular su clase de psicología deportiva y estaba cautivada con la investigación y la escritura sobre el trabajo en equipo. El profesor, el jefe del departamento, era muy conocido en esta área de estudio, y era amable y atento con los estudiantes. Sin embargo, a Mary le pareció que él tenía un interés especial en su trabajo, calificando sus ideas de "innovadoras", "creativas" y "estimulantes", palabras que había escuchado en la escuela secundaria sobre su forma de ver el mundo. Al final del semestre, se acercó a Mary y le preguntó si le gustaría unirse a su laboratorio como asistente. Mary estaba atónita. Ésta era una posición que ocupaban por lo general estudiantes de posgrado y a veces de último año. Sus esperanzas para el futuro nunca habían sido tan grandes. Sabía que quería hacer de la psicología del deporte su especialización, y podía ver esta importante decisión como un impulso para una vida satisfactoria y emocionante. Sintió el tirón irresistible de un gol de la victoria.

Pero una noche en el laboratorio todo eso cambió. Mary estaba trabajando hasta tarde sola, el profesor se detuvo en la puerta para decir buenas noches. Le preguntó en qué estaba trabajando, y cuando ella le dijo, se acercó a echar un vistazo y se sentó a su lado. Comenzó a hacer preguntas y sugerencias, sonando sorprendido y emocionado por sus ideas. Mientras hablaban con entusiasmo sobre los datos, él posó su mano sobre su rodilla. Mary se sobresaltó y lo empujó. Él se levantó con rapidez y, algo incómodo, dijo que se dio cuenta de que tenía una cita y se fue.

Mary no sabía a quién contarle el incidente. Se sintió avergonzada y confundida sobre lo que significaba. Se sintió atrapada, incapaz de hacer un movimiento decisivo.

Mary renunció a su puesto en el laboratorio, dejando una breve nota para el profesor con un sobre de trabajo sin terminar. Teniendo en cuenta la prominencia de su profesor, Mary sabía que estaba en una encrucijada. No podía soportar la idea de contar lo sucedido y tampoco podía volver a trabajar con el profesor. Tendría que cambiar su especialización en psicología deportiva o transferirse a otra escuela. Mary se reunió con su asesor y dejó su especialidad, enfocándose en el área general de la psicología clínica.

Esa noche, se arrojó en la cama, lamentando su futuro. Nada parecía sólido; ya no veía un camino claro hacia el éxito. Dudaba de su capacidad para dirigir su existencia y hacer que funcionara. Y se sentía ansiosa por esto: esa alguna vez orgullosa capacidad de tomar su existencia en sus manos y avanzar con valentía ahora estaba llena de inseguridad. La fuerza descendente de la impotencia entraba en su vida.

A lo largo del verano y de vuelta en casa, Mary pensó mucho en cómo prepararse mejor para el próximo semestre. Se lamentó un poco por responder con tanto drama a los avances del profesor. *La vida no se acaba por culpa de un idiota,* pensó. No es que se sintiera cómoda exhibiendo al profesor, o que pudiera reanudar su especialización original. *Pero la universidad es para explorar; salté a terreno seguro demasiado rápido. Debería mirar alrededor mientras pueda. Además, puedo obtener un título en psicología deportiva en la escuela de posgrado.* Mary se emocionó de nuevo con el próximo semestre. Iba a probar cosas nuevas, salir de su zona de confort. Todo lo que tenía que hacer era evitar el edificio que albergaba el laboratorio de psicología deportiva y estaría bien. Sus fuerzas impulsoras habían surgido de nuevo.

Sin embargo, el objetivo de Mary de exploración académica no se concretó. Se sentía aburrida con sus clases y enfrentó cada desafío como una carga. Todo lo que hizo en lo académico fue mecánico. Su curiosidad e imaginación, una vez firme y fuerte, fueron apagadas. Sentía una barrera en su camino cada vez que comenzaba a formular una respuesta interesante, como si esas respuestas tuvieran riesgos que no valía la pena correr.

Mary obtuvo una C en su clase de psicopatología y una B en el resto de sus cursos. *¿Cómo es posible?* pensó. *¿Una mala nota en la única clase importante y nada bueno en las clases divertidas? ¡Ridículo!* Durante las vacaciones de invierno, Mary evaluó sus planes para explorar las cosas académicamente. Se dio cuenta de que necesitaba espabilarse, llenando su agenda con cursos de psicología y dirigiéndose al segundo semestre con un renovado sentido de propósito.

Pero la psicología la aburría y se dio cuenta de que en realidad no era para ella. Le encantaba el trabajo en equipo y la camaradería. Éstos eran sus intereses, no las complejidades de la psique individual. Ese enojo que sintió hacia sí misma cuando ocurrió la ruptura de su bazo se hizo más prominente. Su mente se desbordaba de preguntas sobre su habilidad para manejar su vida: *¿Qué estoy haciendo conmigo? ¿Por qué no puedo ponerme en orden?*

Mary tenía un presentimiento de estar perdida y desconectada. Pero también sintió algo nuevo: una incapacidad para generar entusiasmo sobre el futuro. No sólo el camino por delante era algo que temer, sino que tampoco quería emprenderlo en absoluto. Se sintió apagada y lenta, reprimiéndose con cuidado de su yo curioso y espontáneo que una vez hizo su vida tan animada.

Luego conoció a Mike en una fiesta.

Mike, que era estudiante de último año, había jugado beisbol en la preparatoria. Era divertido y adoraba a Mary. Él mismo era un gran triunfador, vio esa misma tendencia en ella y amaba su singular e inteligente visión del mundo. Su interés en ella fue como una chispa que encendió sus viejos dones, y mientras se deleitaba con la forma en que ella veía el mundo, la peculiar visión de Mary sobre las cosas emergió de nuevo y aplicó a sus cursos su peculiar visión del mundo. Mary sintió una nueva emoción por la vida, de nuevo sintiéndose llena de energía y con un profundo sentido de posibilidades. No sólo la escuela y su futura carrera despertaron en ella un brillante sentido de esperanza, sino que también pudo ver una vida con Mike.

Mike era un estudiante de negocios. Mientras escuchaba a Mary preguntarse si una licenciatura en psicología realmente coincidía con sus intereses, le sugirió que probara una clase de negocios.

Quizá podría aplicar su interés por el trabajo en equipo en los negocios. Se inscribió en una clase de comportamiento organizacional para el semestre de otoño.

Mary amaba esa clase y se destacó en ella. Su mente trabajaba de nuevo; se le ocurrieron ideas y conocimientos que entusiasmaron a toda la clase. Ella era la estrella. Esto es lo que se suponía que debía hacer. Y no era demasiado tarde para cambiar de carrera. Un par de clases en la escuela de verano y un montón de clases de negocios, y estaría bien. Justo en el último momento, y con la ayuda de Mike, volvió a encarrilarse.

Mary no volvió a casa ese verano. Se quedó en su departamento, tomó clases y salía con Mike. Fue una temporada encantadora. Mike se dirigiría a Tokio en el otoño para una codiciada pasantía en una sede corporativa. Luego regresaría a la ciudad universitaria, tomaría un descanso, determinaría sus próximos pasos y pasaría tiempo con Mary. La pareja se sentía segura en su relación y sólo estarían separados por seis meses. Además, Mary realmente necesitaba concentrarse en terminar esa especialización.

Estaba lista para el desafío y se dirigió a su tercer año lista para la acción.

Ese octubre, Mary recibió una alarmante llamada telefónica de su madre. Su padre había tenido un infarto. En contra de la petición de su madre de que "se quedara y siguiera trabajando en la escuela", Mary obtuvo un boleto de avión a casa. Tenía una tarea que terminar, así que esperó un día, pero luego se fue a ver a su papá.

Cuando el avión de Mary aterrizó, revisó su teléfono celular en busca de mensajes y encontró uno de su madre: "Mary, por favor, llámame tan pronto como puedas". Mary llamó de inmediato a casa. Su madre respondió al primer timbre: "Cariño, tu padre murió anoche. Algo salió mal después de la cirugía". Aturdida, entumecida, Mary atravesó rápidamente el aeropuerto y tomó el primer taxi a casa.

Después de arreglar los asuntos con la universidad, Mary planeaba quedarse en casa otras dos semanas después del funeral de su padre. Pero no podía mantenerse al día con el trabajo del curso, no podía concentrarse ni comprender el material. Sentía que la única opción era tomarse un semestre de licencia de la escuela.

Como era de esperarse, los meses siguientes fueron dolorosos y solitarios. A Mary no le quedaban amigos en su antiguo pueblo, y Mike era difícil de localizar, ya que estaba muy ocupado y vivía en otra zona horaria.

Mary no hizo mucho con sus días; sobre todo leía revistas o veía televisión, intercalando paseos con el perro. La mayoría de las noches cenaba con su mamá. Tres meses y ella estaría de vuelta en la escuela y reunida con Mike. Fue una etapa horrible, pero también sabía que se recuperaría en algún momento.

Un día, mientras estaba de compras, se encontró con Dan, un conocido de la preparatoria. Se había enterado de la muerte del padre de Mary y la abrazó, diciéndole cuánto lo sentía y ofreciéndole apoyo. Dan había sido jugador del equipo de futbol masculino en la preparatoria y era dos años mayor que ella, y la recordaba por su reputación de jugadora feroz.

—Eras una leyenda, incluso en tu primer año, Mary —le dijo mientras intercambiaban números de teléfono.

Dan trabajaba en una empresa de desarrollo de software local, que tenía su propio equipo de futbol de salón. Un día, Dan llamó a Mary y le preguntó si se uniría. Mary aceptó la invitación y Dan y sus colegas la inscribieron como miembro de su equipo. Futbol de nuevo, ¡y como refuerzo estelar! Le encantaba y era una estrella. Su sentido de autoeficacia, reforzado por el uso exitoso de sus propias habilidades, aumentó su sentido de esperanza sobre el futuro.

Podría jugar futbol intramuros cuando regrese a la escuela, pensó Mary. *Será mi medicina.*

A fines de diciembre, Mary se sentía lista para regresar a la escuela. Esperaba tener más propósito y estructura. Y la perspectiva de vivir con Mike la emocionaba. Mientras completaba el contrato de arrendamiento de su nuevo departamento, pudo saborear el nuevo sentido de la edad adulta que vendría cuando viviera con su pareja. Una noche, Mike llamó con noticias.

—Mary, sé que es muy tarde para decírtelo, pero ha sucedido algo asombroso. Me ofrecieron un puesto ejecutivo en la empresa. Me van a trasladar a Nueva York.

—¿Y qué pasa con el departamento? —lloró—, ¿qué pasará contigo y conmigo? Teníamos planes —discutieron hasta altas horas de la noche.

Mary se sentía devastada. Se lamentó haberse alejado de la universidad tanto tiempo, pensando una y otra vez en lo que hubiera sido de haber seguido una ruta diferente. Al despertar a la mañana siguiente de un sueño intermitente, su futuro inmediato parecía incontrolable e incierto. *¿A qué voy a volver a un departamento sola?*, pensó. *No puedo soportarlo ahora mismo; no estoy lista para eso.* El dolor por su padre volvió con toda su fuerza. También lo hizo la soledad que sintió en el piso del aeropuerto después de enterarse de la muerte de su padre.

Esa noche durmió con Dan.

Ése fue el comienzo de un final muy rápido para ella y Mike. Él se mudó a Nueva York y Mary decidió tomarse un tiempo de la escuela, instalarse en casa de su madre y recuperarse. Se tomó su tiempo con Dan, preocupada por su propia estabilidad y asustada por el dolor. Pero con el tiempo, se enamoraron. Dan la ayudó a conseguir un trabajo en su empresa, nada grandioso, sólo ingresando datos, pero eso le dio algo que hacer y un poco de dinero.

Mary planeaba regresar a la universidad ese otoño y Dan la iba a alcanzar. Seguro que encontraría trabajo en California. Pero Mary siguió dejando de lado los pendientes que necesitaba resolver para regresar, como inscribirse y conseguir un lugar para vivir. Y cada vez que posponía su regreso se cuestionaba a sí misma, deliberando sobre todas las oportunidades que perdía por sus decisiones. Y ese pensamiento la devoraba: *¿Por qué no me defendí y me enfrenté a*

ese profesor? ¡Estaría por obtener una licenciatura en psicología depor-
tiva! Y mi vida sería tan diferente ahora si hubiera regresado a la escue-
la antes y hubiera terminado, tendría mi título en la mano. Y si no me
hubiera tomado tan en serio terminar esa tarea, habría llegado a casa a
tiempo, para despedirme de papá. Éstos fueron los pensamientos que
llenaron su cabeza. Sembrando dudas sobre sus decisiones, erosio-
naron aún más su fe en sí misma. La idea de que pudiera tomar las
riendas de su vida y hacer que valiera la pena vivirla se sentía como
un sueño lejano.

Dan y Mary se mudaron juntos. Ella pospuso su regreso a la universidad de nuevo esa primavera. Ese otoño, volvió a cambiar de
opinión y se retiró de la escuela por completo.

Mary sintió una creciente sensación de vacío, de que sus actividades no estaban conectadas con sus talentos. Pero tampoco vio
un camino de regreso a su vida anterior, tan llena de esperanza y
fuertes expectativas. Se veía a sí misma rota e irreparable, y veía el
mundo exterior como inmanejable, un lugar imposible en el que
sus necesidades nunca serían satisfechas. En su cabeza, seguía rumiando sobre la persona y el mundo que podrían haber sido, si tan
sólo hubiera tomado decisiones diferentes. Incluso en sus momentos más felices, permaneció en ella una sensación de vacío, moles-
tándola, ocupando sus pensamientos. Habló mucho sobre "lo que
pudo haber sido" con Dan. Se convirtió en un tema central cuando
se encontraban en una cita, en la cama, durante las comidas. El único futuro al que podía aferrarse era con Dan. Cuando Dan y Mary
comenzaron su relación, fue como si Mary fuera la fuerza atrayen-
te; Dan fue el afortunado. Pero ahora todo parecía al revés, como si
Mary necesitara a Dan más de lo que él la necesitaba a ella.

Dan, de hecho, tenía dudas. Esta encantadora y talentosa estrella de la preparatoria ahora parecía quebrada, obsesionada por sus
decisiones pasadas y siempre descontenta. Cada vez que Mary men-
cionaba su sensación de fracaso y su creencia de que debería estar

más lejos en la vida, Dan se sentía insultado. La vida que ella deseaba iba mucho más allá de lo que Dan esperaba de sí mismo, y también se sentía insuficiente cada vez que la oía hablar de sus dolorosos sentimientos de insatisfacción. Mary se sentía dependiente, insegura y como una carga. Cuando salían con amigos, antes, entablaba una conversación con cualquiera en la mesa. Ahora se cerraba y se deprimía cuando Dan prestaba atención a alguien más. Cada vez más, Mary planeaba sus fines de semana en torno a citas sólo para los dos. Dan empezó a atemorizarse cuando Mary llegaba a casa del trabajo y odiaba estar con ella los fines de semana. Finalmente, Dan rompió con ella y pronto aceptó un traslado a un trabajo en otro estado.

Mary estaba devastada, por supuesto. Ese sentimiento desesperado y doloroso de estar completamente sola y perdida había vuelto. Sus lamentables cavilaciones aumentaron. Volvió a vivir con su madre y empezó a ver a un terapeuta. Mary permaneció en su trabajo, pero sus evaluaciones de desempeño se volvieron cada vez más negativas. Fue degradada a un puesto de ventas, con bonificaciones basadas en comisiones y un salario mediocre. Viajaba mucho y, a veces, pasaba más tiempo de viaje que en casa. Seguía planeando transferir sus créditos universitarios a la universidad estatal local, pero nunca llegó a hacerlo. Bebía mucho. Estaba muy sola. Odiaba su vida y no podía soportar en lo que se había convertido. Mary sentía cada vez más que ésta no era la vida que debía tener. A veces, le parecía que tenía sentido acabar con ella e intentó suicidarse. Hizo algunas paradas en hospitales psiquiátricos, avergonzada de su comportamiento. Poco después de su última estancia en el hospital, Mary empezó a verme para terapia.

A estas alturas de nuestra entrevista, le pregunté a Mary sobre sus tratamientos pasados. Me dijo que había visto a algunos terapeutas y psiquiatras. Preocupados por sus cavilaciones pesimistas sobre su situación, algunos de sus terapeutas la diagnosticaron como gravemente deprimida. Pero la principal queja de Mary se refería a una constante agitación y miedo, por lo que otros la consideraron con un trastorno de ansiedad. Su último psiquiatra pensó que ella encajaba en las categorías de diagnóstico tanto para la depresión como para la ansiedad. Sin embargo, ninguna de las intervenciones de sus terapeutas funcionó en realidad, por lo que la mayoría consideró que se resistía al tratamiento. Algunos llamaron a su problema "refractario al tratamiento" o "sin respuesta" al tratamiento. Estos pronósticos hicieron que Mary se sintiera aún más perdida y destrozada.

Después de escuchar su historia, le pedí a Mary que me explicara por qué había venido a verme.

—No me gusta mi vida —respondió—. Estoy lejos de lo que me hace feliz y no he alcanzado mi potencial. Me han dicho que mi depresión y ansiedad me impiden llegar a donde pensé que estaría. Nada parece funcionar.

Con frecuencia, en mi trabajo, me gusta usar una técnica llamada externalización. Ésta es una forma en que una persona puede contemplar un problema como algo externo a sí mismo, algo que puede ver a distancia. El primer paso para externalizar un problema es darle un nombre, algo diferente a un diagnóstico; algo que exprese la propia relación de la persona con esta experiencia, en lugar de una etiqueta aplicada por un experto. Así que le solicité a Mary que nombrara aquello que la "mantiene lejos de lo que la hace feliz y lejos de alcanzar su potencial".

—Depresión—dijo.

—Sí, ¿pero qué significa esa palabra? ¿Cómo nombrarías estos sentimientos?

—Tristeza, supongo. También dolor. Y tener miedo de intentar cualquier cosa todo el tiempo.

—Entonces, ¿llamarías a estas cosas "tristeza y dolor" y "miedo" de intentarlo?, ¿ésas son las cosas que impiden tu felicidad y alcanzar tu potencial?

—Bueno, más o menos. Es más como si fueran el resultado de algo, en lugar de la causa.

—Son los resultados. Entonces, ¿qué es lo que los causa?

—No sé. Es difícil de explicar. Es reprimirse y no correr riesgos. Pero no exactamente eso. Cada vez que trato de hacer algo para volver al camino, me siento abrumada. Es como si estuviera en esta puerta, pero nadie me deja entrar.

—Entonces, ¿es una puerta y nadie te dejará entrar?

—Bueno, supongo. No sé. También es como si *no fuera capaz de entrar*. Como si fuera demasiado estúpida para saber cómo girar la perilla. Es realmente difícil de explicar.

—Vuelve a intentarlo, tómate tu tiempo.

—Es... es... es lo contrario de audacia, pero no puedo explicarlo. Es como una pared con la que choco cuando intento dar unos pasos hacia delante. Es una cosa extraña la que me detiene en seco. Es como si no quisiera emocionarme por nada porque se siente demasiado arriesgado hacerlo.

—De acuerdo. ¿Puedes nombrar esa pared? Arriésgate ahora mismo y dilo.

Mary pensó durante un minuto o dos.

—Es mmm... mmm... Es el muro de no te hagas ilusiones —rio un poco por la ocurrente frase y luego repitió—: lo llamaría el "muro de no te hagas ilusiones".

El "muro de no te hagas ilusiones": es una manera perfecta de describir el temor a la esperanza. Si bien es posible que la mayoría de nosotros no haya pasado por desilusiones como las que sufrió Mary, creo que la mayoría enfrentamos diferentes intensidades de este miedo cuando nos dirigimos hacia el cambio personal.

Al igual que con Mary, el miedo a la esperanza hace que consideres peligrosas las fuerzas que son esenciales para impulsarte hacia el cambio. Así es como funciona:

La esperanza (esa experiencia de avanzar hacia algo que has designado como importante, sabiendo que te falta) te lleva por una ruta en la que reconoces tu responsabilidad para hacer tu vida lo más profunda y rica posible. Es un gran privilegio ser un humano libre para trazar tu propio camino hacia mejores y más profundas experiencias. Pero si tu ascenso está bloqueado (por un accidente causado por entrenar cuando no debiste hacerlo, o por el acoso de una persona en la que has depositado tu confianza) la caída puede producirte una profunda decepción por ti y por el mundo. Y eso puede hacer que pierdas la fe en ti mismo y en ese mundo. Ahora, con menos fe en que puedes ser eficaz y preocupado por experimentar otro golpe a tu confianza para hacer que tu vida funcione, tienes miedo de volver a tener esperanza, ya que ésta es el único camino hacia esta experiencia.

Llamamos a la decepción "depresión" por una razón. En esencia, es cuando te sientes bajo una enorme presión y te enfrentas a la dolorosa experiencia de perder algo que has identificado como importante y necesario.

Por supuesto, la mayoría de las decepciones que experimentas en tu vida no te ponen de rodillas, como Hamlet. De hecho, solemos aplicar la palabra "decepción" a situaciones cotidianas: "¡Esa película fue una decepción!", "¡Estoy decepcionado por tu comportamiento, jovencito!". Y con razón. La decepción es la regla, no la excepción, todos los días de nuestras vidas. Desde "Mi *chai latte* helado no tiene suficiente hielo" hasta "No me gustó cómo resultaron las cosas en mi discusión con mi jefe", las decepciones son tan comunes como el sol naciente.

Si bien la decepción es regular y esperada, cuando esperas algo de lo que careces *en ti mismo* corres el riesgo de exasperarte cuando avanzas hacia una meta personal y te sientes decepcionado: experimentas la sensación anaclítica de indefensión y de no obtener lo que crees que necesitas que te falta.

El hecho de que la esperanza sea la ruta principal hacia una posible desilusión significa que cuanto más te empuje esta fuerza impulsora, mayores serán las posibilidades de que aumente la ansiedad acerca de tu responsabilidad. Si tú, como Mary, estás preocupado por experimentar tu responsabilidad y soledad y estás presionado por otra decepción y la indefensión resultante, lo que temes es lo que te puso en el primer punto: la esperanza (ese sentimiento de anhelo de algo importante que te falta).

Todo el tiempo, estás evitando una cosa: un momento en el que reconoces que eres responsable de hacer que tu vida funcione, y que te falta fe en que puedes lograr que eso suceda. *Tengo esta existencia finita, soy el responsable de encontrar profundidad, conexión y significado, y soy incompetente para hacerlo, o el mundo simplemente no es lo bastante generoso para satisfacer mis necesidades:* eso es un momento existencial horrible, una versión adulta de la privación infantil. Te hace querer proteger tu propia autonomía (petrificándote).

Cuando te encaminas hacia las amenazas y desafíos del cambio con esperanza, estás en la mejor posición para transformar tus comportamientos. Si, por el contrario, ves la esperanza como el abrigo de lana cálido que oculta un desamparo, las amenazas parecerán demasiado aterradoras y los desafíos insuperables. Abrumado por las dudas, te detendrás en seco.

Ésa fue la experiencia de Mary. No es que su mente se paralizara, de hecho, ni siquiera estaba en silencio. Por el contrario, su energía mental y sus habilidades imaginativas tomaron una dirección que la mantuvo atada al pasado. En lugar de pensar adónde ir en su crecimiento y cómo llegar allí, Mary estaba obsesionada con lo que había hecho mal, cómo el mundo le había fallado y cómo sería su vida de otra manera, si tan sólo... se hubiera quedado en psicología deportiva, si Mike no hubiera obtenido ese puesto en Nueva York, si hubiera regresado a la escuela después de la muerte de su padre. Si tan sólo... si hubiera... Esos pensamientos la mantuvieron distraída, dispersa.

Los psicólogos sociales llaman a estos anhelos "si hubiera" "contrafácticos" (porque son pensamientos sobre un pasado deseado que contrarrestan los hechos de lo que realmente ocurrió). Son pensamientos como "si A hubiera sucedido, B no habría ocurrido" o "si A no hubiera sucedido, B habría ocurrido". En nuestra investigación en Rutgers sobre el temor a la esperanza, los contrafácticos[1] (estas segundas conjeturas y experiencias de remordimiento de futuros alternativos perdidos) proporcionan una pista importante de cómo el miedo a la esperanza afecta la tensión entre donde estás y donde quieres estar.

UNA CIENCIA SOBRE EL TEMOR A LA ESPERANZA

El grupo de Rutgers ha podido demostrar que el miedo a la esperanza se puede medir de forma fiable, utilizando una medida breve (de seis puntos) llamada, apropiadamente, Escala de Temor a la Esperanza o TAE (FOH, por sus siglas en inglés) (figura 7). Resulta que el temor a la esperanza no es miedo al éxito, ni miedo al fracaso, ni ansiedad, ni depresión, aunque está muy relacionado con ellos. Más importante aún, el temor a la esperanza no es la experiencia de tener menos esperanza. De hecho, la esperanza y el temor a la esperanza están conectados de forma tan débil que una persona puede tener al mismo tiempo esperanza y temor a la esperanza. Ése es un concepto muy importante de entender y verás por qué en breve.

MEDIDA DEL TEMOR A LA ESPERANZA

	NADA	POCO	ALGO	MUCHO	EN GRAN MEDIDA
1. No es sabio tener fe en tu futuro	1	2	3	4	5
2. Estar esperanzado me asusta	1	2	3	4	5
3. Me siento más seguro no esperanzándome en el futuro	1	2	3	4	5
4. Es muy difícil para mí simplemente aceptar sentirme esperanzado	1	2	3	4	5
5. Siento que no es seguro tener esperanzas	1	2	3	4	5
6. Me preparo para caer cuando me siento esperanzado	1	2	3	4	5

Figura 7

Primero usamos la medida para probar si el pensamiento contrafáctico es una característica común del temor a la esperanza. Lo es. En varios estudios hechos con el público en general, encontramos que aquellos que informan un mayor miedo a la esperanza también son más propensos a participar en los mismos contrafácticos desmoralizantes que Mary experimentó.

Hay un giro sorprendente en esta conexión entre el temor a la esperanza y las obsesiones con "debería tener" y "podría tener" que está relacionado con esa interesante diferencia entre desesperanza y TAE. ¡Las personas que tienen más probabilidades de castigarse a sí mismas con estos pensamientos *temen a la esperanza* y al mismo tiempo *son las más esperanzadas*! En otras palabras, el temor a la esperanza más la esperanza conduce a mayores obsesiones sobre cómo la vida podría haber resultado mejor, si sólo hubiera sucedido A o si sólo no hubiera sucedido B.

Aquí hay otro hecho sorprendente con respecto a la tensión combustible entre la gran esperanza y el gran miedo a la esperanza. Cuando a los sujetos de investigación (estudiantes universitarios) se les dio la oportunidad de enumerar eventos potencialmente positivos en su futuro, aquellos en los que experimentaron tanto una gran esperanza como un gran temor a la esperanza enumeraron menos eventos futuros positivos que otros sujetos. Incluso enumeraron menos eventos positivos que las personas que tenían pocas esperanzas.

Sí: cuando tienes muchas esperanzas, pero temes esa esperanza, no imaginas tantas cosas positivas que se avecinan como cuando tienes menos esperanzas en tu futuro.[2]

¿Acabas de pensarlo dos veces y releíste la última oración? Yo lo hice cuando examiné el hallazgo por primera vez. Sin embargo, en realidad, este resultado es bastante comprensible siempre que comprendas los mecanismos de la esperanza y la decepción. Recuerda, cuando le temes a la esperanza, temes a dónde podría llevarte la esperanza. Y el lugar al que temes que te lleve es una decepción devastadora, así como las experiencias en las que no puedes hacer nada para satisfacer tus necesidades.

Los eventos positivos son esperanzadores, por lo que también son eventos que pueden llevar a las consecuencias negativas y dolorosas de tener esperanza. Entonces, como una extenuante cita de cirugía dental, pones estos eventos aterradores que generan ansiedad a un lado de tu conciencia hasta que tienes que enfrentarlos. Cuando tienes menos esperanza y menos miedo a la esperanza no necesitas ignorar estos eventos, porque no les asignas mucho valor y en realidad no te importa su peso en tu vida: son sólo eventos positivos sin ningún impulso para alcanzarlos. ¿Tu graduación? *Lo que sea.* ¿Un ascenso laboral? *¿Qué más?* ¿Unas vacaciones próximamente? *Sí, bueno, veremos cómo va eso.*

Los resultados sobre eventos positivos en el futuro, y cómo se relacionan con las personas que temen la esperanza y tienen muchas esperanzas, fueron parte de un conjunto más amplio de preguntas que realizamos sobre la relación entre TAE y la perspectiva general de una persona sobre el tiempo, tanto pasado como futuro. Ésta es la "perspectiva del tiempo" que mencioné antes, que Lewin[3] consideró fundamental para la esperanza.

Para estudiar la perspectiva del tiempo y su relación con el temor a la esperanza, le dimos a cada sujeto un gráfico simple y les pedimos que calificaran el "punto del tiempo en el que más te enfocas". Luego les pedimos que pusieran corchetes alrededor de estos puntajes que "mejor se ajustan a tu forma de pensar", en otras palabras, su perspectiva de tiempo (figura 8).

Es revelador que aquellos individuos que obtuvieron puntajes altos tanto en esperanza como en temor a la esperanza produjeron el más estrecho de los corchetes. La amplitud de su perspectiva temporal era la más pequeña, su enfoque más limitado al pasado muy reciente y al futuro muy cercano.

El hecho de que estos individuos estuvieran más concentrados en el presente no significa en absoluto que fueran maestros zen de "estar aquí ahora". Lejos de eso. De la forma en que mis colaboradores de TAE y yo lo vemos, este estrecho paréntesis del pasado y el futuro es lo más alejado de una práctica meditativa: justo lo contrario, en realidad, ya que se llena el espacio entre esos corchetes con las rumias de lo que "podría tener" y lo que "debería tener", y un doloroso intento de restringir cualquier expectativa sobre el futuro.

LÍNEA DE TIEMPO PERSONAL

Hace 10 años	Hace 5 años	Hace 1 año	Hace 3 meses	El mes pasado	La semana pasada	Ayer	Hoy	Mañana	La próxima semana	El próximo mes	Dentro de 3 meses	Dentro de 1 año	Dentro de 5 años	Dentro de 10 años

INSTRUCCIONES

1. Coloca un "1" sobre el punto en el tiempo en el que más te enfocas, un "2" para el segundo mayor, y un "3" para el tercer mayor.

2. Coloca un paréntesis o corchete en el rango de tiempo que mejor represente tu mentalidad.

Por ejemplo: | Hace un año - Mañana | o | El mes pasado - Dentro de 5 años |

Figura 8

La investigación en ciencias sociales es una práctica de buscar fenómenos que no son obvios de inmediato, pero son detectables en patrones y relaciones. Si consideramos nuestros hallazgos de TAE con respecto a los pensamientos contrafácticos, los eventos positivos futuros anticipados y las visiones del futuro basadas en la línea de tiempo, la petrificación que describe Laing[4] comienza a hacerse evidente. Vemos a una persona ansiosa por mirar demasiado de cerca su soledad y responsabilidad, que teme a su esperanza y, por lo tanto, restringe cualquier movimiento hacia delante a través de contrafácticos, eliminando las minas explosivas de eventos futuros esperanzadores y limitando sus pensamientos sobre el pasado o el futuro.

Mary es un ejemplo de esta restricción interna. A mi modo de ver, se enfrentó a la terrible discrepancia entre esperar poderosamente algo que sentía que necesitaba y temer poderosamente que no lo conseguiría (o no podría). Ése es un estado anaclítico horrible, agitado e insoportable: el punto final de la crisis existencial. Para aliviar la tensión provocada por esta discrepancia, Mary creó pequeñas y satisfactorias Gestalt a través de contrafácticos, culpándose a sí misma ("Si hubiera regresado antes a la universidad") o su destino ("La vida no resultó como yo quería por culpa de ese profesor"). Estos contrafácticos la mantuvieron en el mismo lugar, ya que en realidad no se trataba de acciones futuras, sólo un intento reflexivo de comprender el pasado. Y en lo que respecta al tiempo, sus pensamientos también se alejaron del futuro.

La investigación de TAE (hay más hallazgos por delante) pinta una imagen de alguien que se cierra con firmeza en un estado petrificado. ¿Cómo es vivir así? Imagino a una persona en una silla que mira hacia la luz de su futuro. Está atada a la silla, incapaz de protegerse por completo del resplandor. Entonces se inclina hacia abajo tanto como puede. Su frente está cerca de su estómago y sus rodillas están levantadas y apuntando a la parte superior de su cabeza; su cuerpo (concebido para estar erguido) se encorva de manera desigual, desviando su mirada y su corazón de lo que está enfrente. Le duele la tensión de mantenerse en una posición alejada de la forma natural en la que debería estar su cuerpo. Pero se doblega dolorosamente para evitar lo que más le aterroriza: la luz de la esperanza.

Quiero que recuerden esta imagen mientras leen porque creo que esta postura representa el factor central en nuestra tendencia a permanecer igual. Como Mary, cuando le temes a la esperanza, te sobresalta lo que contrarresta tu ansiedad existencial. Eso significa que tu principal fuerza impulsora, la esperanza, se debilita cuando asumes esta posición. También significa que tu fuerza de contención central, la ansiedad existencial, se fortalece si te asusta la esperanza. Entre las dos energías del campo de fuerza del cambio personal, te coloca más cerca de la inmovilidad y más lejos del cambio que deseas. Y eso es cierto en todas las situaciones en las que intentas transformarte o crecer.

Piensa en un momento en el que lograste una meta importante. Quizá te sentiste bien; lograste algo que requirió esfuerzo, a pesar de que el fracaso y la decepción eran siempre una posibilidad. Apuesto a que también sentiste tu propia eficacia, tu capacidad para hacer que las cosas sucedan por ti mismo. Pero ¿sentiste también una contrapresión, un ansia de sabotear esta experiencia? Estás a dieta, por ejemplo. Te subes a la báscula y descubres que has perdido algunos kilos. Al bajar, ¿tu mente se dirige (en un susurro o un grito) a celebrar, con la idea de un gran tazón de helado? Tu mente busca poner un freno a tu júbilo, para cubrir algunos de sus primeros sentimientos de esperanza. Y te está jugando una mala pasada, tratar de hacer que tropieces para disipar esta esperanza.

Eso es miedo a la esperanza. Es inclinar tu mente hacia abajo y lejos de un vasto futuro de posibilidades deseadas, hacia cuestiones a corto plazo (*¿Me comeré o no ese helado?*). Ocurre porque no tienes fe en que alcanzarás el peso que te propusiste y temes la sensación de impotencia que vendrá si no lo alcanzas. Ya no estás pensando en cosas positivas que pueden suceder, sólo en la experiencia actual de *¿Debería o no debería?*

¿Y si te comes ese helado? ¿Por lo regular qué sucede después de la última cucharada? *¿Por qué hice eso? ¿Qué estaba pensando? Si me hubiera resistido a ese tazón de helado ¡Estaría avanzado más en la dieta!* Son contrafácticos llevándote aún más cerca del lugar donde el temor a la esperanza quería detenerte, una vez que te dirigías hacia la aterradora posibilidad de avanzar más en tu dieta y elevar tus esperanzas a niveles más aterradores. Ahora estás anclado por el vértigo de tu libertad, con todas las posibilidades ilimitadas de esperanza y decepción que ello supone.

Siempre que sientes la atracción hacia la inmovilidad es porque al mismo tiempo te sientes esperanzado y temes esa esperanza. Esto significa que tu esperanza no se ve perjudicada o agotada necesariamente cuando se ciñe a permanecer igual; más bien, está ahí, avanzando, anhelando las cosas que considera importantes y que faltan. Es sólo que esta esperanza también te preocupa, por lo que restringes tu capacidad para avanzar. Por temor a la esperanza, la suprimes, porque estás muy ansioso por ese problema siempre presente de tu posible decepción (y la sensación resultante de que no puedes hacer nada para satisfacer tus necesidades).

Cuando se trata de esperar un cambio personal, la decepción (los miedos) representa un gran problema. Pero el miedo a la esperanza no siempre daña tu esperanza; a veces sólo te hace querer ocultártela a ti mismo. Dudar de tu fe en ti mismo y en la naturaleza benigna del mundo que te rodea.

Fe lastimada

El pensamiento contrafáctico a veces puede ser sensato. Después de todo, esos pensamientos recurrentes "qué pasaría si" te llevan a revisar tus propias malas decisiones y te inducen a considerar cómo podrías haber hecho mejor las cosas. Incluso, en dosis relativamente pequeñas, los contrafácticos sirven para este propósito correctivo. El problema es cuando los contrafácticos ocurren en grandes dosis, cuando la gente parece adicta a ellos.

¿Por qué alguien querría castigarse por siempre con pensamientos condenatorios de *¡Si hubiera hecho esto!* o *¡si tan sólo no hubiera hecho eso!*? Usaremos el ejemplo del tercer presidente de Estados Unidos, Thomas Jefferson,[5] quien escribió una notable carta de amor a su amante Maria Cosway que transmitía una conversación entre "mi Cabeza y mi Corazón". En él, la Cabeza reprende al Corazón con una serie de contrafácticos sobre el romance condenado con la señora Cosway (después de todo, estaba ese incómodo asunto de que ella era casada). *¿Por qué nos involucraste? Sabías que esto iba a suceder, entonces, ¿por qué no pensaste en las consecuencias?* son parte del reclamo que hace la Cabeza. El Corazón se retuerce en arrepentimiento hasta que la Cabeza dice: *El secreto de la vida es evitar el dolor.* Ante esto, el Corazón responde: Las decisiones cruciales de la vida, dice, son *demasiado importantes para dejarlas a las* "disposiciones inciertas de la cabeza".

"Las disposiciones inciertas de la cabeza". Qué frase más adecuada para aquellos que se castigan a sí mismos lanzando un sinfín de contrafácticos. ¿Qué hace que la cabeza, tan inteligente para proponer nuevas ideas, enfoques y perspectivas alternativas, sea "incierta"? Simplemente que, por sí sola, carece de ese momento cálido de señales emocionales; las señales de emociones "ve/no vayas", del Corazón en la parábola de Jefferson. Estos mensajes emocionales detienen a la cabeza de su interminable giro y dirigen a la persona hacia una decisión viable.

Entonces, ¿qué tiene que ver todo esto con el temor a la esperanza y los contrafácticos? Recuerda que las personas que tienen tanto la esperanza como el temor a la esperanza son las más propensas a participar en un pensamiento contrafáctico prolongado. Quizás el problema es que para estas personas con mucha esperanza/gran miedo a la esperanza, la cabeza está dando vueltas en combinaciones inciertas porque el corazón, que dicta las emociones, no está siendo escuchado.

Para ver si esto era así, incluimos una medida de inteligencia emocional llamada Escala de Meta-Estado de Ánimo de Rasgos (EMEAR)[6] en nuestra investigación sobre el TAE. El EMEAR midió tres cosas: conciencia de las emociones, claridad de las emociones y capacidad para reparar las emociones. Las personas que tienen ambas cosas, esperanza y temor a ella (las que crean más contrafácticos) mostraron un marcado déficit en la claridad emocional. Saben que están recibiendo una señal emocional, pero tienen dificultades para sintonizarla: ¿se sienten tristes, melancólicos, deprimidos, abatidos? No están seguros. Si no puedes identificar correctamente tus emociones, será difícil actuar en consecuencia. No puedes colaborar con tu corazón si no puedes entender lo que te dice.

Hacer buen uso de los mensajes emocionales no significa necesariamente estar demasiado excitado en lo emocional, todo lo contrario. Queremos que el corazón aconseje a la cabeza, no que la ensordezca. Resulta que quienes tienen y temen la esperanza presentan más dificultades para controlar sus emociones; la ira, la tristeza, la depresión, la ansiedad, incluso la alegría, parecen abrumarlos.

En suma, las personas que tienen y temen la esperanza no colaboran bien con el corazón; no pueden detectar con eficacia lo que está diciendo ni controlarlo cuando está activo. El corazón, ese juez vital de lo que es bueno o malo, que nos indica si acercarnos o alejarnos, posee menos credibilidad para las personas esperanzadas que también temen a la esperanza.

Menos creíble. ¿Entiendes?

Recuerda, la fe tiene una estrecha relación con la toma de decisiones y la acción basada en las emociones. Cuando utilizas tus emociones para tomar una decisión y luego actúas, lo haces basándote en la información que transmiten tus emociones, porque te ves a ti mismo (la fuente de tus mensajes emocionales) *como creíble*.

Lo que nos dice esta ruta hacia los contrafácticos es que cuando temes la esperanza y tienes mucha esperanza, tu confianza en ti mismo como productor de información emocional y, por lo tanto, tu capacidad para actuar con fe, se ve afectada. Tu esperanza en esta situación es fuerte, anhela algo que designaste como importante, y le duele el hecho de que te falta. Pero tu fe puede resultar herida.

Más resultados de la investigación del TAE apoyan este punto sobre la fe lesionada. Como recordarás, considero el concepto de autoeficacia de Bandura, la creencia en la propia capacidad para completar con éxito las tareas, como una hermana científica de la fe. Medimos la autoeficacia general en nuestra investigación. Las personas que tienen mucha esperanza también poseen una mayor autoeficacia, a menos que también le teman a la esperanza, lo que hace que su autoeficacia caiga.

Los hallazgos de nuestra investigación concuerdan con la discusión anterior sobre la consiguiente pérdida de fe. Te golpean las decepciones y te hacen desconfiar de tus emociones, ya que fueron protagonistas importantes en tus decisiones de asumir los riesgos que desembocaron en estas decepciones. Y una vez que desconfías de tus emociones, al considerar la información que producen como noticias falsas, comienzas a perder la fe en su fuente: tú. Una vez que ya no confías en ti mismo, te verás amenazado perpetuamente con ese sentimiento insoportable de impotencia para satisfacer tus necesidades.

A la luz de todo este pensamiento e investigación, Mary pudo haber sido diagnosticada erróneamente con una enfermedad psiquiátrica que requería una intervención médica para solucionarlo. De hecho, no creo que ocurriera algo *malo* con ella. Sufría como resultado de algo que *le sucedió* y *le estaba sucediendo*, una serie de terribles decepciones que la hicieron temer a la esperanza, aunque todavía la tenía, porque perdió la fe en su capacidad para lograr lo que esperaba.

Lo que al ojo entrenado en medicina le indicaba un trastorno de ansiedad en realidad era la angustiosa preocupación e impotencia de Mary porque sus grandes esperanzas fueran aplastadas de nuevo, su falta de fe en poder levantarse y su terror de que no podría manejar otra experiencia así. Y los "síntomas" que un médico podría marcar como un criterio claro para la depresión: sus "cavilaciones" de apariencia depresiva y su visión sombría del futuro fueron el enfoque de Mary en los contrafácticos, causados por su pérdida de fe y su limitación de abordar los posibles eventos positivos que se presentaran como un medio para evitar la decepción.

No, no es una enfermedad mental. El problema de Mary era el "muro de no te hagas ilusiones", un enigma difícil que intimidaría a la persona más cuerda. Mary tenía esperanzas, pero actuar basándose en esta esperanza fue precisamente lo que más la asustó. Había perdido la fe en sí misma y en que el mundo sería lo bastante generoso como para permitirle poner sus esperanzas en acción. De modo que dudaba alcanzar las metas que su esperanza la haría perseguir. Y lo que más preocupaba a Mary era lo que pasaría si no lograba realizar su esperanza, no sólo no conseguir la meta deseada, perder tiempo y esfuerzo y experimentar la vergüenza social; sino percibirse a sí misma como completamente desamparada porque era incapaz de manejar su vida.

Una vez que te consideras a ti mismo como incapaz de controlar tu existencia, la desesperación gana su lucha con la esperanza. Mary no quería perder esa batalla, así que permaneció igual.

Y eso significa que Mary no sólo le tenía miedo a la esperanza, sino que la protegía (es una fuerza evolutiva que siempre necesita protección).

La acción esperanzadora de la invariabilidad

Las experiencias de Mary en relación con su temor a la esperanza fueron tanto una defensa contra la esperanza como una manera de protegerla. Sí, otra paradoja: permanecer igual es el resultado de temer los posibles resultados de la esperanza, y también es un acto de preservar la esperanza. Cuando te petrificas, finges para proteger lo que hace que tu vida esté *animada*. Bajo esta óptica, Mary no sólo se resistía a la esperanza; se aferraba a ella con fuerza. Como un padre sostiene a un hijo, ella se cubrió la esperanza para protegerla de circunstancias impredecibles, y también restringió la esperanza de su propia naturaleza salvaje e imprevisible, y de su tendencia a dar saltos arriesgados con caídas potencialmente peligrosas.

Por eso Mary estaba ansiosa (esperaba y protegía esta esperanza de la fuerza destructiva del desamparo). Por eso limitó su futuro (protegía la esperanza de la peligrosa luz de un intento fallido por tener éxito). Por eso existían los contrafácticos: la mantenían buscando una estrategia impecablemente segura, pero alejada de la acción. Y a través de todos estos procesos ella se mantuvo igual.

La invariabilidad de Mary era justo lo que ella necesitaba en ese momento. La salvó.

Un cargador de batería sin luz indicadora

Mary continuó en terapia conmigo. Y aunque los meses venideros estuvieron lejos de ser óptimos, la vida de Mary se volvió más estable. Solicitó y se le concedió un trabajo en la empresa que no requería viajes. El salario era peor que el mal pagado puesto de ventas, y el trabajo en sí la aburría infinitamente, pero la mantenía a salvo en casa, donde sentía que su madre la necesitaba. La estabilidad pareció ayudar mucho: no volvió a intentar suicidarse y dejó de beber.

También se involucró en actividades sociales, como ir a la iglesia todos los domingos, jugar en una liga de futbol un par de noches a la semana y, después de la insistencia de su prima y la presión de su madre, se unió al club de lectura de su prima. Mary no tenía amigos cercanos y rara vez participaba en reuniones sociales después del trabajo, pero su vida tenía algo de ritmo, sus altibajos no eran en extremo altos ni miserablemente bajos.

Más o menos al año de nuestra terapia, Mary me dijo:

—Siento que soy una batería recargable. Si me sacas del cargador ahora mismo, tendré muy poca energía. Pero si permanezco conectada por un tiempo más, estaré cargada por completo. Al menos eso creo: no lo sé.

—Es una manera extraordinaria de decirlo, Mary —observé.

—Pero en realidad no hay luz indicadora.

—¿Luz indicadora?

—Sí, la del cargador que te indica cuándo las baterías están completamente cargadas. En realidad, no sé si la potencia es baja o alta en este momento. No tengo idea de cuándo será el momento ideal para desconectarme. Esa luz se descompuso cuando se me rompió el bazo.

—Creo que lo entiendo.

—Temo que si me desconecto ahora, no seré lo bastante fuerte como para atravesar esa pared, y perderé mucha energía al hacerlo. Pero la otra parte del problema es que tal vez *estoy cargada* con tanta energía como puedo tener, y sólo estoy perdiendo tiempo que es valioso en verdad.

¡Dios mío, vaya que Mary era inteligente! Podía pensar en las mejores y más elocuentes analogías. El puerto para conectar la batería permanece igual y proporciona la estabilidad de su vida en este momento. La batería es esperanza, salvaguardada en ese puerto, y acumulando energía. La luz indicadora es el deseo inalcanzable de que algo o alguien le diga que todo está listo y que debe seguir

adelante (como la consigna de Fleabag pidiendo: "que alguien me diga cómo vivir mi vida" y la solicitud de Harold de indicaciones del oficial de policía, a pesar de que él sabía con exactitud hacia dónde se dirigía).

Mary estaba traumatizada por las desilusiones y aterrorizada de experimentar más eventos que le dejaran una sensación de impotencia. Cuantas más esperanzas tuviera, estos contratiempos serían más probables, y su poder disruptivo sería más potente. Mary pudo aferrarse a sus esperanzas, pero confiaba en sí misma para actuar de acuerdo con esa esperanza. Y eso significó que sus ambiciosas aspiraciones fueron rebajadas por su profunda falta de fe en sí misma. Se sentía ansiosa, temiendo que la esperanza la llevara a una situación de riesgo que inevitablemente terminaría como administradora de la vida de la que era responsable. Por lo tanto, tiene mucho sentido que ella quisiera una prueba indiscutible de que estaba totalmente cargada antes de intentarlo de nuevo: una confirmación de que era seguro moverse hacia delante.

Pero para Mary, como para todos los demás, no hay luz indicadora... nunca. Es por eso que necesitamos fe (esa respuesta instintiva que proviene de un yo en el que confiamos) y eso le faltaba a Mary, no un indicador externo de luz verde.

Creo que ésa es otra razón por la que Mary rumiaba tanto en contrafácticos: su mente intentaba encontrar una solución racional que indicara indiscutiblemente que era el momento; alguna estrategia lógica y oculta que no vio la última vez que falló. Si indagaba en el pasado y descubriera nuevos datos sobre lo que funcionaría, tendría suficiente información para seguir adelante. Pero, por supuesto, esta búsqueda no llevó a Mary a ninguna parte, porque no pudo confiar en sus emociones para formular el siguiente paso.

En ese momento aún no tenía todas estas ideas perfectamente resueltas en mi cabeza (sólo las diez razones para no cambiar, y una vaga comprensión del miedo a la esperanza), pero mi intuición me

decía que esperar la luz indicadora era un error. Presioné un poco
más:

—Mary, ¿y si esa luz se descompone? ¿Qué vas a hacer? —pregunté.

—No quiero pensar en eso. Es demasiado aterrador.

—Por favor, piénsalo un segundo, ¿qué deberías hacer?

—No quiero pensar en eso. ¿Podemos hablar de otra cosa?

Lo dejé ir. Una vez más, Mary anhelaba profundamente tener
una mejor vida, percibió el tipo de vida que quería y sintió que no
podía tenerla porque no confiaba en sí misma para conseguirla. Así
que el único futuro positivo que podía imaginar era que su seguridad estuviera garantizada por algo más creíble que ella misma, algo
que operara independientemente del error humano y proporciona-
ra un mensaje reconfortante: *Todo está bien. Ya puedes salir.*

Tenía razón al indicar que estas señales infalibles rara vez están
disponibles (o nunca), pero me equivoqué al afirmar esto con tanta
alegría. Mientras me sentaba en mi vieja silla favorita, bebiendo mi
delicioso y humeante té en mi oficina, haciendo el trabajo para el
que me sentía competente, en una carrera estable, con una familia a
la que volvería. Esa noche, en el vecindario que amamos, protegido
por profundas experiencias de continuidad y seguridad, no había
tomado en cuenta lo que significaría la expectativa de una luz indicadora siempre descompuesta.

Seguí el ejemplo de Mary de alejarme de la inmensidad de la
esperanza hacia una experiencia más restringida, quizá demasiado.
Mi concentración en el tema de esa luz indicadora mantuvo mi mirada distraída de algo muy importante. Mary no estaba inmóvil; no
estaba simplemente conectada al cargador. Avanzaba despacio; ya
no experimentaba conductas suicidas, no bebía, iba a la iglesia el
domingo, acudía al grupo de lectura y jugaba en un equipo de futbol. Éstas eran cosas muy importantes: eran una fuente de estabilidad, seguridad y compromiso social que Mary había creado. Su vida

pudo haber alcanzado cierta calma, pero no estaba estática. Con estas diferentes actividades, Mary ponía a prueba su fe mientras reconstruía su propia luz verde de modo intuitivo.

Mary estaba cargada por una buena razón. Y aunque no sabía si alguna vez podría salir de este estado en apariencia estático, quedarse quieta por un tiempo funcionó para ella. Sus pasos eran verdaderos durante este periodo; aunque eran pasos pequeños y graduales, le permitían sanar las heridas y recuperar las fuerzas. Y tal vez, aunque ella y yo no continuamos con esto, su luz interna parpadeaba cada vez más débilmente.

Capítulo 5

La ingeniosa preservación de la pose de la zarigüeya

> Y llegó el día en que el riesgo de permanecer aprisionado en un
> capullo fue más doloroso que el riesgo de florecer.
> —Anaïs Nin

RECUPERACIÓN

Más o menos un año después de que Mary describiera su experiencia de estar en el cargador de la batería sin luz indicadora, dio un gran paso fuera de su zona de confort. Las cosas iban muy bien en su grupo de lectura. A pesar de que Mary rechazaría las ofertas de otros asistentes para salir a tomar algo o cenar después de las reuniones, sintió una ligera camaradería, una sensación de pertenencia que había sentido en el equipo de futbol de la preparatoria y en el dormitorio de su universidad.

A ella le gustaba en especial Holly, una mujer alegre y enérgica de su edad. Holly trabajaba en una tienda al aire libre local, dirigiendo salidas grupales para los clientes. Cuando le tocó a Holly escoger un libro ella eligió *Into Thin Air*, de Jon Krakauer, una historia desgarradora sobre una escalada al Monte Everest que terminó trágicamente mal. Mary estaba cautivada con el libro y lo terminó en dos noches. El tema de la audacia, la audacia del grupo de alpinismo y la interdependencia de ese equipo, le recordó ciertos sentimientos que había dejado atrás: el apasionante poder de un objetivo claro, la sensación de agilidad al alcanzar ese objetivo con un grupo de personas capaces y la experiencia de libertad que se obtiene al actuar con valentía.

Cuando el grupo de lectura se reunió de nuevo, Mary fue la primera en hablar, un cambio de su habitual costumbre de escuchar lo que otros decían antes de hablar.

—Me encantó —señaló Mary—, en primer lugar, fue muy emocionante. Más importante aún, me asombró y me entusiasmé sobre ese grupo y lo que lograron.

La mayoría de sus compañeros lectores comenzaron a reír con afecto, encontrando que la alegría de Mary por el libro no coincidía con la historia devastadora y triste que contenía entre sus páginas. Holly, sin embargo, asintió y respondió:

—Sé con exactitud lo que ella quiere decir.

Holly llamó a Mary esa semana, invitándola a una de sus excursiones que consistía en escalar. Mary se confrontó con una decisión (vuélvete audaz o vete a casa). Ella fue audaz.

Como Mary lo esperaba, fue incómodo reunirse con este grupo de extraños, y sintió envidia mezclada con vergüenza, comparándose a sí misma con Holly, con su confianza atlética y su claro sentido de orgullo. Pero una vez que estaba escalando con un compañero que la cuidaba desde abajo, sintió que estaba justo donde debía (la pura alegría del trabajo en equipo, la competencia y el riesgo compartido).

Mary pronto se unió a un grupo de entrenamiento de alpinismo y tomó todas las clases que pudo. Aprendió rápido, a medida que desarrollaba dureza en sus manos. Su amistad con Holly floreció, y las dos se dirigían a las montañas cada vez que tenían la oportunidad. En una sesión en esa época, ella me comentó:

—Es como si me hubiera recuperado de un esguince realmente grave. He pasado por un infierno y no podía verlo cuando estaba ahí, pero ahora lo veo.

—¿Es como si te estuvieras recuperando?

—Sí, eso es: como si estuviera en rehabilitación por una lesión, y se supone que no debo hacer demasiado o me podría volver a lesionar. Estuve en reposo, pero en el buen sentido.

—Eso suena muy bien, Mary.

—Es algo así como ese viejo error: debería haber hecho lo que me dijo el médico, pero no lo hice y arruiné las cosas. Quiero decir, esta vez no es físico, pero me tomé mi tiempo y me rehabilité.

—Lo entiendo.

—Eres como mi fisioterapeuta. Me estás ayudando a sanar, pero depende por completo de mí lo que haga cuando salga de esta oficina. ¿Voy a hacer grandes o pequeños avances? Eso depende de mí. Un movimiento demasiado grande y me lesiono de nuevo; demasiado pequeño y nada cambia. Pero ahora estoy lista para volver a salir por completo, creo.

—Yo también lo creo.

—¿En verdad?

—Sí lo creo.

—Tengo la batería llena.

—Estás recargada.

Mary continuó en terapia conmigo durante un año más, luego regresó a la universidad en otro estado, donde obtuvo un título en negocios y luego una maestría; ahí ingresó con un nuevo terapeuta.

Tuve contacto con Mary hasta hace poco, cuando me envió un correo electrónico para ponerme al día sobre su vida.

Después de graduarse de su maestría, continuó trabajando en desarrollo de software, ahora como gerente de proyectos. El trabajo en equipo está de vuelta en su vida. Le encanta su trabajo: los desafíos, el hecho de que su cerebro siempre está "encendido", creativo, listo para resolver la siguiente incógnita. Ahora está casada. Ella y su esposo pasan gran parte de su tiempo libre escalando rocas y acantilados cerca de su casa. Ahorran cada año para algún viaje de aventura: kayak en aguas bravas en el río Kaituna, parapente en To-rrey Pines. Y los fines de semana es entrenadora de futbol.

Cuando terminé de leer el correo electrónico de Mary, pensé en ese largo camino hacia la recuperación: de ser, desde una persona atada por los problemas y el fracaso, hasta alguien que volvió a com-prometerse con la existencia creativa y atrevida para la que nació. En mi mente se proyectó una película: Mary, inmóvil y de costado sobre el pasto cubierto de rocío. Estuvo durante años, jugando a la zarigüeya desde la caída que le dañó el bazo. Pero ahora, como una luz que parpadea en verde, abre un poco los ojos. Luego examina el paisaje en busca de amenazas y mueve con cautela los dedos de los pies. Luego, despacio, en sigilo, se levanta sobre una rodilla, se in-corpora con cuidado sobre sus pies, estira lentamente las piernas, da una zancada y, luego trota suavemente en su lugar, llena sus pul-mones de aire, y escucha una voz que dice "¡Adelante!", luego corre audaz a través del césped verde y húmedo hacia esa gloriosa portería al otro lado del campo.

Su fe sanó, su esperanza se activó, Mary ha vuelto.

LA PRESERVACIÓN EN LA INVARIABILIDAD

Como Mary, cuando permaneces igual, no sólo estás atascado por-que estás luchando contra poderosas fuerzas restrictivas; *también estás tratando de preservar tus fuerzas impulsoras.* Permanecer igual, en otras palabras, no es sólo el resultado negativo de tu ansiedad existencial; también es un acto de esperanza y fe, ya que protege eso que te produce ansiedad: la habilidad para pintar tu existencia con un crayón de color púrpura como Harold. Esa lógica puede parecer enredada un poco como un pretzel, pero ten paciencia. Es impor-tante comprenderla.

Cuando eliges la invariabilidad, estás protegiendo tu esperanza de la decepción. Eso es un *acto*, no un estado de pasividad o inercia, como suele pensarse. Es una retirada estratégica, no una rendición. Gran parte de la motivación para elegir la invariabilidad es preservar la esperanza y proteger la parte de ti que construye tu vida. La invariabilidad, bajo esta luz, es una expresión de cuidado de uno mismo, tal vez como protesta, y definitivamente una acción de rehabilitación (como lo fue para Mary): una forma de restaurar los recursos que necesitas para volver al desafío.

La situación entre donde estás ahora y donde quieres estar es dinámica, un punto donde comportamiento y experiencia, junto con tus fuerzas restrictivas y motrices, se encuentran. Eso significa que aunque parezcas tan inmóvil como una roca en tu resistencia al cambio, en realidad estás en un estado activo. Algo sigue empujándote hacia arriba; como la hierba apunta hacia el sol a través de una grieta del duro pavimento.

En el campo de fuerza del cambio, en otras palabras, rara vez hay un punto en el que todo sea moderación, no impulso. Como ocurre con todos los seres vivos, nuestra naturaleza es crecer, y se necesita una bomba atómica para detener completamente dicha tendencia. En la mayoría de las situaciones, incluso en aquellas en las que podrías estar actuando como si no tuvieras esperanza, ésta sigue impulsándote, a veces con fuerza.

Pero no nos hagamos demasiado a la idea de que la esperanza es eterna. El hecho de que la esperanza esté casi siempre presente no significa que los arcoíris y los unicornios también lo estén. Claro, de alguna forma, la esperanza es perenne; pero puede debilitarse, a causa de un poderoso desaliento, o puede ser muy fuerte, pero no logra igualar tu temor a ella, y puede permanecer en posición defensiva durante largos periodos Es importante encontrar esperanza en los lugares donde más escondida está precisamente *a causa* del desaliento y temor a la esperanza siempre presentes, no a pesar de ellos.

Ubicar la esperanza en el lugar más inesperado

Piensa en la ansiedad existencial. Lo sientes cuando tu esperanza lucha contra la fuerza restrictiva de tu conciencia o de tu responsabilidad. Eso significa que la ansiedad es el producto de tu intento de seguir adelante, a pesar de la tendencia de la esperanza a exhibirte no sólo como responsable, sino como indefenso. La ansiedad, en otras palabras, es un signo de tu fortaleza y esfuerzo. No la sientes cuando no tienes esperanzas, al igual que no construyes músculo sin sentir el dolor de la tensión del ejercicio físico.

No me malinterpretes: tu ansiedad sobre tu responsabilidad, especialmente cuando se ve agravada por la impotencia, puede aplastarte. Sientes que se acerca a la línea roja cuando las fuerzas restrictivas están ganando, llenando el campo de fuerza del cambio. Sin embargo, la ansiedad no es el resultado de la desesperanza; es el efecto de la fuerza motriz de la esperanza y de la conciencia restrictiva de tu responsabilidad y soledad. Esta clase de correlación es cierta respecto a la sensación de impotencia.

Si te sientes impotente para obtener lo que necesitas, una parte de ti todavía está dispuesta a acercarse y tratar de satisfacer esas necesidades. Es cierto que puedes experimentar frustración, pero eso se debe a que todavía aspiras a cambiar: no te estás rindiendo. En otras palabras, te sientes impotente no porque hayas renunciado por completo a la esperanza, sino porque has perdido la fe en tu capacidad para realizar tu esperanza. La impotencia existe porque todavía quieres seguir adelante, a pesar de la poderosa fuerza de la decepción. Eso es mejor que retirarse a la apatía total de la nada. El gran compositor y disidente ruso Dmitri Shostakovich capturó esta idea cuando escribió: "Cuando un hombre está desesperado, significa que todavía cree en algo".[1]

Esta idea de que la invariabilidad es un estado activo en el que se conserva la esperanza nos regresa a los reiterados contrafácticos.

Cuando piensas en situaciones hipotéticas, te estás imaginando caminos alternativos hacia un futuro mejor, lo que suena muchísimo a esperanza. De hecho, estás generando una especie de esperanza contenida y protegida, manteniéndote en un lugar porque estás herido en la otra mitad de la esperanza: la parte del pensamiento predeterminado, la parte que depende de la fe.

Dos tipos de contrafácticos son especialmente relevantes. Uno implica culparte a ti mismo (*si hubiera tenido las agallas de hablar con mi jefe, ya tendría ese ascenso*). El segundo ocurre cuando culpas a alguien o alguna circunstancia fuera de tu control (*si mi jefe no fuera tan cretino, ese ascenso habría sido mío*).

Cuando te concentras en lo que podrías haber hecho de manera diferente, tampoco te estás enfocando demasiado en la posibilidad de que el mundo sea caprichoso, malévolo y rapaz, que no responda a tus esfuerzos por realizar cambios significativos y satisfactorios. Por lo tanto, culparte a ti mismo ofrece un camino alternativo hacia un punto de vista intolerable y desesperanzado. Pensando en "qué pasaría si", buscando lo que podrías haber hecho "bien", conservas la esperanza de que algún día podrás cambiarte *a ti mismo*, lo que puede ser algo más fácil de imaginar que cambiar todo el mundo a tu alrededor. Ésta es una posición clásica para los niños: suelen elegir la vergüenza sobre el intolerable pensamiento de que sus padres no los protegen o algo peor. Pero creo que también volvemos a esa posición cuando somos adultos, después de enfrentarnos a decepciones dañinas, y estoy convencido de que ésa es una de las razones principales por las que Mary se dedicó a pensar en sí misma: le habría causado una profunda desesperación manejar la idea de que todas sus decepciones provenían de fuentes fuera de su control, ya que, en conjunto, formaban una jungla venenosa e inaccesible.

Por otro lado, los contrafácticos que asignan la culpa a un entorno salvaje, peligroso y caótico también puede ser un camino alternativo. Con ello, dejas de creer con vergüenza que el problema eres tú y, por lo tanto, obtienes el mismo beneficio de preservar la esperanza que si sólo miras hacia ti. Si el problema no eres tú, es posible que seas lo bastante fuerte para soportarlo, a pesar de lo poco que el mundo tenga para ofrecer. Probablemente ésta es la razón por la que a Mary también le parecía privativo el mundo exterior. Al ofrecer una explicación de su impotencia, contrarrestó su culpa, quitándose de los hombros un poco de la carga existencial.

Como la mayoría de nosotros, Mary equilibró ambos tipos de contrafácticos, y ésa es una de las razones por las que se volvió tan reflexiva: si permanecía de un modo, iría despacio hacia la impotencia (*¡arruiné mi vida por completo!*), por lo que contrafactualizaba en la dirección opuesta cuando una profunda impotencia se cernía frente a ella (*¡el mundo nunca va a cambiar!*), luego cambiaría de dirección otra vez cuando *ese* camino se volviera demasiado doloroso, y así sucesivamente. Su rumia contrafáctica, en otras palabras, también fue protectora.

También la protegió su perspectiva de tiempo e incapacidad de ver un futuro positivo. Cuando tu perspectiva temporal es reducida, te estás protegiendo de esa amenaza. Y cuando limitas tu visión de los posibles eventos positivos en tu futuro, evitas la posibilidad de hacerte ilusiones sólo para decepcionarte. Entonces, al constreñir el tiempo, mantienes la esperanza, protegiéndote de sentirte impotente por no satisfacer tus necesidades.

Es hora de evocar esa imagen que te pedí que recordaras en el capítulo anterior: una persona en una silla, dolorosamente encorvada hacia abajo, incapaz de evitar el resplandor del futuro, pero haciendo todo lo posible por protegerse de sus rayos. El dolor que siente es insoportable, pero se queda en esa posición porque mirar hacia delante es aterrador. Ahora imagina algo más en esta escena, algo que no notaste antes: la persona sostiene con firmeza algo en sus brazos que brilla con el mismo tono y fulgor que el resplandor frente a ella, cubriendo su cuerpo alrededor de esta cosa, protegiéndola con todas sus fuerzas. Encorvándose, protege lo que más aprecia y necesita para su supervivencia (la esperanza) ante la fuerza destructora de la impotencia anaclítica.

Las experiencias que tienes cuando te encorvas por la esperanza (rumiando cuestiones que incitan a la impotencia, un sentido de profunda vergüenza, preocupación por un universo implacable, gran ansiedad por tu proyecto de vida, visiones pesimistas y limitantes del futuro) pueden torcer dolorosamente las vértebras de tu alma. Pero parte de la razón por la que sufres estas experiencias es que estás asumiendo una posición encorvada para proteger algo muy importante. Estás haciendo todo lo posible por cuidarte, consolarte, *incluso amarte a ti mismo*, en situaciones en las que parece haber pocas alternativas.

Eso significa que los mayores sentimientos de ansiedad e impotencia existencial sólo están presentes cuando estás esperando algo de gran valor personal, y mucho de lo que haces o sientes que puede interpretarse como signos de desesperanza también son intentos de preservar la esperanza y autonomía.

Eso también significa que hemos llegado a otra paradoja: las fuerzas limitantes que te mantienen "igual" no son del todo malas, y no siempre te limitan. De hecho, son señales de que todavía estás cuidando de ti en los peores momentos.

Éstas son dos ideas: ver las causas como efectos y los efectos como causas. Tú y yo poseemos cerebros a los que nada les gusta más que una relación clara entre causa y efecto, y en una cultura de algoritmos y argumentos de venta basados en nuestras preferencias de que nos llevan en una sola dirección y a un solo efecto (*¡cambio fácil en cinco pasos, un remedio mágico para lo que te aflige, una técnica probada que eliminará cualquier defecto psicológico!*). Pero esta idea de que la esperanza existe (protegida y preservada) dentro de las fuerzas restrictivas del cambio nos lleva a una actitud ante la invariabilidad completamente diferente de la que plantean los proveedores de la solución fácil y nuestra juiciosa cultura basada, en general, en supuestas dicotomías de enfermo/sano y fracasado/exitoso. Y considero que esta actitud hace que el cambio sea más fácil (pero por favor, un poco *más fácil*, no quiere decir fácil: no hay nada gratuito en una existencia más esperanzada, y la esperanza en sí misma es una experiencia dolorosa y turbulenta).

La actitud de la que hablo enaltece las fuerzas de la invariabilidad.

LA PRESERVACIÓN EN LA INVARIABILIDAD

Cuando te propones hacer una transformación en tu vida, apuesto a que haces un excelente trabajo criticándote a ti mismo por tus fracasos, y supongo que incluso los más modestos participan en tus éxitos. Pero ¿crees que permanecer igual es una elección, algo que puedes desear e incluso anhelar? Supongo que no. Sospecho que ves las cosas sin cambios como el resultado lógico de malas decisiones y fracasos; algo que se te impone (un abrigo no deseado que te ves obligado a usar) en vez de un destino que deseabas todo el tiempo en lo más profundo de tu ser.

Ese era el punto de Sartre sobre la mala fe. La mala fe, el modo de experiencia en el que te ves a ti mismo sin opciones, es una elección (no lo vemos como una opción porque eso frustraría el propósito de actuar de mala fe: *¡creer que no tenemos otra opción!*).

La invariabilidad es una especie de mala fe, ya que al permanecer igual, por lo general estamos tratando de evitar sentirnos responsables. Sin embargo, hay formas de ver la invariabilidad como parte de una acción, dentro del campo de fuerza del cambio personal y entenderla como un acto de preservación, incluso de amor propio.

De forma paradójica, y por fortuna para todos nosotros, cuando somos capaces de ver la invariabilidad como una elección (basada en razones de protección personal) puede perder parte de su poder para mantenernos iguales.

Para ilustrar este punto, volvamos al ejemplo de la dieta y el gran tazón de helado descrito en el capítulo anterior. Supongamos que superaste el desafío de resistirte al helado. Es un nuevo día y te sientes muy bien con tu éxito. Vas a la oficina y este nuevo día viene con un nuevo desafío: la celebración del cumpleaños de tu jefe en la sala de conferencias, y ese pastel de chocolate, tu favorito.

Vas a la celebración y están repartiendo rebanadas de pastel. Cuando te pasan un plato, objetas. Pero a pesar del control que muestras, tu mente lucha con todas sus fuerzas para resistir el impulso de comer (un trozo muy *grande*). Mientras tanto, tu mente se acelera: *¿qué me pasa?, ¿cómo puedo estar pensando en esto?, ¡me estoy saboteando!* Superaste la celebración, pero el pastel permanece en la sala de conferencias todo el día, tentándote cada vez que pasas por ahí. A medida que sientes que comienza la lucha interna, más pensamientos negativos entran en tu cerebro: *¡soy un adicto al azúcar!, ¡he trabajado tan duro en esta dieta, y aquí estoy pensando en el pastel de nuevo!*

Al final de tu día, tomas un trozo gigante del maldito pastel y te lo comes en tu auto, camino a casa.

Tu mente se detiene mientras disfruta de la dulce delicia; la tensión sobre si comer o no el pastel ha desaparecido. Pero tu satisfacción es fugaz. En cuando das un segundo bocado, tu mente cambia de rumbo al pensamiento contrafáctico. Masticas: *me sentiría mucho mejor conmigo mismo si no lo hubiera hecho, si me hubiera comido las almendras que traje hoy, no me estaría atiborrando de pastel en este momento, ¿por qué, de todas las opciones, trajeron pastel de chocolate?*

Aquí está la cuestión: eres inteligente, tu cerebro funciona. Es probable que esté familiarizado con Pavlov. Cuando tomaste esa rebanada de pastel, sabías que te sentirías peor durante un periodo mucho más largo de lo que dura la gratificante recompensa de comer pastel. Entonces, ¿por qué lo hiciste?, ¿por qué elegiste el placer de un segundo de ese primer bocado dulce, seguido de horas de amargo remordimiento?

Éste es el motivo: sin que lo supieras, mientras levantabas casualmente el plato de la mesa de la sala de conferencias, momentáneamente buscabas una meta diferente a la dieta. Si bien al observador lewiniano casual le podría haber parecido una persona que *fracasaba* en su búsqueda del objetivo de perder peso debido a poderosas fuerzas restrictivas, en realidad era alguien que *tenía éxito* en un campo de fuerza completamente diferente, en el que el objetivo era suprimir la esperanza. La esperanza, no la vergüenza de comerse el pastel, era el "estímulo aversivo", como lo llamarían los psicólogos del comportamiento. ¿Cuál es la recompensa que buscabas? No es el placer de ese primer bocado, lo que en realidad deseabas era alejarte de la esperanza.

La historia del pastel captura la retorcida paradoja que Laing describe con respecto a la petrificación: que haces lo que te mantiene donde estás para salvaguardar un sentido interno de autonomía. En otras palabras, la invariabilidad, e incluso la impotencia, no siempre son cosas que tratamos de evitar. A veces nos dirigimos directo hacia ellas cuando nos preocupa nuestra responsabilidad. Unas veces lo hacemos de maneras muy obvias, como quedarnos en un letargo total; y otras más sutiles, como comer pastel en el coche cuando estamos a dieta. Por doloroso y contraproducente que sea este acto de petrificación, su intención es benigna: salvaguardar tu esperanza.

¿Qué tan perversa y anormal es esta elección? No lo es. Para Sartre, la mala fe (ocultar la responsabilidad ante uno mismo y ante los demás) es la norma, y la buena fe es la excepción. Por eso la invariabilidad también es la dirección en la que normalmente vamos, y por la cual es difícil llevar a cabo un verdadero cambio personal.

Cuando abordas la invariabilidad como una fuerza negativa, eres como Harold en sus momentos de mayor ansiedad, olvidando que el monstruo al que ahora se enfrenta es el resultado de su propia decisión creativa. Pero, como Harold, tienes cierto control sobre esta situación. Si puedes aceptar que la invariabilidad proviene del mismo crayón púrpura que tienes en la mano (una elección, una decisión) siempre hay un medio para dibujar la salida. Lo opuesto también es cierto. Si permaneces en un estado de omisión, el monstruo cobra vida propia.

Es más fortalecedor reconocer la invariabilidad como una elección en lugar de negar cualquier relación con ella, y comprender *por qué* tomaste esa decisión en particular. Es aún más tranquilizador ver que la invariabilidad puede resultar de elecciones comprensibles, incluso razonables. Ahora, aquí está la paradoja: *cuando puedes contemplar la invariabilidad como una elección y entender por qué lo hiciste, las probabilidades de que cambies aumentan.* Éste es el punto de inflexión para comprender tu resistencia al cambio. Cuando adoptas esta visión, vuelves a estar a cargo.

Hagamos nuestro propio contrafáctico con respecto a ese pastel, siendo el "qué pasaría" tu disposición a aceptar la invariabilidad como una fuerza con buenas intenciones.

Asistes a la fiesta de cumpleaños en la sala de conferencias. Ofrecen el pastel y sientes la necesidad de aceptar el pedazo. En este escenario, sin embargo, identificas el impulso no como adicción al azúcar o falta de disciplina; sino como un alejamiento de la esperanza. Con gentileza hacia ti mismo, piensas: *ahí voy de nuevo, asustado por dónde podría llevarme esta dieta*. Regresas a tu oficina con una nueva apreciación de la importancia de la dieta basada en cómo estás aumentando tu esperanza lo suficiente como para asustarte. Te sientes orgulloso de haber mantenido el rumbo. A lo largo del día, pasas por la sala de conferencias y el pastel te llama. Sintiendo la atracción, piensas: *si como ese pastel, llegaré a ese lugar seguro de sentirme fatal, pero ¿realmente quiero hacer eso?*

Es el final del día, no hay nadie alrededor y el pastel todavía está ahí, un poco rancio, pero promete un delicioso momento chocolatoso. Aquí hay tres reacciones que podrían suceder si abordas la invariabilidad con respeto, apoyando de forma más positiva tus fuerzas impulsoras en vez de enfocarse en que comerse el pastel es un acto malo e irracional:

1. Pasas por delante de la sala de conferencias y te diriges al estacionamiento: *Puedo manejar mi propia vida hoy*, piensas. *No necesito suprimir la esperanza.*

2. Tomas un pedazo de pastel y te diriges al estacionamiento. Cuando das ese segundo bocado y comienzan a aparecer los contrafácticos, los notas y reconoces su intención: *vaya, eso fue rápido*, piensas. *Me estoy protegiendo de la esperanza con estos pésimos sentimientos. Realmente no es el pastel lo que quiero.* Te detienes ante el contenedor de basura más cercano en el estacionamiento y tiras el plato.

3. Te comes el maldito pastel. Y de camino a casa, piensas: *Estoy frenando la esperanza por alguna razón; una parte de mí necesitaba la seguridad de sentirse mal.* Estás molesto contigo mismo, pero no te sientes abatido o fracasado, ni ves tu comportamiento como algo causado por fuerzas externas, como el encanto del chocolate o tu adicción al azúcar.

En los tres escenarios, te ves a ti mismo como activo, dirigiéndote hacia una alternativa, tomando una decisión acerca de tu propio deseo de protegerte. Observas tu intervención, y la ves como algo que viene de un lugar bueno, aunque podría conducir a algunos resultados no tan positivos. *Esa postura ayuda a alimentar tu fuerza motriz de esperanza al fortalecer tu sentido de que tienes el control y, por lo tanto, refuerza tu fe.* La otra postura, que eres un patético fracaso por no poder resistirte al pastel, sólo fortalece tu fuerza represiva al reflejarte tu incapacidad para hacer dieta.

Cuando comprendes que la razón por la que te resistes al cambio tiene que ver con algo protector, ves tu invariabilidad (e incluso tu sensación de fallar y tu creencia de que el mundo no satisfará tus necesidades) como algo que estás haciendo para cuidar de ti mismo lo mejor que puedas. Por lo tanto, ves tu impulso a la invariabilidad como algo activo en lugar de pasivo. Al detectar la gestión y la esperanza en la invariabilidad es probable que disminuyan tus preocupaciones acerca de tu incapacidad para alcanzar metas (aunque la ansiedad acerca de tu propia responsabilidad y soledad también puede aumentar, ¡lo siento!).

Ahora estás en un lugar para contemplar tu próximo paso con más serenidad. También te hallas en una mejor posición para lograr el cambio que deseas.

Así funcionan las cosas para Mary. En sus tratamientos anteriores, los terapeutas y médicos vieron los síntomas de su depresión y ansiedad como puntos de intervención. En cierto modo, se acercaban a ella como si fuera una paciente que requería una intervención agresiva. Mary participaba en este enfoque, experimentándose a sí misma como una persona con severa depresión y un trastorno de ansiedad que necesitaba ser reparado mediante la intervención de un experto. Metafóricamente, estaba anestesiada, pasiva, sin ninguna autogestión en su recuperación. Como me dijo en esa primera sesión: "Mi depresión y ansiedad me impiden llegar a donde pensé que estaría". En otras palabras, dichas enfermedades no le dieron otra opción. De esta manera, bajó sus expectativas sobre la autoeficacia, considerándose a sí misma sin responsabilidad individual, una persona con problemas que le quitaron el control, entregando su fe a los expertos. Ésta fue una comprensible maniobra de mala fe, un acto intencional de petrificación diseñado para proteger su esperanza.

Sin embargo, cuando Mary pudo ver su problema como el "muro de no te hagas ilusiones", marcó el comienzo de una nueva e importante perspectiva en nuestro trabajo terapéutico. Su temor a la esperanza era el problema. Su falta de motivación ya no era un *rasgo* psiquiátrico estático, más bien era un estado existencial y dinámico:

un lugar en su vida donde enfrentó los peligros de la esperanza. Era *ella* enfrentando esa pared y tomando decisiones sobre qué hacer con esta barrera en su vida.[2] Tal vez incluso era *ella*, lejos de ser apática, haciendo el mejor trabajo posible para proteger su esperanza. En otras palabras, Mary estaba siendo exitosamente eficaz. Y esa pequeña sensación de éxito tenía el potencial de aumentar su fe en sí misma.

A medida que Mary construía cada vez más su fe, la idea de esa barrera adquirió una metáfora nueva: la batería cargada. Esta metáfora tenía que ver con generar energía y adoptar un enfoque más mesurado para su recuperación, mientras se encaminaba hacia una mayor aceptación de sí misma como una persona que toma decisiones. Empezaba a ver con más claridad que su falta de motivación era en sí misma una especie de acción, algo que estaba *haciendo*; no algo impuesto sobre ella por sustancias químicas en su cerebro o un destino maligno. Y una vez que pudo ver que quedarse quieta era una acción, también pudo discernir cómo esta acción era en realidad protectora, incluso afectuosa; casi lo opuesto a estar dañada. No era impotente, se estaba "rehabilitando".

Por supuesto, inventar una buena metáfora no es lo único que ayudó a Mary. Las razones por las que cambió son "múltiples": fuerzas positivas que se dirigen probablemente contra un ejército opuesto de fuerzas restrictivas (incluidas todas las complejidades neuróticas de la terapia), que se debilitaron. Pero lo que logró al involucrarse en estas metáforas fue fortalecer su esperanza, la única fuerza impulsora que siempre se incorpora al cambio personal. También debilitó la fuerza contenida de la ansiedad existencial al aumentar su fe en sí misma. Entonces, lo que hizo fue muy importante en términos psicológicos, pero también era contracultural. Mary luchaba contra formas destructivas de ver el cambio que están omnipresentes en nuestra cultura: grandes fuerzas de restricción disfrazadas de impulsoras.

EL PELIGRO DE UN REMEDIO MÁGICO

Enciende tu televisor y mira los comerciales. Desde la piel seca y las piernas cansadas hasta los hábitos adictivos y las experiencias difíciles con el estado de ánimo, existe una cura para cualquier malestar, tan simple como tragar una pastilla o seguir instrucciones. Vivimos en una época que los terapeutas llaman "saturación de problemas",[3] en la que "compramos" soluciones que tratan de erradicar problemas mediante la intervención de expertos, en lugar de elaborar historias sobre lo que nos impulsa hacia delante con el poder de nuestra propia esperanza y coraje. Las historias saturadas de problemas siempre tienen la invariabilidad como un problema, nunca como una solución legítima. Por lo tanto, denigran y desdeñan la invariabilidad y, al hacerlo, ignoran los lugares en los que somos fuertes frente a desafíos importantes.

Al pintar un retrato idealizado de las soluciones, creamos de manera simultánea un retrato oculto, con una fea sombra, de la invariabilidad. Cada instrucción para reparar, cada píldora, cada técnica marcada como la más nueva y brillante "mejor práctica" es un agregado a la interpretación de una persona fracasada: gorda, tonta, desorganizada, adicta, enferma, mala pareja, mal padre, un alma distraída y perezosa que no puede vivir en el "ahora". Las soluciones te dicen que el camino hacia un ideal está bien marcado y es directo, y que sólo las personas dañadas se niegan a tomarlo.

"Aquellos que no se recuperan son personas que no pueden o no quieren entregarse por completo a este sencillo programa."[4] Eso dice *El gran libro de Alcohólicos Anónimos* (la biblia de AA). Esas pobres personas que no pueden seguir los doce pasos. Bueno, son "por lo general hombres y mujeres incapaces de ser honestos consigo mismos". ¡*Vaya!* Eso es duro. Pero ése es el mensaje en la mayoría de los enfoques para cambiar en la actualidad. Insinúan, o dicen de forma abierta, que al no estar dispuestos a desenvolver el regalo de un potencial alcanzado, eres una persona fracasada que exhibe un comportamiento que raya en la inmoralidad.

El desamparo y la ansiedad pueden suprimir algo de esperanza, pero eso no significa que debamos prescribirlas como un medio para el cambio. Sin embargo, eso es exactamente lo que hacen los remedios mágicos y las curas milagrosas, al hacer de la invariabilidad una vergonzosa marca de tu aflicción. Esa marca escarlata impide el proceso mismo que conduce al cambio: la contemplación.

Instruyéndote a relegar la parte de ti que no quiere cambiar sus desperfectos, estos enfoques te dicen que apartes tus ojos de su presencia, ignorando su valor y su conexión eterna con tu vida. Por lo tanto, obstaculizan tu capacidad para contemplar el papel de permanecer igual al llevar a cabo la transformación que deseas realizar, ya que el mensaje es que no hay nada que contemplar.

Cuanto más confundas la invariabilidad con algo tan repugnante que no puedas mirarlo, es más probable que te resistas al cambio. Al apartar la vista, no ves la lógica de la invariabilidad. Piensa cuál es su lugar en tu vida, observa si está preservando esperanza y apréciala.

En este sentido, cuando Mary vino por primera vez a mi consulta, no sólo estaba sufriendo todas las desilusiones de su vida: estaba herida de forma iatrogénica, es decir, herida por lo que pretendía sanarla. Mary comenzó el tratamiento porque se sentía impotente como persona. En nuestra época, cuando te sientes abatido, buscas los mecanismos ideales para los problemas personales: terapeutas y psiquiatras. Los expertos a los que recurrió, sin embargo, sólo confirmaron que su visión de sí misma era acertada. Centrarse sólo en las virtudes del cambio e ignorar la gracia salvadora de la invariabilidad, la hicieron sentirse saturada de problemas. Para ellos, en su vida sólo existía la fuerza de supresión y ninguna esperanza empujando hacia arriba.

¿Eran malos estos terapeutas y psiquiatras? No. ¿Eran personas horribles, dispuestas a destruir a Mary? Obviamente no. De hecho, quizás hacían su mejor y más compasivo trabajo dentro de un marco que deja poco espacio para la invariabilidad como una opción aceptable. Sus intenciones eran buenas. Sin embargo, sabemos a dónde nos dirige ese camino.

Cuando Mary tomó la ruta opuesta, desviándose de la súper autopista de las soluciones fáciles hacia los caminos llenos de baches (de la esperanza y el temor a la esperanza) llegó a ver que su invariabilidad estaba arraigada en motivos de protección y rompió con el enfoque generalizado del cambio de nuestra cultura actual. Y bien por ella, ya que este enfoque hacia el cambio (tal vez de manera inadvertida, tal vez no) *nos mantiene iguales* al considerar el cambio como la única solución lógica cuando no lo es.

HONRAR LA INVARIABILIDAD

La religión hindú asigna un dios a la protección: Vishnu, dios del mantenimiento y la preservación. Se encuentra junto a Shiva, dios de la destrucción y el cambio, y Brahma, el creador del mundo. Vishnu es equivalente a los otros dos, y está pintado de azul como el vasto y confiable cielo. Sus acciones siempre están equilibradas por las acciones de los demás, y las suyas siempre equilibran las otras.

La fuerza que te impulsa hacia la igualdad es el Vishnu en todos nosotros. Es tu mecanismo de protección, la fuerza que garantiza tu seguridad y protección, y puede salvar tu vida física o psicológica. Si bien esta fuerza puede llevarte a iniciativas menos emocionantes que la energía que te inspira hacia la originalidad y la creatividad, y aunque pueda detener el crecimiento que te corresponde, es una parte de ti que merece ser honrada.

Esta perspectiva sobre la invariabilidad es difícil de sostener. Basado en la fe, puede parecer un argumento débil frente a la certeza de soluciones simples y fáciles. Es más, cuando defiendes la invariabilidad estás honrando algo que puede llevarte por el camino equivocado. En otras palabras, que la invariabilidad sea protectora no significa que permanecer igual sea bueno.

El impulso hacia la invariabilidad proviene de una parte bien intencionada de ti: tu amor propio. Y, como todo amor, es bastante falible.

La naturaleza tambaleante de la restricción

Imagina que estás en la acera en una intersección muy transitada. Tienes prisa y estás distraído. Te bajas de la acera para cruzar sin darte cuenta de los vehículos que se aproximan. Una mano viene desde atrás, aterrizando en tu hombro, deteniéndote. Las fuerzas para permanecer igual son muy parecidas a esa mano que te mantiene a salvo, que te protege del tráfico que se acerca dejándote terriblemente indefenso. Vienen de la misma parte de ti que quiere que estés seguro en otras áreas de tu vida. Es la parte encargada de los ingratos trabajos de mantenerte vestido, alimentado y protegido. Limpia tu habitación, mantiene tu oficina organizada, conserva tu presupuesto y activa la direccional cada vez que cambias de carril. No le gusta verte herido, por lo que interviene.

Esta fuerza detrás de la invariabilidad comete muchos errores, tiende a sujetar tu hombro demasiado pronto o responde de manera desproporcionada al riesgo. Tiende a ser cautelosa cuando no es necesario y te dice que corras cuando ve un indicio de decepción o ansiedad en el horizonte.

Para mí, esta precaución excesiva, este deseo de paralizar la acción por un miedo exagerado por la seguridad, es más fácil de entender si lo veo de la forma en que trato de proteger a las personas que quiero. Cuando observo los errores que cometo con ellas, interviniendo con ansiedad para garantizar su seguridad, veo un reflejo de los errores que cometo cuando me resisto a cambiar. Amor es amor, supongo. Se tambalea de la misma manera, ya sea que se dirija a las personas que quieres o a ti mismo.

Mi hijo, Max, que ahora tiene 19 años y es el autor de su propia historia, me envió una foto de su teléfono celular, conduciendo su camioneta por el desierto de California con su novia y su perro; ella sostiene el teléfono fuera de la ventana del copiloto y los tres miran a la cámara sonriendo. Es un retrato de libertad y generosa felicidad. Le respondí el mensaje de texto: "Ella no tiene puesto el cinturón de seguridad y tus ojos no están en la carretera". Estoy seguro de que mi hijo tomó este texto como un bofetón, como una duda hacia lo que él hacía. Pero todo lo que vi en la foto fue peligro.

Como la mayoría de los padres, estoy hecho para proteger a mi hijo. Esto también significa que mi actitud quizá va demasiado lejos y no está calibrada a su nivel de independencia. Todos estos errores que cometo, estas pequeñas decepciones que pueden acabar hiriendo su orgullo, vienen del amor. Las fuerzas restrictivas contra el cambio son como la "paternidad" que hay en nosotros. Son protectores y no quieren que sintamos ninguna agonía. Esta protección a veces nos lastima; otras veces, nos salva.

Como en el *kintsugi*, la forma de arte japonesa en la que se repara la cerámica con oro y plata pero con las grietas expuestas para que se vean con claridad, el amor se encuentra en nuestra preservación, incluso si también es el sitio de fractura. O, dicho de mejor forma: *porque es* el lugar de nuestra fractura.

Aquí hay otra razón por la que enviar el mensaje de texto a Max pudo haber sido un error: tal vez lo leyó mientras conducía en el auto con sus dos sonrientes compañeros, sus ojos desviados del camino, confundido por mi respuesta. Ayudar a tu hijo nunca es perfecto. Tampoco ayudarte a ti mismo. Las cosas pueden parecer más peligrosas de lo que son; a veces son más riesgosas de lo que crees; muchas veces consideras los desafíos posibles como inalcanzables; y a veces las cosas son demasiado desafiantes. Mantenerse seguro frente a la incertidumbre es una práctica de "ser lo bastante bueno", la cual de ninguna manera alcanza la perfección. Pero eso está bien. El amor no es perfecto. De hecho se presenta en formas irregulares y agrietadas.

Para todos nosotros hay dos líneas: una para nuestro desagrado hacia nosotros mismos, la otra para nuestro amor propio. Es muy difícil, si no imposible, deshacernos de todas las críticas (esa inquebrantable experiencia de vergüenza en tu conciencia), sin importar cuán pequeñas o grandes sean. Pero si reconoces que algunas cosas que te disgustan de ti mismo en realidad provienen de la ansiedad de tu amor propio (con frecuencia equivocada), tienes la oportunidad de trasladar estos comportamientos de la primera línea a la segunda. Cuanto más puedas hacerlo, agregarás más a las fuerzas impulsoras de la esperanza y la fe en ti mismo, y disminuirá más la fuerza restrictiva (el mensaje de que estás demasiado abatido para ser responsable de hacer que tu vida funcione).

Imagina de nuevo que estás en esa acera. Esta vez, estás mirando hacia el semáforo. Está a punto de ponerse verde. Al verlo, estás por completo sincronizado con el tráfico, sabiendo que va a detenerse. Das un paso hacia la calle. Pero una mano en tu hombro te jala hacia atrás. "¡¿Por qué hace eso?!", gritas. En ese momento, te molesta la fuerza que te detiene. Su intervención parece negar lo competente que eres, obstruyendo tu deseo de seguir adelante. Tenías todo bajo control, y ese jalón sólo te retrasó. Retiras la mano y rápido caminas hacia delante, abandonando la fuerza que te restringe y dejándola atrás. Unas cuadras más tarde, te calmas y comienzas a pensar en la intención detrás de ese jalón, en lugar de su resultado. "¿Realmente quería anular mi independencia?", reflexionas. "¿No estaba sólo asustada, preocupada por mi seguridad? ¡En otra situación bien podría haberme salvado la vida!" Te calmas, esperando que esa fuerza restrictiva vuelva otra vez. No tienes ilusiones. Sabes que hará algo que te limite de nuevo, pero ¿qué vas a hacer?, la necesitas.

Cuando decides hacer un cambio, dar el salto desde donde estás hasta donde quieres estar, te acercas a un abismo de incertidumbre, mirando hacia el riesgo real de decepción y posibilidades de impotencia. El padre protector que hay en ti no te quiere cerca del borde de ese abismo. Tiene miedo por tu vida, no quiere que te lastimes. La preocupación hace que cometa errores: te frena, ahoga tu movimiento hacia el cambio. Pero, de nuevo, lo necesitas.

No puedes eliminar quirúrgicamente los errores que comete la restricción, sin suprimir todas las formas en que te mantiene a salvo. Sin esta fuerza, vivirías sin advertencias de peligro y te moverías a través de tu existencia incurriendo en lesión tras lesión. Tu Vishnu comete errores, seguro. Pero estos errores se ven eclipsados por las catástrofes de una vida sin restricciones.

Cuando la fuerza restrictiva de la invariabilidad abruma a la fuerza impulsora del cambio (causándote que dejes la dieta, canceles tu membresía del gimnasio, pospongas ese curso de italiano o le des una fumada a un cigarrillo) corres el peligro de perder el dominio sobre tu vida. Pero también hay razones hermosas, de amor propio, por las que te proteges al no cambiar, y éstas son muy dignas de contemplar.

Ahora me gustaría ayudarte a que conozcas diez de ellas.

A medida que leas los capítulos de la siguiente sección, te pido que vayas con cuidado, viendo la parte de ti que quiere encorvarse en la seguridad y el confort de la invariabilidad, sin hacer demasiados juicios negativos, tal vez con algo de humor, y quizás un poco de perdón. Recuerda buscar la intención de la fuerza restrictiva en lugar de concentrarte sólo en sus efectos, que quizá son destructivos. Ve un poco de oro en la cicatriz que deja atrás, o maravíllate con su tono celeste. Adoptar este enfoque podría hacer que consideres cambiar, o podría conducir a una mayor invariabilidad por ahora. Ya sea que cambies o no esta vez, te prometo que comprender, y tal vez incluso apreciar, lo que te detiene te coloca en el mejor lugar para tomar un riesgo y dar un paso adelante.

Las diez razones para no cambiar

Capítulo 6

Sin cambio no hay dolor

El individuo asustado busca a alguien o algo a lo que pueda atarse;
ya no puede soportar ser su propio yo individual, e intenta deshacerse
de él con frenesí y sentir seguridad de nuevo al eliminar
esta carga: el yo.
—Erich Fromm

- #1: Mantenerte igual te protege de la soledad y de la responsabilidad.
- #2: Mantenerte igual te protege de la responsabilidad y del "¿qué sigue?"
- #3: Mantenerte igual te protege de lo desconocido.

Una mañana desperté en la oscuridad, alrededor de las 5:00 a.m., con la intención de escribir lo que estás leyendo. Las alertas programadas en mi celular me despertaron. Entonces, realmente tenía que levantarme de la cama. Sabía que no iba a volver a dormir, pero me quedé acostado. Revisé las noticias en mi teléfono, leí algunos emails, y luego me dije a mí mismo que debía levantarme. No lo hice. Regresé al teléfono, revisé mi cuenta bancaria, la reservación que tenía en un hotel para unas vacaciones, leí un poco de política y un email que había enviado el día anterior. Ahora sí estaba listo. Pero de todas formas no me levanté. Algo llamó mi atención: un artículo en *Buzzfeed* sobre Bill O'Reilly. Después de leerlo, vi una receta para hacer un fondue dentro de una corteza de pan. ¿Cómo podría dejar pasar *eso*? Mientras examinaba el artículo, sentí una punzada de vergüenza que se agudizaba, y me dije a mí mismo que había tocado fondo en cuanto a las distracciones. Ya no se sentía cómodo estar acostado en la cama. Me sentía agitado y aburrido. *Tenía* que levantarme. Pero no lo hice. Ahora eran las 5:45 de la mañana.

Finalmente, mi esposa, irritada por la luz de mi teléfono, murmuró: "Por favor, haz eso en otro lado". Me levanté, fui a la cocina y me hice una taza de café, prendí la computadora y empecé a buscar un cuidador de mascotas para nuestro perro, descargué un poco de música, que consideré que iba a ayudarme a escribir, volví a revisar las noticias y mis emails y escribí unos cuantos más. Dejé la computadora para hacerme de desayunar. A las 6:45, me senté a comer y a ver las noticias en la televisión. Terminado el desayuno, volteé a ver el reloj de la cocina. Eran las 7:30. Tenía hasta las 8:15 para escribir antes de iniciar mi día. Por fin empecé, después de dos horas de haber despertado, y con sólo 45 minutos restantes para escribir. Pude terminar este párrafo y un poco más.

La escritura, como todas las formas de expresión, es un acto sumamente existencial, ya que cuando escribimos, literalmente le damos voz a nuestra vida interna, la cual es única, "dándonos a conocer", como dicen. Escribir implica atravesar la tormenta de arena de la soledad y de la responsabilidad, lo cual no logré hacer esa mañana. El cambio personal implica este mismo tipo de confrontación. Como mencioné en el capítulo anterior, acercarse al cambio es un momento existencial importante, y tu habilidad para hacer que verdaderamente suceda depende de tu capacidad para verte a ti mismo como dueño de tu destino.

El cambio, en otras palabras, te obliga a enfrentar la incomodidad e incluso el terror de la libertad. Si no tuvieras otra opción más que mirar la soledad y la responsabilidad directo a los ojos, quizá podrías reunir fuerzas para lograrlo. ¿Qué otra opción tendrías? Pero casi siempre, una salida de emergencia de fácil acceso se encuentra disponible para escapar de tu libertad.

ESCAPAR DE LA LIBERTAD

Es probable que hayas experimentado por ti mismo (o sido testigo) del proceso que viví esta mañana al procrastinar. El "escritor evasivo" es un cliché. Pero en realidad no sólo es una historia sobre perder el tiempo, ya que *sí* escribí y logré una pequeña parte de mis objetivos. En un nivel más profundo, es una historia sobre el dolor de reconocer mi responsabilidad y, por lo tanto, mi soledad y mis intentos por esconder psicológicamente dicha responsabilidad.

¿Qué me mantuvo en la cama, además de la comodidad de un edredón de algodón y el deseo de dormir más? Mi reticencia a ser testigo de la responsabilidad de crear algo en el papel. Me costó mucho acercarme a los sentimientos que surgieron: ese papel en blanco (en realidad, pantalla en blanco), que reflejaba mi soledad y la posibilidad siempre presente de fallar en el objetivo que me había asignado. ¿Qué me sacó por fin de la cama? Mi esposa. Sin embargo, mi resistencia a comenzar a escribir, se mantuvo una vez que me encontraba en el frío de la cocina. ¿Entonces, qué me impulsó a escribir? El reloj. En otras palabras, los dos puntos que me movieron hacia mi meta fueron externos: regaños "paternales" y no decisiones adultas. Salir de la cama no fue mi decisión; después, ya que el tiempo se estaba terminando, me vi forzado a escribir. Durante una semana oculté mi propia voluntad, llena de señales de que debía asumir mi responsabilidad: la meta impuesta por mí mismo de expresar mi visión mediante la escritura, sin ningún jefe amenazándome con consecuencias externas.

Estos engaños, con frecuencia sutiles, estas pequeñas fantasías silenciosas, en las que me siento impulsado y obligado a tomar acción (como un trompo girado por una fuerza exterior) son parte de una comedia teatral que siempre estoy representando.

Así es como la vida funciona para la mayoría de nosotros, casi todo el tiempo: de forma esporádica queremos tomar el control de nuestra existencia de forma auténtica, pero principalmente pretendemos que no tenemos el control, cuando en realidad, sí. Sin embargo, eso termina cuando nos acercamos al cambio personal.

No puedes alcanzar el cambio que quieres sin observar (a veces de forma parcial, los asuntos más importantes en tu periferia) tu responsabilidad y tu soledad. Entonces, el cambio personal requiere siempre del coraje para actuar con más buena fe que con mala, y hacerlo aun cuando la mala fe ofrecerá siempre una salida fácil.

Da un paso hacia el cambio, y la mala fe siempre estará a tu lado, tentándote, susurrándote cosas como: *estás demasiado cansado para ir al gimnasio*; *no puedes practicar la guitarra hasta que limpies la cocina; todos los demás se están comiendo una galleta* (éstas son posiciones que engañosamente te obligan a actuar, su misión es prevenir que asumas que tú estás a cargo, y por lo tanto, te detienen, o al menos hacen que el proceso para alcanzar eso que quieres sea más lento).

A Sartre se le ocurrió un término muy evocador para la actitud que tienes cuando asumes estas posiciones de mala fe: el "espíritu de seriedad".[1] Al asumir el espíritu de la seriedad, le otorgas al mundo *exterior* poderes que te pertenecen *a ti*. Hablando en términos bíblicos, es ser el becerro de oro, desviando la voluntad propia a los caprichos misteriosos de otro ser. En el mundo de Walt Disney, sería el protagonista de *La espada en la piedra:* las escobas y candelabros cobran vida. Me gusta pensar en el espíritu de la seriedad como la actitud de estar formado en una fila y esperar, y esperar... a que algo suceda. Cuando te dices a ti mismo: "esperaré hasta mañana", tu espíritu es serio ("las cosas buenas llegan a quienes son pacientes", es su lema). El trabajo de este espíritu de la seriedad es mantenerte en la mala fe, por lo tanto, permanecer igual (una persona en una fila infinita de personas) todo por ocultar tu voluntad.

La complicada bifurcación entre ir por el camino recto y bien pavimentado de la mala fe, y el irregular camino de terracería, que requiere dirigir el volante, cambiar las velocidades y pasar a la gasolinera de la buena fe, influye en las diez razones para no cambiar. Sin embargo, las preocupaciones por tu libertad existencial prevalecen más en las primeras tres de estas razones.

RAZÓN PARA NO CAMBIAR #1: MANTENERTE IGUAL TE PROTEGE DE LA SOLEDAD Y DE LA RESPONSABILIDAD

El cambio siempre te hace enfrentar a tu soledad y responsabilidad. Ése es un hecho inevitable sobre el cambio: en el camino de donde estás a donde quieres estar, eres tú y (nadie más) poniendo un pie tras otro.

Ese hecho en sí mismo es una buena razón para no cambiar.

Piensa en un momento de tu vida en el que hayas querido lograr algo, y en el que estuvieras seguro de que realizarlo haría que las cosas mejoraran para ti. ¿Percibiste que te presionaba una fuerza contraria que casi se sentía como esos campos de fuerza de ciencia ficción, cuando Kurt Lewin se encuentra con el Capitán Kirk? Así es como me siento cuando me presiono a mí mismo para escribir. Dentro de ese campo de fuerza (navegando en internet, revisando mi email), me siento seguro de los peligros de la responsabilidad y de la soledad. Pero para escribir, debo salir de la barrera segura del campo de fuerza y entrar en la atmósfera cruda y extraña donde las cosas son menos seguras, y aventurarme hacia una frontera en la que debo asumir mi responsabilidad.

Dentro del campo de fuerza la vida tiene un guion, es predecible y aburrida, quizá sofocante, pero segura de los riesgos de la responsabilidad. Afuera de este campo está la libertad, y la demanda por la aceptación de buena fe de la que soy responsable. El único problema es que el cambio jamás ocurre dentro del campo de fuerza. Tampoco la acción creativa, la invención, el juego, la diversión, el amor, la pasión, la conexión. Puedes soñar con estas cosas desde dentro del campo, pero no puedes actuar para alcanzarlas.

¿Cómo entramos a ese campo de fuerza y qué nos mantiene ahí? Hasta cierto punto, esto se aprende de la experiencia. Esa fuerza restrictiva a nuestro alrededor es como una reja eléctrica invisible para los perros, que dan pequeños pero dolorosos choques eléctricos cuando cruzan la barrera del patio. Tú también puedes ser entrenado (y restringido) por los repetidos choques de ansiedad causados por las decepciones. Es menos probable que abandones los parámetros de seguridad que otorga la mala fe si has recibido choques de este tipo cuando has intentado salir.

Como aprendimos en la primera parte del libro, demasiadas decepciones pueden hacer que pierdas la fe en tus propias habilidades para manejar desafíos. Si careces de un sentido de autoeficacia, te resultará insoportable confrontar tu propia responsabilidad. Así, te parecerá que los esfuerzos para alcanzar el cambio que deseas son aterradores: la probabilidad de pasar por otra vergüenza y que eso signifique que estás descompuesto; otro ataque a tu seguridad; otra experiencia de impotencia. Y en este estado, hay otra emoción que te atrae hacia el riesgo de otra decepción: la esperanza. A pesar de todo, necesitas esperanza (esa energía que hace que continúes, incluso después de todo el sufrimiento y la incertidumbre) para forzarte a salir de los parámetros de seguridad, para enfrentar la ansiedad de tu responsabilidad.

Aquí hay un ejemplo extremo de cómo la ansiedad existencial puede ser la mayor motivación para mantenerse igual cuando la decepción ha entrado a la escena dramáticamente.

Reportándome con Jim

En mi programa tuvimos un paciente que sufría de ansiedad y pánico severos. Lo llamaré Jim, el cual era bastante exitoso y, pese a una ansiedad general, mantenía una buena cantidad de satisfacción, en parte gracias a su matrimonio con una mujer amorosa. Pero más adelante Jim sufrió una serie de pérdidas serias que lo condujeron a una caída. Todo comenzó el día en que Jim llevaba a su hijo a clases de futbol y tuvo un accidente automovilístico que lastimó de forma permanente al niño. Mientras su hijo se recuperaba en el hospital, Jim pasaba la mayor parte del tiempo al pie de la cama, junto a su esposa. Jim trabajaba como programador de computadoras en una compañía de informática, su puesto era de jornada completa, así que todo el tiempo que estuvo con su hijo, no recibió pago. Y cuando sí iba a la oficina, era inútil, su culpa y preocupación eran tan grandes que no lograba concentrarse. La compañía finalmente rescindió su contrato. Una vez que su hijo pudo irse a casa y que las cosas comenzaron a volver a la rutina, a Jim le resultó difícil dar los pasos siguientes para encontrar trabajo. Se obsesionó con la seguridad de su hijo y de su familia entera. Jim sentía que si salía de la casa pondría a su familia en riesgo. Así que casi no salía. Después de seis meses de pagos de hipoteca atrasados, su casa fue embargada y puesta en subasta.

El día que Jim y su familia iban a mudarse a un departamento pequeño, nadie podía encontrarlo. La policía lo halló a punto de suicidarse, y fue encerrado en un hospital psiquiátrico. Su esposa, quien había ocultado su rabia por el accidente, esta vez no podía esconder el enojo que le causaba que Jim no se estuviera comportando como un compañero responsable en un matrimonio. Se reunió con él en el hospital y le pidió el divorcio. Cuando Jim salió del psiquiátrico, se mudó a la casa de sus padres y fue referido a consulta conmigo.

Le proporcionamos muchas alternativas para su ansiedad excesiva. Además de los cuidados farmacológicos, le ofrecimos un tratamiento cognitivo conductual, psicoterapia, arteterapia, meditación y ayuda vocacional. Jim escuchaba nuestras sugerencias durante sus horas de tratamiento, pero durante el día, cuando su ansiedad estaba a tope, rara vez utilizaba las técnicas que había aprendido. Nos propuso una técnica para aliviar sus síntomas: que le llamáramos en horarios específicos para darle apoyo. Nuestro programa ofrece acceso telefónico veinticuatro horas al día. Por lo tanto, le explicamos que no tenía que reservar sus llamadas para las crisis, podía llamar en cualquier momento si necesitaba hablar con alguien. Pero este servicio de apoyo improvisado no le satisfacía. Argumentó que *programar* llamadas durante el día (durante los horarios en los cuales creía que era más probable que sintiera pánico) le sería de mayor ayuda.

Jim afirmó que las peores horas para su ansiedad eran las tardes, y quería que le llamáramos especialmente en esos momentos. Cuando Jim sugirió esto, le recomendamos utilizar las herramientas que había aprendido en sus tratamientos mientras hacíamos la llamada. Pero Jim declinó la oferta: "Lo único que necesito es un pequeño recordatorio de que estoy bien al final del día", nos dijo.

Utilizar por sí mismo las herramientas psicológicas que había aprendido y pedir ayuda cuando lo necesitara (en lugar de programar llamadas en horarios específicos) lo haría sentirse como un individuo capaz de asumir su responsabilidad. Si utilizaba las herramientas, se veía a sí mismo haciendo algo sin ayuda. Y Jim no tenía fe en sí mismo para ser un buen administrador de sus acciones. Después del accidente y el declive subsecuente en su funcionamiento, sentía una enorme impotencia. Si Jim pedía ayuda, sería testigo de sí mismo solicitándola como una persona independiente y con responsabilidad. Esto también sería un recordatorio intolerable de que tenía que asumir la responsabilidad por el devastador accidente de su hijo. Jim no podía soportar la experiencia de la responsabilidad que venía con estos añadidos. Las llamadas programadas eran su manera de establecer contacto sin experimentar la soledad existencial, su necesidad y habilidad para ser el autor en su vida. Siempre y cuando le llamáramos en los momentos específicos, sentiría que alguien *actuaba por él*, en lugar de ser él quien *actuara*. Se sentía aliviado, en otras palabras, por una obra que dirigía en secreto, en la cual su personaje era el receptor pasivo de las decisiones de otros.

Yo le llamo a este comportamiento ineficacia efectiva.[2] Mientras Jim montaba un escenario en el cual apareciera como pasivo, en realidad era bastante buen defensor de sí mismo. Sin embargo, lo que defendía era bastante perverso: una interacción que lo tratara como ineficiente, carente de cualquier voluntad. Asimismo, Jim estaba tan asustado por la responsabilidad que no podía procesarla. Iría a las terapias, pero no usaría lo aprendido, ya que su habilidad de utilizar nuevas herramientas y perspectivas significaba que debía reconocer que estaba a cargo de su propia transformación, inevitablemente solo, y que debía asumir su responsabilidad. En otras palabras, Jim quería ser alimentado, no quería comer. Mientras que su plan le ofrecía seguridad, también lo llevaba a una existencia vacía.

El predicamento de Jim (y su solución de espíritu serio) es una ilustración extrema de la razón #1 para no cambiar. Pero los intentos de Jim por rehusarse a asumir su responsabilidad no son únicos. Al enfrentarnos con el cambio, todos luchamos con el conflicto que existe entre la mala fe y los peligros de la autenticidad.

Tengo una oficina desordenada que me provoca algo de vergüenza. Todo el tiempo planeo limpiarla, pero rara vez lo hago. Limpiar mi oficina me haría sentir mucho mejor, liberándome de mi vergüenza por ser desorganizado. Y con seguridad, podría encontrar el cargador de teléfono, el cartucho de tinta y mi bolígrafo favorito, lo cual haría que mi vida fuera mucho más sencilla. Una razón por la que no limpio me vuelve parecido a Jim: si está desordenada, soy pasivo. Como Jim, si me mantengo pasivo, puedo esperar a que alguien más intervenga. De alguna manera (y sé que esto puede sonar extraño) encuentro un confort perverso en esperar a que alguien me ayude a limpiar ese desastre. Es un acto que los psicólogos podrían llamar cumplimiento de deseo: un momento en el cual siento cierto nivel de satisfacción porque mi deseo se está volviendo realidad, y el deseo es que alguien se ocupe de mí, me cuide, mientras yo espero pasivamente. Salvo por una intervención divina, esto nunca va a pasar; pero la espera es agradable. Si, por otro lado, yo ordeno mi oficina, rompo el hechizo de la espera y reconozco mi propia soledad y mi necesidad de responsabilizarme. Tal vez pienses: *sólo es una oficina desordenada, ¿por qué tanta angustia existencial?* Debo admitir que contar esto me hace sentir un poco apenado, aunque se trate de una tormenta en un vaso de agua. Pero el hecho es que de verdad quiero una oficina organizada y limpia; sin embargo, algo se interpone en mi camino. Y pienso qué es eso que me lo impide, mi mente se centra en esa barrera invisible, pero real, que tiene que ver con la soledad. Además, aún no sabes suficiente sobre mí como para entender cómo mis propias experiencias de desilusión se encuentran entrelazadas con mis problemas de desorganización y de orden. De hecho, puede ser que todavía haya más que decir a partir del desorden de la oficina en las páginas que siguen.

Una oficina desordenada además de hacerme sentir menos solo, me ancla en la mala fe, manteniéndome firme ante el vértigo de libertad en otras áreas de mi vida. Incluso cuando tengo éxito en otras tareas, la oficina desordenada permanece como una de las cuestiones inconclusas de mi vida, una carga que yo mismo he creado y que me mantiene libre y sin trabas. Ofreciéndome un sentido fabricado de encorvamiento por mí mismo, me provee de un lastre para la pesada conciencia de que estoy a cargo de mi propia vida y que debo ser responsable para que funcione.

¿Todo esto es malo en general? Depende. A veces el desorden es el contraste que necesito. Entro a mi oficina para escribir, pero veo el desorden como una obligación que debo cumplir antes de comenzar. Luego me propongo limpiarlo, pero me distraigo al descubrir un libro que creía que había perdido hace mucho tiempo, o un fólder con los proyectos de arte de la primaria de mi hijo. El tiempo vuela, se logra poco y *quelle surprise!*, ¡ya no hay tiempo para escribir! También he incumplido la tarea de limpiar la oficina. Distraído por todos los pequeños objetos que me rodean, y sin lograr nunca limpiar el desorden, configuro un escenario como el de la película *El día de la marmota,* en el cual regreso una y otra vez a la misma situación. Es como si la mala fe que vive dentro de mí hubiera creado un laberinto, previniéndome de aventurarme en los caminos que pudiera elegir por mí mismo.

A veces, sin embargo, la oficina desordenada, junto con mis otras tareas incompletas, sostiene mis pies en el piso mientras emprendo tareas más riesgosas. Tengo un libro por escribir, una charla que dar, una esposa con la que puedo disfrutar de mi tiempo. Si mi oficina desastrosa me provee una pizca de sensación de carga (porque, afrontémoslo, una oficina desordenada no es exactamente una catástrofe) puedo experimentar mi libertad en estas otras situaciones sin sentir la ansiedad de ser *demasiado libre.* Puedo emocionarme e involucrarme, sabiendo que ese peso de tener una oficina desordenada siempre está sobre mi espalda, alentando el proceso de tener demasiada ansiedad.

Los fabricantes de tapetes persas siempre tejen una imperfección en sus creaciones de forma intencional. Esta tradición de "perfectamente imperfecto, precisamente impreciso" se encuentra enraizada en la creencia de que sólo Dios es perfecto. En ocasiones mi oficina me despista, una imperfección aleja mi atención de crear patrones más significativos en mi vida. Pero otras veces me mantiene humilde, aterrizado, es un recordatorio de que a pesar de lograr ciertas metas, también puedo ser ese tonto con la oficina desastrosa.

Es bueno reconocer que mantenerte igual en una tarea puede ofrecerte la seguridad de tomar riesgos en otras. Eres imperfecto y (eso está bien, te lo aseguro) no puedes crear una existencia que sólo tenga buena fe. Una pizca de mala fe no va a destruirte. Incluso puede ser buena por alguna razón: quizá te estabilice lo suficiente para que puedas arriesgarte a tomar un riesgo.

Al menos así es como parece funcionar en mi vida.

Creo que necesitarás tener esa ancla de mala fe si en verdad quieres cambiar. Al acercarte hacia el cambio, vas a pensar que hay un punto de llegada final, un momento en el que puedas romper ese hábito, bajar esos kilos, avanzar en tu carrera y quedarte ahí, en aguas poco profundas y calmadas, estancado en un logro, satisfecho y seguro, sin ningún otro reto que confrontar. Pero así es como funciona: odio agujerear el bote donde estás flotando, pero cada vez que cambies, elevas el prospecto de retos nuevos y más desafiantes. Es inevitable que el cambio de hoy cree una mayor responsabilidad después.

Este hecho nos lleva a la razón para no cambiar #2.

RAZÓN PARA NO CAMBIAR #2: MANTENERTE IGUAL TE PROTEGE DE LA RESPONSABILIDAD "DE LO QUE SIGUE"

Cada cambio que hagas implica que debes asumir la responsabilidad por la vida que tienes por delante. En otras palabras, cuanto más cambies, más verás que los cambios futuros se encuentran en tu poder.

El cambio es como los conejos: exponencialmente reproductivo. Jamás se detiene ante un logro, siempre te inspirará a lograr otros, y siempre incrementa tus expectativas sobre lo que puedes hacer después. Cada vez que cambias, tu parte cautelosa y orientada hacia mantenerte igual ve esto: *si bajo algunos kilos, voy a querer bajar más, y si por fin alcanzo mi peso ideal, tendré energía para perseguir otras metas. Si alcanzo estas metas, mi confianza crecerá, y querré tomar más riesgos. En algún punto, voy a terminar decepcionándome a mí mismo y todo se derrumbará.* El miedo a que un cambio engendrará otros cambios, incrementando el riesgo, no es irracional. Es probable que en la medida en que intentes hacer más cambios estarás en mayor riesgo de golpearte con una desilusión, que si te quedas igual.

Comienzas un nuevo trabajo en la carrera de tus sueños. Te va bien en este trabajo. Eres competente y responsable. Tu confianza crece con cada resultado de tu excelente desempeño. Esa confianza te abre los ojos a la posibilidad de que tal vez quieras subir un escalón en tu puesto actual. También te abre los ojos a otros riesgos que quizá quieras tomar en tu vida. Así se multiplican las posibilidades de fracaso y de tener que responsabilizarte de estos fracasos.

Cuando recibiste tu empleo, viste venir todo esto. Sabías que la pregunta siempre sería: ¿qué sigue? repitiéndose una y otra vez. Desde el privilegio de tu trabajo inicial, no tenías evidencia de que podrías alcanzar todos los desafíos futuros en tu carrera, y te sentías asustado con respecto a la posibilidad de un sentido de libertad expandido. Así que ese primer día en el cual iniciaste tu carrera requirió bastante valentía. Sabías que te acercabas a un montón de preguntas del tipo "¿qué sigue?".

Tu preocupación por la pregunta "qué sigue" no sólo te afecta cuando planeas algo tan arduo como tu carrera. A veces está ahí, en los cambios más pequeños. Mi amiga Ann es un gran ejemplo.

Una cosa y ya

El otro día, mientras nos tomábamos un café, Ann mencionó que le gustaría aprender español para un viaje a México.

—Pero no puedo dar un paso hacia esa dirección —me dijo.

—¿Por qué lo crees?

—No sé. Realmente quiero hacerlo, pero luego sólo me detengo.

—Conozco ese sentimiento. ¿Qué te detiene?

—Si supiera, ¡ya estaría hablando español! Pero es algo que tiene que ver con hacerlo en sí mismo. Me refiero a que no me molesta aprenderlo, pero si resulta que soy buena, voy a tener que hablarlo en mi viaje y por alguna razón eso me da miedo.

—Claro.

—Quisiera estar en la universidad y que fuera un prerrequisito —aseguró—. Entonces sólo tendría que hacerlo, y no se trataría de usar lo que he aprendido. Sé que suena raro, pero así es como se siente: no quiero tener la presión de intentar hablarlo cuando esté en mi viaje. ¿Por qué hablar español no puede ser sólo una cosa y ya?

Hay dos cosas que detienen a Ann de aprender español. La primera, obvio, es su lucha por la libertad. Ella quiere que alguien le exija aprender español (ese deseo por un prerrequisito universitario), porque no puede soportar la idea de que ella es quien *está decidiendo* aprenderlo. Pero algo más está pasando aquí: Ann no quiere aprender español porque le da miedo que aprenderlo dé lugar a otras posibilidades de fracasar: hablar español con alguien que vive en un país cuya lengua nativa es ese idioma.

Dar un paso en un camino hacia el cambio siempre significa un proceso de futuros desafíos que ponen a prueba tus habilidades, con cada vez mayor dificultad. El camino no sólo está plagado de la probabilidad de seguir siendo responsable de otras metas, sino que también te amenaza con la incertidumbre. Pon un pie en él y no sabes dónde terminarás. La idea de que el cambio no siempre te lleva a más experiencias desconocidas conduce a la razón para no cambiar #3.

RAZÓN PARA NO CAMBIAR #3:
MANTENERTE IGUAL TE PROTEGE DE LO DESCONOCIDO

Al adoptar el cambio en tu vida, te enfrentas con las posibilidades des-conocidas de una vida que está en tus manos. Por lo tanto, no sólo debes pelear contra los desafíos exponenciales, sino con un mundo impredeci-ble, que tiene, a su vez, una multitud de experiencias potenciales e im-predecibles de desilusión.

Hay dos riesgos fundamentales que están relacionados entre sí cuando se trata del cambio frente a la incertidumbre. El primero tiene que ver con el desafío de dejar la seguridad de la predictibili-dad y entrar al mundo de lo desconocido. Lo segundo tiene que ver con problemas existenciales más grandes, relacionados con el pro-pósito y el sentido de nuestra vida.

La inevitable mala preparación
de enfrentarse a lo desconocido

Aventura y riesgo son palabras que podrían usarse para decir la mis-ma cosa. Pero, en realidad, son palabras ligeramente opuestas, for-mando un yin-yang con respecto al cambio. La aventura se trata de algo que se agrega a tu mundo cuando pones un pie en lo des-conocido. El riesgo es la posibilidad de perder algo cuando tomas ese mismo camino. Cuando te diriges hacia el cambio, estás en una aventura hacia una nueva e impredecible transformación en tu vida, y también te estás arriesgando, exponiéndote a lo desconocido y a la posibilidad de que tu aventura termine con mayores pérdidas que ganancias. El problema es que no puedes saber si vas a lograr lo que quieres hasta que lo consigues o no lo consigues. Esto es un hecho: no sabrás el resultado de ninguna aventura hacia el cambio, hasta que te hayas arriesgado completamente a hacerlo.

Recordé esto el otro día mientras ayudaba a mi hijo Max a prepararse para su semestre de intercambio universitario.

No estoy listo

—No estoy listo para esto, papá —dice Max, sólo dos días antes de irse a Europa.

—Claro que sí —le digo—, estás totalmente listo para hacerlo.

—No, de verdad, no lo estoy. Te lo digo, no estoy listo para hacerlo.

—Te va a encantar. Estarás bien.

—Papá, no estás entendiendo: no estoy listo.

Volvemos a esta conversación de manera intermitente durante los dos días de espera y organización para el viaje, Max diciéndome que no está listo para este desafío y yo, asegurándole que está preparado y equipado a la perfección para manejarlo. Deseo que sienta que creo en él y que vea que las personas que lo aman confían en él: tienen fe en él. Pero el hecho no dicho, del tamaño de un elefante que ocupa el cuarto, es que no me consta que está listo. ¿Cómo puedo estar seguro de que podrá dar este siguiente paso? La evidencia que he reunido durante los últimos años me da la confianza para creer que sí tiene las capacidades para dejar a su novia, a sus padres, a su perro y a su país para emprender un nuevo desafío. Pero la única manera con la cual realmente sabré si está lo bastante preparado para esta *aventura* vendrá después de que regrese de *aventurarse*.

—De verdad no estoy listo, papá —repite mientras nos sentamos en una banca cerca de la ventanilla de boletos del aeropuerto, su mochila y maleta a nuestros pies, su mamá y novia comprándole un café. No sé qué más decirle, así que le digo la verdad:

—No lo estás.

—¡¿Qué?!

—Nadie lo está.

—¡¿Me estás diciendo esto ahora?!

—Nadie lo está, Max. Ninguno de los chicos que se va hoy está preparado.

—Me estás asustando. ¿Qué intentas decirme?

—Supongo que la sensación de "no estar listo" es justo lo que deberías estar sintiendo en este momento.

—¡Gracias!, pero de verdad no me estás ayudando, papá.

—Mira, lo que estoy intentando decir es que "no estar listo" es lo que sentimos cada vez que hacemos algo nuevo y desafiante. Nadie se siente listo cuando enfrenta un riesgo.

Max se calma un poco, se ve menos molesto conmigo. Pero sólo llegamos hasta ahí. Mientras su novia le da el café, y mi esposa se sienta a su lado, empujándome a las afueras de nuestro pequeño clan y consolándolo de formas que yo jamás puedo hacer, mi comentario (en mi mente, una estrellita dorada en el cuadro de honor de la paternidad) se va flotando por el aire acondicionado de la terminal de salidas internacionales. Mientras esperamos en silencio para decir adiós, siento una punzada de arrepentimiento por no haber sido más honesto con mi hijo desde el principio. Todas esas promesas de seguridad fueron inútiles en realidad. De nuevo, Max tiene todo el derecho del mundo de no sentirse listo.

Sus quejas sobre no estar preparado expresaron su falta de fe con respecto a tomar riesgos, y su preocupación sobre esta queja significaba que estaba perdiendo de vista la aventura que estaba a punto de emprender. Diciéndole a Max, de una manera un poco falsa, que estaba listo, pensé que lo animaba, como si mi fe en él fuera una gasolina que hace que el tanque de su confianza pase de vacío a lleno. Pero mis protestas significaban poco para él, ya que tenía todo el derecho a ese sentimiento. De hecho, su ansiedad sólo aumentó: ya que uno de sus dos guardianes principales estaba actuando con desdén ante un dilema real. Max no necesitaba mis palabras de aliento. Necesitaba palabras de acción. Si le hubiera dicho desde el principio que *"no sentirse listo" es justo lo que debes sentir en un momento así,* hubiera estado enviando el mensaje auténtico de que creo realmente que puede manejar semejantes palabras, y lidiar con que sentirse no listo es inevitable. En lugar de eso, quería tomarlo del brazo con firmeza (incluso dolorosamente) y correr hacia la salida más cercana, huyendo del espantoso sentimiento de incertidumbre que ambos enfrentábamos: mis promesas tranquilizadoras eran demasiado para él como para mí.

Mi amor, en otras palabras, era tonto e inseguro: frenético en mi deseo por protegerlo, quería quitar mágicamente su ansiedad con el abracadabra de *estás totalmente listo para esto.* Como toda magia, mis intentos por hacer sentir a Max seguro eran falsos. Peor aún, eran una expresión de mi crisis momentánea de fe sobre ambos, mientras nos enfrentábamos a lo desconocido.

Lo desconocido no puede ser conocido. ¡Esto es lo que lo hace desconocido! Todo lo que tenga que ver con tu libertad es desconocido. Si asumes el espíritu de la seriedad, tu futuro se verá tan sistematizado como esa fila en esa tienda, *ad infinitum.* Jamás llegará tu turno, pero te atendrás a la seguridad de *recibir un turno.* Tu boleto en esta fila infinita es mantenerte igual. Perderás tu lugar en la fila si cambias.

Recuerda, cuando temes la esperanza, es porque estás luchando con la fe que tienes en ti mismo y en el mundo a tu alrededor. Y, como muestra la investigación, cuanto más temerosa te parece la esperanza, más quieres bloquear los eventos positivos que se encuentran de inmediato frente a ti y limitar tu perspectiva general del tiempo (una especie de ceguera que te impide ver el pasado y el futuro). La espera en la fila te coloca exactamente en esta experiencia ilimitada y contenida de tiempo. Estás atrapado entre el pasado y el futuro y no sabes lo que pasará después, mientras asumes que lo que *va a pasar,* ocurrirá debido a las fuerzas que se encuentran fuera de tu control. ¿Y esos contrafácticos y meditabundos "qué tal si hubiera..." también te mantienen ahí. Concentrado en esa agitada experiencia entre el pasado y el futuro, piensas en todo tipo de eventos, provocados por ti o por otros, que hubieran hecho que la vida fuera distinta. Y aunque puedas culparte por haber perdido oportunidades, los resultados de estas oportunidades desperdiciadas flotan ahí como formas de describir que estás parado en la fila en lugar de estar avanzando hacia el futuro: *si hubiera hecho (esto o lo otro) sería libre en este momento, pero no lo soy.*

"No lo sabrás hasta que lo intentes": esa frase puede sonar optimista, como un incentivo despreocupado como "¡sólo hazlo!". Pero la idea de que no puedes saber si tomaste la decisión correcta hasta que realmente actúes sobre esa decisión significa que no hay garantías en los cambios que planeas y sugiere que planear y prevenir no te llevará a ningún lugar: éstas suelen ser maneras ingeniosas para posponer lo que puede pasar si respiras y das el salto hacia la incertidumbre. Tu fe (esa fuerza que te impulsa a pesar de los resultados desconocidos) es lo que te motiva a dar este salto. La fe te da la fuerza para comprometerte con el riesgo de que después de haberlo intentado, *sabrás* que *tomaste* la decisión incorrecta.

Comprometerse es jurar, hacer una promesa que no se romperá. El cambio siempre exige que te comprometas a ir de un lugar a otro. Pero no siempre es recíproco con la promesa de que lograrás algo que valga la pena con ese esfuerzo. Por lo tanto, el cambio es un acuerdo falsificado: firmas un contrato para tomar una nueva dirección sin ninguna promesa de dónde terminarás.

El juramento para cambiar (ese acto funesto de comprometerse sin promesa de recompensa) es algo difícil cuando tienes planeado alterar comportamientos pequeños, como bajar de peso o dejar algún hábito. Se vuelve más difícil y riesgoso cuando el cambio es más difícil de revertir e involucra ajustes serios, como irse solo a un semestre de intercambio en el extranjero. Pero este juramento es francamente aterrador cuando el cambio que buscas tiene que ver con problemas de satisfacción y significado, como emprender una carrera, iniciar una relación, abandonar un trabajo que no te convence, o terminar con una pareja poco satisfactoria. En este tipo de cambios, cuando los problemas de satisfacción, propósito y conexión se encuentran en peligro, las apuestas son altas. Al hacer esa inmersión profunda en los proyectos como el amor y el trabajo, el esfuerzo es agotador, la duración entre "intentar" y "descubrir" es larga, y la tensión inevitable de la esperanza (ese sentimiento de no saber qué necesitas, y quererlo) se apodera de ti de una forma potente.

LO DESCONOCIDO Y EL RIESGO
DE COMPROMETERSE A LA PROFUNDIDAD

De vuelta al ejemplo de comenzar una carrera: entras a un trabajo nuevo. Es algo pequeño y mundano, pero es un peldaño hacia la carrera que quieres. Aunque no es satisfactorio, te aferras a él y lo haces bien. Desde ahí, avanzas a otros puestos más retadores. Todavía no estás donde te visualizaste, en el pináculo de tu carrera, el trabajo diario sigue siendo poco satisfactorio, pero te estás acercando a tu meta. Luego, finalmente llegas a ese puesto que señala que has llegado. Llegaste a la cima de tu carrera por completo y... lo odias.

Has trabajado tan duro para alcanzar esa gran oficina, sólo para descubrir que no va contigo. Las actividades diarias que implica el trabajo siguen sin satisfacerte como esperabas, no coinciden con tus valores, no te ofrecen actividades que se sientan gratificantes.

Cuando comenzaste, no podrías haber sabido si la carrera que elegiste funcionaría o no. Así fue un gran riesgo comprometerte en ese punto de *"no sabes hasta que lo intentas"*, y jurabas que continuarías intentándolo, incluso cuando otros trabajos a lo largo de ese camino se sentían vacíos de significado y de propósito. Pero ahora (después de todos estos años y todo ese trabajo duro) estás en el único lugar donde puedes obtener la respuesta sobre si todo eso valió la pena. Y esa respuesta es profundamente decepcionante.

Considera la historia anterior, haz un juego estilo Mad Libs, reemplazando la carrera con la pareja potencial y llegarás a la misma conclusión: conoces a la persona de tus sueños, comienzan a salir, las cosas no son emocionantes, pero están bien. Parece que la relación está funcionando, hay suficiente como para dar el siguiente paso, así que te comprometes a ser "exclusivos". Esperas que este riesgo te acerque a tu pareja, llenándolos a ambos de amor e intimidad. Derramas tu corazón y tu alma en la relación. Pero aun así, cuando estás con tu pareja hay una distancia aburrida. Tienes miedo de que falte una verdadera conexión entre los dos. Por otro lado, las cosas se ven bien en la superficie, se llevan bien, se divierten. Parece que es una buena pareja, y hay mucho potencial. Llevas a cabo el último juramento: te casas. Una década después, lo tienes todo: una pareja atenta, una casa en los suburbios, las vacaciones ocasionales, muchos amigos y... lo odias.

Después de todos estos años (todos estos esfuerzos de abrir tu corazón, e intentar de nuevo), estás en el único lugar donde puedes obtener la respuesta sobre si tu decisión fue la correcta. Y es profundamente decepcionante.

El riesgo de emprender un camino hacia una cumbre (sobre la cual sabrás que valió la pena la escalada sólo cuando la alcances), está presente en cada decisión, grande o pequeña. Pero este riesgo es en particular difícil cuando la decisión tiene que ver con un cambio vital que se hace para alcanzar una experiencia más profunda, como una carrera o buscar el amor. La razón por la cual el compromiso es más difícil dependiendo de la profundidad de la experiencia que la meta ofrezca, está relacionada con el tiempo y esfuerzo que les depositas a las metas más grandes relacionadas con tu satisfacción, lo cual tiene que ver con el problema de qué es lo que pierdes cuando no obtienes lo que quieres. El riesgo del compromiso tiene que ver con el riesgo real de que pierdas algo que valoras. Tu habilidad para manejar ese riesgo, y por lo tanto realizar cambios en tu vida, está muy vinculada a la denominada "aversión a la pérdida".

La aversión a la pérdida y lo desconocido
de los universos alternativos

Todos los compromisos plantean dos preguntas: 1) *¿Ésta es la opción correcta?* y 2) *¿Qué opciones dejo atrás si elijo ésta?* Estas cuestiones tienen que ver con la pérdida.

Estás en un restaurante como Chili's o TGI Friday's, hojeando su menú, intentando elegir el platillo correcto. El mesero llega y sientes una ligera sensación de pánico. Quizá quieres las fajitas, pero estás preocupado de que sea la opción equivocada y percibes que quizá no vas a estar satisfecho cuando llegue el platillo. El mesero, con pluma en mano, está listo para tomar tu orden, mientras dos preguntas sin respuesta dan vueltas en tu cabeza: 1) *¿En realidad las fajitas son el platillo para mí esta noche?* 2) *Si escojo las fajitas, ¿qué otros platillos podrían satisfacerme más?*

Estás preocupado por la pérdida: perderte una buena comida y perderte de todas las otras opciones que pudiste haber elegido.

Resulta paradójico que lo que provoca que te preocupes tanto sobre estas pérdidas es la abundancia de oportunidades que ese menú te ofrece. La libertad de elección, en otras palabras, te limita y te molesta. Este hecho no es simplemente el producto de reflexiones existenciales o filosóficas: es una propiedad de cualquier psique humana y definitivamente tiene fundamentos matemáticos.

Como animales, los seres humanos estamos más preocupados por la pérdida que por la ganancia. Ésa es la conclusión de la teoría de la aversión a la pérdida desarrollada por los ganadores del premio Nobel Daniel Kahneman y su colaborador Amos Tversky.[3] Su

SIN CAMBIO NO HAY DOLOR 187

investigación muestra que ganar cien dólares es tan sólo la mitad de atractivo para nosotros en comparación con lo poco atractivo que nos resulta perder cien dólares. Ese sentimiento se manifiesta en todo tipo de situaciones. Tu aversión a la pérdida, y el hecho de que esa aversión a la pérdida es mucho más fuerte que tu atracción a la ganancia, está ahí por una buena razón evolutiva: los seres vivos que ejercen más energía protegiéndose a sí mismos de la pérdida tienen una mayor probabilidad de sobrevivir que los que aprovechan oportunidades.

La aversión a la pérdida explica el problema con el menú. Éste ofrece todo tipo de alternativas, pero también el mismo número de alternativas para la pérdida. Aquí es donde entran las matemáticas: digamos que estás cenando en un restaurante elegante donde sólo se ofrecen dos platos en el menú. Eliges uno y hay cincuenta por ciento de probabilidad de que hayas tomado la decisión incorrecta. Ahora, volvamos a Chili's o a TGI Friday's y sus menús que ofrecen cientos de opciones. ¡La libertad está a la mano! Sin embargo, con todas estas posibilidades existe noventa y nueve por ciento de probabilidad de que tomes la decisión incorrecta. Tu opción tiene todos los pronósticos en su contra para convertirse en la *opción absolutamente correcta*, y además elegir cualquiera de las opciones significa perder la oportunidad de probar todos los otros platillos del menú.

La abundancia de opciones te puede causar estrés, porque te presenta una mayor probabilidad de tomar la decisión incorrecta y decepcionante, así como aumenta el riesgo de perder más oportunidades tomando cualquier decisión. Por eso la gente acude a lugares como Chipotle, donde protegen sus apuestas porque eligen exactamente los ingredientes que quieren en su burrito. Por eso a las personas les gustan los bufets: para no perderse ninguna oportunidad: pueden tenerlo todo.

Y es probable que ésa sea la razón por la cual nos involucramos de forma tan reflexiva en los pensamientos contrafácticos cuando nuestra fe se encuentra herida: nos enfrentamos con nuestra libertad, y no tenemos fe en nosotros para elegir la opción más adecuada, tomar la decisión correcta y después actuar.

El psicólogo Barry Schwartz, en su libro *La paradoja de la elección: por qué menos es más*, utiliza la idea de la aversión a la pérdida para explicar hechos en apariencia opuestos con respecto a que en Estados Unidos nos dan opciones innumerables, sin embargo, nuestro desempeño en las encuestas de felicidad es bastante pobre con respecto a otros países con una menor cantidad de opciones de consumo. Aún más importante para nuestro argumento es que Schwartz hace una observación contundente sobre los movimientos en Estados Unidos que buscan contrarrestar esta tendencia y ayudan a las personas a aumentar su felicidad limitando sus opciones y preocupándose por asuntos más importantes relacionados con sus valores y propósito individuales: "Hacernos cargo de nuestros propios 'deseos' y concentrándonos en lo que 'queremos' hacer, no parece ser una buena solución para el problema de tener demasiadas opciones", escribe Schwartz.[4] En otras palabras, ponerle fin a tu preocupación sobre si quieres fajitas o filete para la cena y desvía tus pensamientos hacia decisiones importantes sobre lo que encuentras satisfactorio, no disminuye la ansiedad de elección: la aumenta.

No importa qué tan extenso sea el menú, es limitado. Por otro lado, las opciones con respecto a lo que puedas encontrar satisfactorio en tu vida (aquello que coincida con tus valores, te otorgue sentido, te provea de un propósito, te dé un sentido de conexión) son infinitas. Si sientes que has cometido un error en una de estas elecciones sobre el cambio personal, entonces tiene sentido que tu mente vuelva a revisar todas las otras opciones posibles que pudo haber tomado. Por eso son contrafácticos. Pero también tiene sentido que sientas cierto descontrol, considerando las opciones que están frente a ti: una especie de contrafactualización futura: una serie de abstracciones de "qué tal si..." con respecto a tu próxima decisión.

Piensa otra vez en comprometerte con una relación. ¿Qué te detiene? Primero que nada, la pregunta de si tu pareja es realmente buena. Ves todas sus debilidades, todas las cosas que te irritan, y te preguntas: *¿Esta persona va a mejorar mi vida?* Si tuvieras sólo unas cuantas opciones matrimoniales (por ejemplo, si vivieras en un pueblo pequeño, o los candidatos fueran sugeridos por una casamentera) estas preocupaciones sobre si encontraste o no a tu media naranja no serían tan graves. Pero tus opciones en el mundo de las citas por internet son prácticamente ilimitadas, así que nunca sabrás si en realidad tomaste la decisión correcta.

La segunda pregunta relacionada es sobre todas las oportunidades que perdiste a la vuelta de la esquina. Alguien ahí afuera podría ser "el elegido". Si escoges a la persona delante de ti, tal vez te estés perdiendo de otra persona que estabas destinado a conocer. Ahora, he aquí la paradoja: el nivel de ansiedad que experimentas sobre la elección perfecta en tu carrera o en el amor se encuentra directamente relacionada (como seguro ya lo adivinaste) con el número de opciones que se encuentran frente a ti.

El cambio se trata de ese juego en tu cabeza sobre universos "alternativos", aquellos mundos paralelos de ciencia ficción donde vives una infinidad de vidas posibles, en los que surge una elección distinta en una coyuntura distinta. Ese juego mental no es la gran cosa cuando eliges comida mexicana. Es cosa seria cuando seleccionas a tu pareja. La diferencia entre un platillo en un menú de Chili's y la elección de cambiar la dirección tiene que ver con las apuestas que están involucradas (no con los filetes).

Las apuestas son muy altas cuando te comprometes a alcanzar una experiencia más profunda y significativa. Una manera de aproximarse a esto es imaginar diferentes escenarios: *¿qué tal si mi pareja quiere mudarse a otro estado?, ¿qué tal si no estamos de acuerdo en cómo criar a nuestros hijos?, ¿qué tal si me deja por alguien que conoce en el gimnasio?* Pero esto sólo puede llevarte hasta cierto punto, que tal vez no sea útil en absoluto. Cuando intentas llegar hasta el final de la historia, sin antes de estar dispuesto a leerla, rastreando obsesivamente cada escenario, enumerando las alternativas de universos posibles: podría ser que te encuentres en una órbita sin fin. Nunca podrás recopilar todos los datos, nunca lograrás pronosticar todos los desenlaces, y en algún punto todo se tratará sobre apostar en tu fe.

Cuanta más libertad, habrá menor seguridad sobre tus decisiones y, por lo tanto, tendrás que depender más de tus corazonadas, de ese sitio de información emocional y corporal que antes relacioné con la fe.

El término "miedo al compromiso" es lanzado a diestra y siniestra con mucha frecuencia últimamente, sobre todo para describir un problema en las relaciones: "Fred no puede asentarse porque le tiene miedo al compromiso". Pero todos tenemos temor al compromiso, y con toda razón: el compromiso da miedo. Es el acto de hacer una inversión significativa en algo que anhelas profundamente, sin saber si es la canasta correcta para colocar todos tus huevos. Tu miedo a hacer ese compromiso y dar ese salto a lo desconocido aumenta conforme tengas más opciones y cuanto más valores lo que deseas. Para nuestros cerebros orientados a la Gestalt (aquellos solucionadores de problemas a los que les gusta mucho la continuidad), la discrepancia entre una gran inversión y un desenlace desconocido provoca mucha ansiedad. Esa ansiedad no es neurosis, es el sentimiento más preciso que deberíamos tener en un predicamento semejante.

Cuando te comprometes y logras lo que deseas, ¡es genial! O al menos valió la pena el riesgo. Pero cuando tu compromiso termina en decepción, te enfrentas a un nuevo dilema y a un reto real para que tu voluntad actúe con buena fe: ¿intentas recuperarte de la pérdida siguiendo en la dirección en la que ibas?, ¿o cambias de rumbo drásticamente? En otras palabras, es cuestión de seguir invirtiendo

SIN CAMBIO NO HAY DOLOR

en una elección que tomaste a pesar de la pérdida: tirar dinero a la basura esperando un resultado distinto.

Gran decepción, lo desconocido y los costos hundidos

Junta tu aversión a la pérdida con la orientación del cerebro humano por hacer conjuntos y tendrás una tendencia de invertir más cuanto más pierdes. Cuando te aferras a ese trabajo que odias, o a ese matrimonio que te hace miserable, estás intentando convertir tu balance de rojo a negro. Esta tendencia (que los economistas llaman "la falacia del costo hundido"[5] y que los sociólogos llaman "sesgo de compromiso"[6] o "aumento del compromiso")[7] es poderosamente seductora cuando el problema tiene que ver con los intentos fallidos por hacer que la vida sea profunda. Cuando has intentado cambiar en lo personal en estas áreas y has fallado, un factor más causa que intentes salvaguardar la pérdida desesperadamente: eres finito.

Todo ese tiempo utilizado en tu heroico y vulnerable salto hacia el compromiso (ese fruto de tu fe y tu esperanza ante lo desconocido) puede llegar a sentirse como un desperdicio. El tiempo que pasaste persiguiendo tus sueños pasados te acerca más al final de tu existencia que cuando comenzaste. El tiempo es esencial. Las apuestas están más altas que nunca. Es literalmente una cuestión de vida o muerte.

Entonces, ¿qué haces? Una vez más, te encuentras ante una elección que *quizá no podría* brindarte la profundidad de significado que buscas. Tu miedo de este repetido salto a lo desconocido es, en todo caso, más grande que antes. Sabes que necesitas dar un salto de fe y seguir tu corazonada una vez más, dejando las consecuencias de tu último riesgo detrás. Pero también sabes que tu último esfuerzo resultó en un error que te costó años. Así que tu fe como fuente de información sobre cómo manejar tu vida está herida, justo en el punto en el que más la necesitas: para saltar con audacia en una inversión a largo plazo, para reconstruir, sin la promesa de que recibirás algo a cambio de tu esfuerzo, emoción, y el siempre reducido suministro de tiempo. Eso puede hacer que la tensión entre donde te encuentras ahora y donde quieres estar sea agudísima.

Ansioso por esta decisión, te acercas a tus viejos amigos, la mala fe y el espíritu de la seriedad. Ellos siempre han estado ahí, aguardando tu llamada, sabiendo que los necesitarás una vez que las cosas se pongan muy duras allá afuera, en ese mundo terrorífico de la responsabilidad. Sobre tu infeliz y cansado matrimonio, te dirán: "Estás atado por el 'sí, acepto'" o "Espera un poco y ve qué pasa, quizá puede mejorar"; sobre tu carrera profesional que llegó a un callejón sin salida te pedirán: "Quédate ahí: las cosas buenas les suceden a aquellos que esperan". En efecto, resuelven tu problema inmediato: eliminan ansiedad que te atormenta día y noche. Calmándote, te dan un labial rojo para maquillar el agujero de vacío y de rutina, protegiéndote de la desesperación de los costos hundidos y de la experiencia dolorosa de *intentar e intentar de nuevo*. Luego dejan caer despacio una mascarilla para respirar, anestesiándote del dolor insoportable de la realidad.

Por supuesto, no tiene que ser así. Pero requiere mucha más fortaleza y esfuerzo saltar a la incertidumbre que quedarse igual. Abajo hay una historia sobre alguien que conocí, que encontró el mantra correcto para dar ese salto.

Sam y el "sí, y"

Solía trabajar con un chico llamado Sam. En definitiva, era alguien a quien podrías llamar fóbico al compromiso, cada semana iba a citas, se acostaba con muchas mujeres todo el tiempo, pero huía de las relaciones cuando las cosas se ponían serias. La diversión de conocer a una mujer nueva y la emoción por el siguiente encuentro casual le funcionaba a Sam en sus veinte. Pero ahora, en sus treinta, sus encuentros con mujeres le parecían insatisfactorios o muy aburridos. Se sentía solo y quería más. Las preocupaciones de Sam acerca de tener una relación comprometida se quedaron con él durante sus días, a veces experimentaba un cansado y repetitivo monólogo interior de preocupación y frustración. Intentó todo tipo de trucos y aproximaciones en su búsqueda por establecer una pareja, desde aplicaciones de citas y servicios hasta citas exprés y eventos para solteros.

Sam solía visitarme frecuentemente durante algunos minutos para contarme sobre su siguiente hazaña como profesional de las citas. Por lo general, me expresaba su emoción sobre la siguiente gran cosa que iba a intentar, y después regresaba decepcionado de que su nueva táctica no funcionó. Para mí, Sam se veía como alguien que intentaba con frenesí obtener ayuda para algo que requería un trabajo más profundo, es decir, su renuencia para tener intimidad auténtica con otra persona, la cual era la verdadera barrera para encontrar una pareja. Pero no era de mi incumbencia decir algo: prácticamente, mantuve la boca cerrada.

El día que Sam me dijo que iba a ir a una clase de improvisación para solteros, hice lo de siempre: asentí y le di algunos comentarios de aliento, aunque en mi mente ponía los ojos en blanco. Había leído sobre estas clases, que pueden ser muy divertidas, pero que suelen parecerse a las sectas y suelen vaciar los bolsillos.

Sin embargo, Sam no volvió a mi oficina con el mismo reporte de fracaso. Le había encantado la clase. Durante un descanso en nuestros horarios, se dejó caer en el sillón de mi oficina para decirme cómo iba.

—Todo se trata del "sí, y" —me dijo.

"Sí y" es el lema de la improvisación, su regla fundacional. Tú me dices "soy una jirafa", yo acepto la nueva realidad (el "sí"), pero agrego un "y": "Y yo soy un marciano, ¡conociendo a mi primera criatura terrestre!". Comprendí que aunque esa frase era una parte importante la improvisación, podía ser aplicada a la filosofía de la vida y como estrategia para superar los problemas de compromiso de Sam, sonaba un poco vacío: otro lema que forma parte de una larga lista de intentos y estrategias de salir con personas y comprometerse, mientras le robábamos unos minutos a nuestra jornada de trabajo. Había caído en el hechizo del teatro y ahora repetía el mantra.

Conforme pasaron las semanas, Sam continuó reportándome lo que pasaba en la clase. Esto era nuevo: se apegó sólo a esta alternativa en el mundo de las citas; y, mejor aún, conoció a una mujer en la clase, que se llamaba Lisa y comenzaron a salir.

En nuestros siguientes encuentros breves en mi oficina, Sam me contó de su relación. Cuando le pregunté cómo iba, sus respuestas siempre fueron iguales e irritablemente parecidas: "mi relación va sí, y".

No soporto los lemas en general, y éste me fastidiaba en particular. Simplemente sonaba como la peor manera para pensar en el compromiso. Por supuesto, pensé, el compromiso es el *sí*. Eso es lo que lo hace un compromiso: no hay ningún *y*, ningún *y si* y ningún *pero* al respecto.

Sam encontró otro trabajo y siguió adelante. Alrededor de un año después, recibí una invitación para ir a su boda. Él y Lisa iban a casarse.

Pensé que sería agradable ponernos al corriente. Le llamé y fuimos por unos tragos.

—Así que finalmente lo lograste —comenté mientras nos instalábamos en el bar—. Estabas seguro de que nunca sentarías cabeza.

—Lo sé —respondió Sam—, fue esa clase de improvisación. Puso mi vida de cabeza.

—¿De verdad?

—Claro, fue la idea de "sí, y". Estoy seguro de que era el momento indicado y esa idea llegó justo en el lugar correcto.

Sentí que mi mano se movía por instinto. *Puede ser que jamás regrese de la comuna de los davidianos*, pensé. Pero fui educado. Sam continuó hablando:

—Verás: le tenía miedo al compromiso porque veía las relaciones a largo plazo como algo que iba a quitarme mi parte a la que le gusta la libertad. Pero una vez que vi el matrimonio como una propuesta "sí, y" toda esta cosa del compromiso empezó a verse más como un contrato que Lisa y yo estaríamos de acuerdo en firmar con un "sí", al cual le podríamos agregar todas las "y" que quisiéramos.

Esto sonaba como el Sam que yo conocía, aquel que le tenía miedo al compromiso. Como yo lo veía, Sam quería la oportunidad de hacerle enmiendas a su contrato de matrimonio, pequeñas cláusulas de escape que pudieran prometerle libertad cuando las necesitara. Como alguien que no podía comprometerse del todo con una pareja, buscaba un gran acuerdo. *Sí*, podría tener a Lisa en su vida, *y* también podría hacer cualquier cosa que quisiera.

No podía permitir que esto sucediera. Alguien tenía que reventar el globo de negación de Sam antes de que fuera muy tarde.

—Sam, lo siento, pero ¿no crees que estás hablando sobre no comprometerte realmente con todo esto del "sí, y"?

—¿A qué te refieres?

—Pues la parte "y" dice que hay algo más que sólo el compromiso. Es como si dijeras: "*sí*, diré mis votos, *y* puedo abandonar mi matrimonio cuando quiera" o incluso "*Sí*, estoy comprometido, *y* puedo acostarme con otras mujeres".

Sorprendentemente, Sam se empezó a reír, sacudiendo un poco la cabeza. Podía percibir un poco de lástima y un toque de superioridad en el aire.

—Ay, amigo, no estás entendiendo esto para nada. Hermano, esto es un "sí" al compromiso, pero el "y" es un añadido a lo que sea que Lisa y yo queramos hacer con él. El "y" no arruina nada. Lo hace más fuerte.

—La verdad no lo entiendo, Sam.

—Mira, es algo así: hemos decidido hacernos una promesa y comprometernos por medio de los votos, *y* ahora nuestra vida puede ser una serie de votos: viajar, hacer que nuestra casa sea genial, tener o no tener hijos, educarlos de una forma interesante que se ajuste a nuestros valores, incluso decidiremos qué tan monógamos queremos ser.

Comenzaba a comprender lo que quería decir, pero (llámenme pasado de moda) fue la parte de elegir o no ser monógamos lo que hizo que mis sospechas continuaran.

—Sam, te entiendo, pero se me dificulta comprender es ese asunto sobre acostarse con más personas...

—Estoy feliz de que seamos sólo nosotros dos. Es probable que la relación sea exclusiva. Pero sigue siendo una elección siempre y cuando nos apeguemos al "sí". Somos una pareja que toma decisiones juntos.

—De acuerdo, creo que ya estoy comprendiendo —respondí, bajándome de mi caballo.

—Mira, creo que en realidad nunca tuve miedo a acercarme a una mujer. Tenía miedo de una relación a largo plazo que me restringiera. Pero ahora veo todo como una nueva forma de ser libre, siempre y cuando ella y yo estemos comprometidos con el "sí, y".

—De acuerdo.

—Cuando era soltero, todo el tiempo tenía que tomar decisiones sobre mi soltería y ésta tenía todo tipo de restricciones. Ahora tengo un matrimonio, con sus propias decisiones y formas en las que afecta mi independencia, pero también tiene sus propias libertades. El matrimonio no es menos creativo que la soltería, es sólo que eres parte de un proyecto que involucra a otra persona.

—Sí, Sam. Ahora comprendo.

La corteza dura de mis prejuicios sobre los lemas se había disuelto: podía ver con cierta claridad lo que Sam me había estado diciendo todo este tiempo. "Sí, y" le ayudaba a Sam a hacer un cambio en su aproximación con espíritu serio al compromiso (en la cual veía el juramento matrimonial como si lo pusieran en una cinta transportadora, como las de los aeropuertos, de reglas y papeles que desempeñar, llevándolo a un futuro que no podía controlar) hacia una forma de ver el matrimonio como un juego de improvisación, en el sentido de maleabilidad, de tener reglas que pueden cambiarse: la habilidad de moldear algo rígido hasta convertirlo en algo propio.

"No tocas lo que sientes", señala el músico de jazz Branford Marsalis,[8] "la única seguridad es la estructura", cuando describe la interacción elemental entre la estructura y la improvisación, que es la base de la música jazz. Marsalis articula de forma simultánea la tensión intrínseca entre algo que es rígido, pero flexible, y que haces tú mismo a través de una aproximación creativa. Como escribió mi pensador psicoanalítico favorito, D.W. Winnicott: "No es posible ser original excepto sobre la base de la tradición".[9] Eso es lo que Sam y Lisa hacían: ser originales dentro de la tradición del matrimonio.

Ahora pienso que la aproximación de Sam al matrimonio, y cómo éste participa de su futuro incierto, encarnaba "el espíritu del juego", en el cual puedes imaginar, inventar y crear, pero siempre dentro de los confines de un compromiso, plantado sólidamente en la tierra por medio de un "sí". Lisa era la compañera de juegos de Sam en el mejor de los sentidos, y juntos tomarían aquello que parece ser inerte (los contratos maritales, las expectativas sociales de cómo un matrimonio funciona, las expectativas generales sobre la vida adulta) y las moldearían todas, tal y como los niños cuando juegan con plastilina, y les darían vida, como hacen los cuentos de hadas con los objetos inanimados.

El espíritu del juego convierte tus miedos sobre responsabilizarte de tu vida en una apreciación emocionante por el regalo que es ser el creador de tu vida. Convierte la cuestión "¿y ahora qué?" en la mejor de las preguntas, y provoca que veas un futuro incierto como una abundancia de opciones significativas.

La vida humana *es* improvisación, y ésta es lo que te hace más humano. Tu neocórtex (esta nueva invención en el reino animal) confirma este hecho: está ahí en el frente de tu cráneo con el propósito de formular opciones, haciendo algo nuevo de algo viejo, escuchando con atención a otros de una manera colaborativa, adivinando sus experiencias y aceptándolas como válidas e innovadoras. Ese elemento característico de la humanidad se manifestó por primera vez cuando les diste el "sí" de tu sonrisa a tus padres, quienes te miraban desde arriba, "y" ellos disfrutaron esta nueva realidad. Un espíritu "sí, y" continúa animando tu vida, pero no es tan fácil acceder a él como cuando eras un niño, al contrario.

Libre del trabajo serio de la autosuficiencia, del conocimiento de tu responsabilidad y de las manecillas del reloj sonando hasta tu desaparición, en tu juventud la improvisación estaba ahí de forma natural. Ahora eres más viejo y una aproximación improvisada requiere trabajo, una energía que no necesitabas en ese entonces, impulsándote a la esperanza y a la fe, a pesar de tus preocupaciones por responsabilizarte por los resultados de cada "y".

Improvisar es un acto de esperanza sin tener mucho miedo: decir *sí* a una situación *y* encontrar senderos alternativos. Y es actuar con fe: creer que algo bueno puede resultar de tus acciones. Ya has visto qué tan difícil, por no decir doloroso, es acceder a estas formas de relacionarse con el mundo para los adultos.

LA ANSIEDAD ES TU AMIGA Y TU RIVAL

La "ansiedad de la vida no puede ser evitada excepto pagando el precio de la apatía o el adormecimiento de la sensibilidad y la imaginación propia", escribió el psicólogo existencialista Rollo May.[10] Sin dolor, no hay ganancia, en otras palabras. El dolor que viene con el cambio siempre tiene que ver con la angustia sobre la responsabilidad y la soledad. Como se ilustró con las tres razones para no cambiar, evitar ese dolor es tu preocupación central. Cuando no te enfrentas a ese dolor, inevitablemente borras cualquier posibilidad de ganar.

Tengo algunos tatuajes (de hecho, Harold y su crayón morado están tatuados en mi espinilla). Para mí, como para muchas personas, los tatuajes son como las papas Pringles: "Una vez que las destapas, no puedes parar". En el minuto en el que me hice el primero, supe que querría más. Además, los tatuajes son famosos por implicar dolor. Aunque no soy ningún masoquista y (como cualquiera que me conoce podría asegurarlo) no soy reconocido por mi tolerancia al dolor, ese dolor es parte de lo que me atrae a hacerme tatuajes. Significa que estoy haciendo algo indeleble, más intenso, que llega a la profundidad de la piel. De hecho, si los tatuajes no implicaran dolor, no me los haría. Pero aquí hay otro punto importante sobre el dolor de tatuarse: si esas agujas estuvieran vacías de tinta, punzando mi piel sin ningún propósito perceptible, me retorcería de la agonía, sería un mar de quejidos y lamentaciones. ¿Si las agujas fueran utilizadas con la intención de causarme dolor, o (peor aún) fueran aplicadas contra mi voluntad? Bueno, tenemos una palabra para eso: tortura.

Ése es un hecho comprobado acerca del dolor físico: es contextual, se siente distinto dependiendo de su significado y de lo que está pasando a tu alrededor.[11, 12] Lo mismo ocurre con la manera en la que lidias con la angustia de tu soledad. Si la ves como algo peligroso, únicamente una amenaza (un prospecto plano pero terrorífico) le quitas su significado. En ese contexto, tu angustia aparece como un extraterrestre ante ti, un monstruo atacando el escudo de tu mala fe. Pero si puedes verla como una parte inevitable del cambio, sigue siendo dolorosa y temible, pero también es un indicador de que estás cambiando. Comúnmente, este hecho es la única señal de que el cambio está sucediendo o está en camino.

Pero no lo olvides: ¡el riesgo que tomas, cuando te atreves a sentir tu ansiedad existencial para poder cambiar es riesgoso!

"¡Sólo hazlo!" "¡Sólo atrévete!" "¡Sólo inténtalo!" Cuando se trata del cambio (y en específico cuando ese cambio servirá para profundizar tu vida) esos comentarios son sencillamente estúpidos. No hay ningún "sólo" en este extraño y loco mundo del cambio. Cuando te aproximas a una transformación, te enfrentas a la verdadera experiencia de tu soledad, la posibilidad real de que desafíos nuevos y más difíciles aparezcan en el horizonte: podrías perder una pepita de oro en todo ese costo hundido, la meta que quieres alcanzar podría ser en vano y existe el riesgo potencial de que te enfrentes a una decepción significativa. Atreverte a cambiar ante tu soledad es arriesgar: y el riesgo es muy real. De hecho, hacer un cambio personal se trata de asumir el riesgo de aproximarte a tu vida con autenticidad. El riesgo es real, porque estás siendo lo más real posible.

Nos ofrecen un trato bastante malo cuando se trata del cambio personal. Atrévete a cambiar y sentirás la ansiedad del riesgo. No cambies y sentirás que no hay riesgo, por lo tanto, no sentirás ansiedad. El escenario está repleto de "mantenerse igual": cuando cambias estás siendo consumido con ese mensaje que la ansiedad suele entregar. "PELIGRO, PELIGRO, ESTÁS EN RIESGO": eso es lo que indica, implorándote que corras. Cuando no cambias, la mala fe y el espíritu de la seriedad hacen un capullo para protegerte de mensajes similares sobre el enorme riesgo.

TODO, EXCEPTO UNA CONCLUSIÓN

¡Lo hice! A pesar de todas las fuerzas que me evitaban terminar este capítulo (la comodidad de mi cama, la atractiva receta de corteza de pan con fondue, el dolor de enfrentarme a mi robusta soledad, el sentimiento de que no estoy listo, el dolor causado por preguntarme qué sigue, y la lucha por comprometerme demasiado con algo sin la promesa de que ganaré más de lo que perderé: terminé. Llegué al otro lado.

¡Pausa dramática!

No exactamente. Mañana me despertaré en la oscuridad de la madrugada, alrededor de las cinco de la mañana, para escribir el siguiente capítulo. Y no tengo idea de dónde terminaré.

Capítulo 7

"No hay razón para no poder"

Bienaventurados los que no esperan, porque no serán defraudados.
—ALEXANDER POPE

- #4: Permanecer igual te protege de tus propias expectativas.
- #5: Permanecer igual te protege de las expectativas de los demás.

Cuando Max me llama desde la universidad para contarme que ha sacado una buena calificación en una clase, siempre intento centrarme en ese éxito individual. Sin embargo, de alguna manera, acabo hablando con él de otros posibles éxitos.

—Qué bueno que obtuviste una calificación sobresaliente —le digo, y unos minutos después, y en contra de mi buen juicio, añado—: ¡Piensa que si sigues así podrías obtener un promedio excelente en la clase!

Su irritación es palpable a más de 5,000 kilómetros de cobertura de telefonía celular. Y no siempre me detengo aquí. Cuando me veo en cámara lenta, las alarmas se disparan en mi cabeza para decirme ¡DETENTE, MIRA Y ESCUCHA! Y le pregunto:

—¿Y tus otras clases?

En estas frecuentes interacciones, su comentario sobre un éxito se transforma en mi impulso enfocado hacia expectativas más altas.

Quiere tomarse un minuto y que yo lo reconozca por haber hecho bien una tarea concreta. Pero su éxito en esta tarea sólo me lleva a pensar en qué más puede lograr. Las expectativas bien calibradas pero altas son una prerrogativa de los padres (si mis expectativas siguen siendo las mismas, estoy decayendo en mi trabajo), así que no me siento demasiado fuera de la norma cuando hago esos comentarios. Pero para Max, en esencia estoy subiendo la vara.

Bueno, en realidad no. Max la está subiendo al obtener buenas calificaciones. Es su voluntad de arriesgarse a hacerlo bien lo que provoca esta agotadora consecuencia: mi tendencia a subir las expectativas. Una parte de él lo sabe. Soy el típico padre que no puede mantener la boca cerrada sobre lo que es obvio.

Mi hijo es un tipo resistente. Aunque mi insistencia lo enfada, puede soportar la idea de que un cambio positivo aumente mis expectativas sobre él. Estoy seguro de que está ansioso por lo que estas expectativas puedan suponer, pero también sé que su capacidad de tener esperanza y fe, en relación con su trabajo escolar, supera esta preocupación y le permite inspirarse en lugar de angustiarse cuando obtiene una calificación sobresaliente. Eso no siempre es cierto para ti o para mí, y estoy seguro de que tampoco para Max.

Como se expresa en la pregunta "¿Qué sigue?" en la razón para no cambiar #2: si mejoras, tus expectativas y las de los demás aumentan. Eso es un hecho: cuanto más mayor sea tu éxito y logres más cosas, más gente, incluido tú mismo, esperará más cosas de ti. La razón #2 consiste en permanecer igual para evitar la experiencia de tu responsabilidad. Se trata de que reconozcas que sólo tú estás a cargo de lo que sigue, y eso puede provocarte escalofríos de ansiedad. Las razones para no cambiar #4 y #5, por otro lado, tratan sobre cómo preguntas similares conducen a temores sobre la esperanza.

Es una diferencia sutil pero importante. Las razones #4 y #5 no sólo están asociadas con responsabilizarte en el futuro; tienen que ver con tu miedo a que cuando cambias generas mayores expectativas (de ti mismo y de los demás), y cómo estas expectativas se convierten en nuevas metas a las que aspirar y, por tanto, nuevas y más altas cimas de aspiración desde donde arriesgarse a caer.

"NO HAY RAZÓN PARA NO PODER" Y EL TEMOR A LA ESPERANZA

Las expectativas pueden crecer hacia fuera. Cuando florecen desde la raíz del éxito, permanecen incluso en el desafío: *Si puedo disminuir mi consumo de cafeína, no hay razón para que no pueda también dejar de comer tantos carbohidratos.* También pueden crecer hacia arriba, la semilla del éxito se ramifica hacia las alturas de retos mayores: *Si puedo reducir mi consumo de carbohidratos, no hay razón para que no pueda eliminarlos por completo.* En cualquier caso, existe esa cláusula molesta: *No hay ninguna razón por la que no pueda...* En otras palabras, el éxito en un área suele ser una prueba de que es falsa cualquier excusa para esquivar otros retos razonables.

La autoeficacia,[1] concepto de Albert Bandura que yo relaciono con la fe, tiene que ver con tu creencia en tu capacidad para dominar las cosas. La experiencia general de tu autoeficacia aumenta cuando consigues ser bueno en algo concreto. Probablemente lo sabes en tu propia vida: la maestría en un área te hace creer que puedes dominar algo en otra. De hecho, se puede seguir la pista de estos momentos de maestría contagiosa a lo largo de toda tu vida. Aprendiste a montar en bicicleta, sacaste buenas calificaciones, te enfrentaste a ese acosador. ¿Cómo se sintió?, ¿fue sólo *logré dominar la bici, los exámenes de ortografía* o *a los acosadores*? O más bien fue una afirmación más general del tipo *Puedo dominar lo que se me presente.* Apuesto a que fue esto último.

Lewin dice algo parecido con respecto a la esperanza. Ésta aumenta cada vez que das un paso incremental:

Un individuo con éxito suele fijar su siguiente objetivo por encima de su último logro (un poco, no demasiado). De este modo, eleva de manera constante su nivel de aspiración. Aunque, a largo plazo, se guía por su objetivo ideal, que puede ser bastante elevado, su objetivo real se mantiene realista y cercano a su posición actual.[2]

Para Lewin, la motivación para alcanzar grandes objetivos se construye logrando pequeños objetivos. Quieres levantar 100 kilos. Hoy te pones como meta 50. Estás motivado para lograr este objetivo porque es factible y porque sabes que te llevará a tu objetivo final. Tres series de diez de 50, y ahora estás motivado para ir por 60 kilos la próxima vez que vayas al gimnasio. Cada pequeño paso te motiva para el siguiente.

El combustible motivador para alcanzar tus objetivos se libera de las células de los cambios más pequeños. Es un concepto emocionante. Significa que la esperanza no tiene que ser una batería conectada al cargador. Al igual que un Prius, cuanto más avanzas hacia el logro, más se recarga tu esperanza. Eso es algo bueno, que sólo se ve dañado por el posible trauma de una profunda decepción y el consiguiente temor a la esperanza.

Cuando quieres implementar un cambio, sabes por experiencia que es probable que cada cambio que hagas te lleve a asumir otros cambios que están en la estantería esperando a que los domines. Si te preocupa demasiado la decepción, entonces te preocupa sacar todos esos cambios de la estantería. Si eso sucede, te preocupa que el único cambio que tienes delante pueda elevar tus expectativas o las de los demás sobre tu capacidad de conseguir otras cosas.

La razón por la que la cláusula "no hay ninguna razón para que no puedas" aparece tan pronto después de que logras algo es porque, como en el caso de Max, el logro te exhibe como un agente activo.

Y de todos los logros de tu vida, conseguir un cambio personal es lo que hace más visible tu responsabilidad.

Supongamos que quieres ahorrar dinero en las reparaciones del hogar. Te parece que hacer esas reparaciones es aburrido y no te da ninguna satisfacción real hacerlas. Pero la cantidad de dinero que has gastado durante años pagando a profesionales por cosas que podrías arreglar tú mismo es ridícula.

La llave del baño gotea. Nunca has hecho plomería en tu vida, así que vas a un canal de tutoriales de YouTube en tu teléfono celular. Arreglas la fuga. Y piensas: "Si puedo arreglar el grifo, *no hay razón* para que no pueda parchar ese agujero en la pared de yeso". No te entusiasma la idea de hacer el siguiente trabajo, pero tampoco tienes ninguna excusa para no hacerlo. ¿Sufres de angustia existencial? Quizás un poco, tal vez no mucho. Has aprendido a arreglar un grifo, no hay razón para que no puedas arreglar otras cosas, y eso te ayudará a ahorrar dinero.

Ahora, supongamos que has sido una persona tímida toda tu vida. Tu timidez siempre se ha sentido como una barrera, personal y profesional sobre todo cuando se trata de hablar en público. Decides tomar una clase de oratoria. En la última noche, das un gran discurso. Sales de la clase con las habilidades y la confianza necesarias para hablar mejor en público y enfrentarte con eficacia a esas presentaciones de PowerPoint que antes eran prohibitivas en el trabajo. La cláusula "no hay razón para que no pueda hacerlo" es más profunda en este caso que cuando arreglaste ese grifo. Se trata de cambiar una parte fundamental de ti mismo y de eliminar una barrera importante para una vida mejor. Lo lograste y esta vez lo que reparaste fue a ti mismo. En esta situación "no hay ninguna razón por la que no puedas" no se refiere sólo a las habilidades o a la motivación para completar algo; se trata de tu voluntad de ser el autor de tu vida, de actuar con tu esperanza y tu fe. Eso da miedo porque es inspirador para ti mismo y para las personas que te apoyan.

Inspirar tiene el mismo origen que la palabra que Lewin utilizó para el crecimiento incremental de la esperanza basado en pequeños éxitos: *aspirar.* Al igual que la palabra *espíritu,* estas palabras están exquisitamente arraigadas en eso que hacemos y que demuestra que estamos vivos: *respirar.* Cuando algo te inspira a cambiar, cuando te expandes con esperanza y fe, también estás más expuesto a vivir y a respirar.

Cuanto más consciente eres de estar vivo, experimentas más libertad y es mayor tu compromiso por tu vida, y las expectativas sobre lo que puedes hacer con esta responsabilidad aumentan. Cuando algo que has cambiado en ti te inspira, deseas respirar y seguir adelante a pesar de la ansiedad existencial. Eres libre para hacer algo más con tu vida. Y como ya te enfrentaste con éxito a tu responsabilidad una vez, ahora no hay razón para que no puedas volver a enfrentarte a ella.

El temor a la esperanza es el miedo a la sensación de impotencia por no haber conseguido algo que veías como importante y reconocías como una carencia. Cuando esperas un cambio en ti, te arriesgas a que tu fe en ti mismo y en el mundo se vea afectada si no alcanzas tu objetivo. Por eso, los temas del fracaso, el éxito y las preocupaciones sobre el potencial de "no hay razón para que no puedas" no te preocupan demasiado cuando trabajas en tu casa para ahorrar dinero, pero se sienten bastante amenazantes cuando tomas esa clase de oratoria. En la primera situación, el objetivo es sobre todo práctico. Se trata de conseguir cosas, y si no las consigues quizá sientas una leve sensación de que no puedes lograr que tu vida funcione, pero sobre todo sentirás que no eres bueno en algo que en realidad no te interesa. En la segunda situación, el objetivo es hacer cambios profundos en quien eres. En esa situación, corres el riesgo de sentir que la carencia tiene que ver contigo y con tu capacidad de hacer que tu vida funcione, por lo que fracasar en la tarea tiene consecuencias mucho mayores en cuanto a tu esperanza y a tu fe.

Tanto tú como yo gastamos una cantidad desmesurada de energía en ocultar nuestra responsabilidad ante nosotros mismos y ante los demás, fingiendo con mala fe y espíritu de seriedad que estamos petrificados y sin vida. Pero cuando hacemos algo para mejorarnos es como si quedáramos atrapados en el haz de luz de una linterna, expuestos como los autores de nuestra vida. Una vez que nos descubrimos como dueños de nuestro propio destino se acabó la fiesta, y se espera todo tipo de cosas de nosotros: "*Si puedes* reunir el valor para enfrentarte a ti mismo y perder esos cinco kilos, *no hay razón para que no puedas* tener el mismo valor para salir de nuevo".

Aunque fingir falta de vida como una zarigüeya es algo involuntario sigue siendo una actuación, un fingimiento: la zarigüeya se hace la muerta. El proceso de control de las expectativas (el que tu respiración se vuelva más lenta y más superficial para disminuir la posibilidad de que se detecte tu responsabilidad) es también una especie de actuación; parte de una obra dramática en el que eres tanto el actor en el escenario como un miembro del público que observa el espectáculo. Es como si Jim, del capítulo anterior, hiciera esas llamadas de control para verse a sí mismo como pasivo a sus propios ojos y a los de su equipo clínico.

El drama del control de las expectativas

Mientras escribo estas líneas, soy consciente de que eres un público y pienso en cómo estás entendiendo lo que digo, si soy claro, si tendré éxito en transmitir mis argumentos y, lo que es más importante para mí, si influiré para que pienses de una manera diferente sobre el cambio. Pero mientras te escribo a ti, también escribo para mí mismo, a un "yo" que espero que entienda estos argumentos y se deje influir por ellos. Así que estoy haciendo una especie de representación para ti y para mí. Ambos estamos en el público, a la espera de lo que haré bajo los reflectores.

Tal vez no te des cuenta todo el tiempo, pero tú también estás participando en este tipo de actuación (un *drama*, como la llamó el gran sociólogo Erving Goffman)[3] en la que actúas para un público del que también formas parte. Todos somos "observadores", como dijo otro destacado sociólogo, Charles Cooley,[4] y sabemos quiénes somos a partir del reflejo que nos devuelven los demás. Sin embargo, no somos pasivos ante este público. Moldeamos lo que piensan en función de la actuación que realizamos. Eso significa que nuestras decisiones de actuar de buena o mala fe no son sólo decisiones internas; son actuaciones externas de las que tú y los demás son testigos.

Cuando actúas de mala fe (ocultando tu responsabilidad sobre tu vida) interpretas a una marioneta, tus acciones se representan como si estuvieras manejado por hilos bajo el control de manos externas. Con las puntas de los pies apenas rozando el suelo del escenario, moviendo con torpeza brazos y manos al ritmo de los hilos, te ocultas a ti mismo y al público que en realidad eres tú el dueño de tu existencia. Los hilos, el control, la mano... todo es accesorio:

Zarigüeya, la marioneta: una obra en tres actos

Primer acto

ESCENARIO: Un pequeño y estrecho apartamento. Noche.

TÚ: (*Al despertar de una siesta, te sientas en el sofá, estiras los brazos por encima de la cabeza y bostezas.*) ¡Ah, hola! Mira qué hora es. Es demasiado tarde para hacer ejercicio.

Segundo acto

ESCENARIO: Una monótona sala de descanso en una gran oficina llena de cubículos.

TÚ: (*Dirigiéndote al compañero de trabajo de al lado.*) ¡No encuentro tiempo para hacer ejercicio!

Tercer acto

ESCENARIO: El interior de un coche compacto.

TÚ: (*Susurrando para ti mismo.*) Tengo que hacer ejercicio esta noche. Pero primero tengo que pasar al supermercado.

Cae el telón, y tus pies de marioneta rozan el escenario.

FIN

En este tipo de actuación, tu trabajo consiste en mantener lo más bajo posible las expectativas de los demás sobre tu responsabilidad. No sólo te representas a ti mismo como dirigido por un maestro invisible, sino que también representas tu incapacidad para ir al gimnasio como una cuestión de destino, no de elección ("Es demasiado tarde"; "No encuentro tiempo"; "Tengo que ir al supermercado"). No quieres que el público te vea como responsable, porque también *tú* estás en el público, que tiene miedo de parecer capaz, y también *ellos* (tu familia, amigos, compañeros de trabajo, terapeuta) porque no quieres que se inspiren en ti, sólo para que terminen decepcionados. Si consigues que tu actuación sea lo más parecida posible a la de una marioneta, el reflejo de ti mismo (que ves en el espejo del público) es el de una cosa inanimada de madera. Y nadie espera la autoría futura de las cosas, por lo que nadie se decepciona, como entidades que eligen y deciden.

De nuevo Jim representa un objeto hueco, que sólo se mueve gracias a la llamada del equipo.

Cuando actúas de buena fe, reconociendo la autoría de tu vida y con espíritu lúdico, la obra dramática es todo lo contrario a un espectáculo de marionetas. Esta vez es una representación unipersonal, un monólogo donde no hay guion. Al igual que Sam en el capítulo anterior, que encontró el éxito matrimonial con su enfoque del "sí, y", eres tú el que está en el escenario improvisando. Todo el mundo, incluido tú (a veces sólo tú), te observa y espera que hagas algo. En esta actuación, puede que una noche estés sudando en la escaladora, diciendo: "¡He planeado hacer ejercicio, y ahora lo estoy haciendo!". Otra noche, estás en el sofá viendo y comiendo de forma compulsiva, susurrando: "He planeado hacer ejercicio y me he descuidado". En ambas actuaciones, eres claramente responsable tanto si tienes éxito en la tarea como si fracasas. "Ése soy yo ahí arriba de la escaladora, tomando las riendas y haciendo ejercicio", o "Ése soy yo ahí arriba en el sofá, holgazaneando". No hay escapatoria a las expectativas del público, y eso significa que tampoco hay escapatoria a que su grado de esperanza en ti cambiará dependiendo de tu actuación. Saldrán del teatro más inspirados por lo que hagas o saldrán decepcionados de tus capacidades.

Cuando te arriesgas a elevar las expectativas, tu actuación suele dirigirse más hacia ti mismo o más hacia los demás, dependiendo de a quién quieras inspirar con tu cambio o a quién quieras convencer sobre tu incapacidad para cambiar. La razón #4 para no cambiar se refiere a *tus propias expectativas*, mientras que la razón #5 alude a las expectativas de los demás.

RAZÓN PARA NO CAMBIAR #4: PERMANECER IGUAL TE PROTEGE DE TUS PROPIAS EXPECTATIVAS

Cuando elevas tus propias expectativas al hacer un cambio en tu vida, siempre corres el riesgo de elevar tu fe y tu esperanza en ti mismo. Eso significa un mayor riesgo de experiencias de decepción y pérdida de fe.

Clases de guitarra

Después de haber tomado clases de guitarra un millón de veces y de haberlas abandonado siempre después de unas pocas sesiones quieres hacer otro intento. Pero no soportas la idea de que las personas más cercanas a ti sepan que lo estás haciendo de nuevo. Tus amigos y tu familia ya han visto este espectáculo. No necesitas que sus dudas y su cinismo te arrastren. Así que no se los dices. De hecho, te entusiasma el momento de la gran revelación: cuando seas lo bastante bueno como para entrar en la cocina y tocar una canción, demostrando que todos están equivocados. "Esta vez funcionará", te dices. "El problema de antes era toda esa presión, esa idea de que todos sabían que tomaba clases y esperaban que me volviera bueno."

Tomas una o dos clases con tu nuevo profesor y descubres que la presión sigue ahí. De hecho, cada vez que mejoras y tienes un poco más de esperanza de que esta vez tengas éxito, te preocupa más la posibilidad de rendirte. Cada vez te resulta más difícil practicar; no se trata de los ejercicios o las escalas en sí, sino de la propia motivación para practicar y seguir con ello. Es como si hubiera una fuerza que impide que tus dedos toquen las cuerdas.

Es el temor a la esperanza que choca con tu creciente inspiración. Mantener tus expectativas bajas es un medio fundamental para calmar este miedo. Si no tienes grandes expectativas sobre ti mismo hay menos posibilidades de que te reconozcan como un improvisado o un impostor. En otras palabras, tus preocupaciones sobre el aumento de tus propias expectativas sobre ti mismo rara vez tienen que ver con un solo éxito en una sola área. Suelen estar relacionadas con un crecimiento general de las expectativas en ti mismo. Cuanto más temes a la esperanza, más vas a querer frenar esas expectativas crecientes.

Volvamos a mi oficina: ahora mismo, estoy sentado aquí y está un poco desorganizada. Sé por mis fracasos pasados que si limpio mi oficina, pronto volverá a estar desordenada. Pero también sé que si no la limpio puedo evitar la sensación de fracaso que surge cuando mi oficina limpia vuelve a desordenarse. Si mantengo mi oficina desordenada vivo en un fracaso (el estado actual de desorden) en lugar de dos (mi desorden habitual más el otro fracaso por mantenerla limpia). En esta situación, seguir igual me parece más seguro que cambiar.

Sin embargo, el problema no es sólo mi oficina. Se trata más bien de cómo una oficina limpia hace menos posible ocultarme a mí mismo el hecho de que sí soy capaz. Sí puedo limpiar mi oficina, *no hay razón por la que no puedo...*

RAZÓN PARA NO CAMBIAR #5: PERMANECER IGUAL TE PROTEGE DE LAS EXPECTATIVAS DE LOS DEMÁS

Cuando haces un cambio positivo en tu vida, es inevitable que aumenten las expectativas de los demás. Al hacerlo, te arriesgas a que los demás te vean como el autor de tu vida, y entonces esperen más de ti.

Lecciones de guitarra, parte dos

Después de empezar a tomar clases de guitarra un millón de veces y dejarlo después de unas pocas lecciones quieres hacer otro intento. Aunque no soportas la idea de que las personas más cercanas sepan que lo estás haciendo de nuevo, sientes que necesitas un aliado de confianza, un animador que te haga seguir adelante. Conoces a la persona adecuada para ello: tu hermano mayor. Lo admiras y siempre ha estado ahí para ti, dispuesto a ayudarte. Es muy serio y a veces puede ser tan optimista que te irrita, pero sientes que esas cualidades te ayudarán a superar el obstáculo de volver a intentarlo y él está de acuerdo en ayudar.

—Así que quieres que esté pendiente y te dé una plática motivacional, ¿verdad?

—Sí, algo así.

—¿Y para presionarte cuando empieces a flojear?

—Claro.

—¿Y no te vas a enfadar conmigo cuando te presione?

—¡No! No te preocupes. Estaré bien.

—Bien, porque ésa es mi área de acción. Mis amigos te lo dirán: Soy el tipo al que acudir cuando buscas motivación. Tocarás como Jimmy Page en poco tiempo.

Le llamas después de la primera clase:

—Siento que esta vez es diferente, de verdad. Me siento más maduro al respecto.

—¡Parece que éste es tu momento! —responde—, ésta será la definitiva. ¡Puedo sentirlo! ¡Sigue haciendo lo que estás haciendo, hermano! No puedo esperar a oírte tocar.

Cuelgas, menos seguro que cuando llamaste, el súper entusiasmo de tu hermano está un poquito mal calibrado, teniendo en cuenta que sólo se trató de la primera lección. Pero te está haciendo un favor. No vas a enseñarlo a motivarte.

Logras una semana completa de práctica y tu próxima lección va viento en popa.

Llamas a tu hermano.

—Oh, hermano —dice—. ¡Esto es genial!, ¡me dan ganas de tomar lecciones yo mismo! ¡Guau!

Es sólo mi segunda lección, piensas. *Tal vez ha tomado demasiados expresos en el café cercano.* Pero ¿qué le vas a hacer? Es un hermano. La semana siguiente practicas durante cuatro de los siete días. Tu lección va bien, pero el instructor te pide que repitas un par de páginas del libro de prácticas.

Esa noche, decides que sería mejor no llamar a tu hermano.

Pero él te llama.

—Hola, soy yo, tu entrenador. ¿Cómo te fue? —le dices que esta semana no fue tan bien, y le cuentas sobre los entrenamientos perdidos y el hecho de que has tenido que repetir algunas páginas de tu libro—. ¡Ah, eso no es nada! ¡No te desanimes! ¡Todo va bien! Déjame ayudarte con una pequeña visualización. Estás en una fiesta, nadie sabe que has estado tomando clases. Mamá y papá están allí. Hay una guitarra en la esquina. La tomas. La gente no puede creerlo. Vas a tocar una canción. La sala se queda en silencio. ¿Puedes visualizar esa imagen?

—Mmm... sí... claro.

—Bien. Rasgueas un par de acordes. Nada del otro mundo: el básico "Smoke on the Water". ¡Pero es un truco! ¡Realmente empiezas a tocar como Kirk Hammett! Es una locura. Todo el mundo está sorprendido. Terminas el solo. Hay silencio en la sala. Entonces una persona, dos, tres, luego todos, empiezan a aplaudir y a vitorear. Es un caos, hombre. ¡Un caos, te digo! ¿Lo ves?

—Sí, sí, lo veo —respondes sin ganas.

—¡Genial! Ahora toma esa visión y ve a practicar —cuelga.

Esa semana sólo practicas tres veces, y tu clase es un desastre.

Evitas todas las llamadas de tu hermano.

Cuando oyes que llaman a la puerta de tu departamento, sabes de inmediato de quién se trata.

—Mira —dice mientras entra decidido a tu casa—, me asignaste para motivarte a seguir practicando. ¿Creías que iba a renunciar?

—Bueno, no.

—Entonces déjame hacer mi parte.

—De acuerdo, lo siento.

Te agarra por los hombros y te mira a los ojos.

—¡No es el momento de rendirse! Estoy seguro de que lo vas a conseguir; ¡absolutamente! Lo sé: ¡esta vez es diferente! Piensa que si consigues ser bueno con la guitarra se abrirán las demás puertas: ese curso de oratoria del que siempre hablas, ese entrenador personal al que quieres llamar, esa mujer del trabajo a la que te da miedo invitar a salir. Todo está ahí. Está al alcance de tu mano. Ahora suelta el control remoto y ve a practicar.

—De acuerdo, lo haré.

—Estoy esperando.

—¿Ahora mismo?

—¡Sí, ahora! —tomas tu guitarra y el libro de lecciones y empiezas a rasguear—. ¿Ya ves?, ¡lo estás haciendo! —sonríe y da unos pasos atrás mientras te observa practicar, abre la puerta y sale.

Practicas durante unos minutos, echas un vistazo a través de las persianas para asegurarte de que se ha ido, dejas la guitarra y vuelves a tomar el control remoto.

Al día siguiente llamas al instructor y le dejas un mensaje de voz diciendo que dejas las clases por ahora.

Ése es un ejemplo bastante caricaturesco de cómo elevas las expectativas de otra persona de forma que sólo quieres seguir igual. Pero la cuestión de cómo ilusionar a los demás, para luego defraudarlos, suele ser un tema central cuando te propones cambiar.

Piensa en la dieta en tu propia vida. La primera decisión que tienes que tomar es qué dieta seguir: ¿Atkins?, ¿South Beach?, ¿paleo?, ¿keto? Si eres como yo, tienes que tomar otra decisión justo después: ¿Le digo a la gente que estoy a dieta o no? Si lo dices, puede ser útil, ya que pueden ayudarte a apegarte y puede ser un apoyo. Pero también se darán cuenta de que estás comiendo esa hamburguesa con queso si dejas la dieta. En cambio, si no lo dices, no aumentas sus expectativas. Cualquier fallo se producirá en secreto. Por otra parte, si lo mantienes en secreto y sigues la dieta, en algún momento se darán cuenta de que estás perdiendo peso. Y cuando lo hagan, te enfrentarás al reto de seguir con la dieta, aunque la gente pueda ser testigo de que tu cintura vuelve a crecer si fracasas.

Volvamos una vez más a mi oficina: si la limpio, no sólo elevaré mis propias expectativas, sino también las de mis clientes y empleados. No estarán precisamente entusiasmados con el cambio, pero lo notarán. Luego, si no consigo mantener la oficina limpia, serán testigos de este fracaso. Eso les sentará mal. Y eso se sentirá mal por el ligero cambio en lo que ve mi público. Cuando está limpia, ven a alguien competente y que toma el control. Cuando es un desastre, ven lo contrario.

Creo que esta razón particular para no cambiar es especialmente poderosa en la vida de las personas con las que trabajo profesionalmente. Para quienes pasan largos periodos identificados como enfermos mentales, el riesgo de fracasar a los ojos de los demás es igual o mayor que el riesgo de decepcionarse a sí mismos. Esto se debe a que, durante gran parte de sus vidas, su único trabajo (su carrera, en realidad) ha sido cambiar, y esa transformación es el objetivo de todas las personas que les ayudan.[5] Todos los días se levantan y acuden a uno o varios entornos terapéuticos (su "lugar de trabajo") para mejorar. Las personas que los rodean están centradas en el cambio, esperando que den el siguiente paso. Los profesionales de la salud mental y los familiares elaboran planes de tratamiento orientados al cambio, ofrecen sugerencias sobre lo que hay que hacer y proponen la siguiente intervención, el siguiente tratamiento.

Los destinatarios de todos estos planes saben que cualquier cambio será detectado y anotado por los demás (en los historiales, en las reuniones del equipo de tratamiento, en las llamadas a los padres y en las charlas casuales de la oficina) como un signo positivo de su recuperación general. Pero también sucede lo contrario: cualquier fracaso, incluso en una pequeña tarea, será visto y registrado como un paso atrás global. La decepción se extiende como una mancha de aceite, cubriendo al paciente, a su equipo terapéutico, a su familia y sus amigos. Es algo enloquecedor, aunque la mayoría de la gente nunca lo experimenta. Para quien está atrapado en algo así, seguir igual parece atractivo precisamente por la amalgama entre un enfoque de recuperación en el que todo el mundo está involucrado, observando y juzgando, y el trauma de su propia e importante decepción con respecto a sus sueños de ser autosuficiente y exitoso.

Ésta es una de las razones por las que creo que los problemas de motivación y funcionamiento suelen estar mal diagnosticados en mi área. Aunque se identifican sobre todo como síntomas de una enfermedad mental, quizá (con mayor frecuencia) son los efectos de cómo tratamos estos comportamientos.

Creo que mis pacientes suelen estar mucho más preocupados por controlar las expectativas de los demás que quienes no están expuestos a la vigilancia, bien intencionada, que soportan estos pacientes. Los entornos terapéuticos, tan centrados en el cambio, son un terreno fértil para la preocupación por las expectativas. Pero ninguno de nosotros es inmune a estas preocupaciones.

Todos, de diferentes maneras y grados, intentamos controlar las expectativas cuando nos proponemos un cambio personal y nos protegemos de los peligros de las expectativas excesivas, ya sean las nuestras, de los demás o ambas.

De hecho, creo que muchos de los comportamientos que la gente muestra cuando se resiste a un reto personal, y que solemos interpretar como un rasgo de su carácter innato (son flojos, depresivos, ansiosos, tercos, carecen de agallas o de resiliencia), son el resultado de los roles que están desempeñando para controlar las expectativas.

Me considero un experto en este fenómeno. No por la investigación, ni por el estudio de la literatura, ni por mis propias observaciones profesionales, sino por mis propias experiencias personales formativas.

LUCES, CÁMARA, *INACCIÓN*:
CONTROLAR LAS EXPECTATIVAS

Rebeldes

Crecí entre las décadas de 1960 y 1970 en una ciudad universitaria del sur de California, la cual tenía sus proverbiales "dos lados", marcados menos por la clase que por el estilo de vida. Un lado de la ciudad estaba poblado por profesores y estudiantes, la mayoría de los cuales formaban parte de la contracultura. En el otro lado de la ciudad vivían profesionales que se desplazaban a Los Ángeles para trabajar. Yo asistí a una escuela primaria pública experimental en el lado contracultural de la ciudad, en la que los profesores probaban con formas creativas de atraer y enseñar a los niños, abandonaban las calificaciones y enseñaban de forma democrática, favoreciendo las fortalezas individuales. Asistí a la secundaria en la parte profesional de la ciudad, como cualquier escuela pública suburbana: jerárquica, que te preparaba para el examen con las típicas hojas de respuestas para llenar y el temido ensayo general, todo medido, por supuesto, por las calificaciones.

Sobresalí en mi escuela primaria, aprovechando todo lo que mi escuela experimental apreciaba: creatividad, pensamiento fuera de la caja, afán de aprender a través de nuevos modos y métodos. De hecho, cuando miro hacia el pasado (con cariño), puedo percibir un prejuicio oculto en esta escuela. Mi opinión es que a los alumnos más "cuadrados", a los que querían limitarse a aprender del libro, quizá se les ignoraba un poco, se les respetaba, pero no se les hacía protagonistas. Yo, en cambio, era una estrella. No sabía leer bien, ni deletrear de manera digna, y las matemáticas me resultaban imposibles. Soñaba mucho y no conseguía organizar mi pupitre (convertido, con permiso del profesor, en un fuerte). Sin embargo, entregué los mejores informes gráficos de libros creativos, protagonicé las obras de teatro de la escuela e incluso diseñé y construí (con la ayuda de mi profesor y sus amigos hippies) un dragón inflable gigante lo bastante grande como para que la gente pudiera caminar dentro. En aquella época sentía que, literalmente, tenía la vida en mis manos. Me sentía mágicamente autodidacta. Un movimiento de muñeca y todo estaba a mi alcance. Cuando me gradué de la primaria esa sensación terminó de manera abrupta.

Todas las expectativas sobre mi secundaria pusieron en juego mis debilidades. Me sentía desorientado, en un choque cultural. Incluso hoy me avergüenzo al recordar la primera vez que entregué un informe sobre un libro. Me pasé horas haciendo un retrato en forma de collage del libro *Rebeldes* (*The Outsiders*, de Susan Eloise Hinton), sólo para que el profesor me llamara aparte después y me preguntara enfadado: "¿Qué es *esto*?".

Fue una época humillante, que se hizo más dolorosa cuando los consejeros escolares me identificaron como una persona con problemas de aprendizaje a una edad en la que éste era la expectativa social central para mí y mis compañeros, me sentía como una pieza rota en una cadena de montaje de otras piezas fabricadas a la perfección. Ir a la escuela cada día era como ser un forastero, no tenía ningún mapa y no hablaba el idioma. Me sentía indefenso, perdido. La vergüenza se apoderó de mí. Como la sensación de desarraigo me afligía más cuando me criticaban por intentar aprender o expresarme como lo hacía en la escuela primaria, dejé de lado esas cosas en apariencia infantiles y me esforcé por colorear dentro de las líneas. El problema era que yo no tenía el cerebro para aprender sistemáticamente. Simplemente, no estaba programado para ello. Así que incluso mis intentos de mantener en la sombra mis antiguos talentos, adaptándome a una nueva cultura de aprendizaje, hicieron que se me viera exactamente bajo la misma luz negativa que quería evitar. Empecé a rendirme, incluso antes de intentarlo, ya que no podía soportar la idea de que mis mejores esfuerzos acabaran en fracaso.

Y aunque me ofrecieron mucho apoyo educativo por parte de la escuela (tutoría extraescolar y algunas clases de educación especial, en lugar de las ordinarias), mis calificaciones se desplomaron aún más. Estaba atrapado en un círculo vicioso: ya no intentaba aprender, por lo que ante mi profesor y ante mí mismo aparecía como alguien discapacitado, más de lo que en realidad era.

Sin una forma perceptible de ganar, hice lo que los sociólogos[6] dicen que hace la mayoría de la gente cuando se le etiqueta como un extraño: interioricé el estigma. "Tengo una discapacidad de aprendizaje" se convirtió en una forma de explicarme a mí mismo y a los demás. Mi vida se presentaba sombría, pero al menos tenía una forma de explicar mi bajo rendimiento como algo distinto a fallos morales como la falta de disciplina o la flojera. Y, en cierto modo, el papel de "discapacitado para el aprendizaje" me sirvió para rebajar las expectativas de mis profesores y controlar mis propias aspiraciones con su potencial para desencadenar otra caída. "Discapacitado para el aprendizaje" se convirtió en parte de mi identidad, sólo en parte.

Empecé a fumar marihuana. Aunque fumaba muy poco (tal vez una o dos veces por semana), interpreté el papel del fumador del campus. Si me iba a sentir como un perdedor, también podía asumir el personaje de alguien que decide no esforzarse porque es *cool*. Ese personaje añadía cierto equilibrio de inclusión a una identidad basada en el estigma. No sólo estaba descompuesto de forma irremediable, sino que también optaba por ser el chico *cool*, salir con otros chicos *cool* y reírme de todos los nerds.

Ésas eran mis formas de presentarme en la secundaria, dos "identidades negativas", en palabras del famoso psicólogo Erik Erikson.[7] A falta de alternativas positivas, adopté las negativas: un drogadicto discapacitado; deslizándome de una a otra, dependiendo de la amenaza inmediata a la que me enfrentara.

Debajo de toda la buena disposición y detrás de mi declaración de que era un discapacitado había una desoladora sensación de no ser capaz de hacer que mi vida funcionara. Me acostaba por la noche mirando a la oscuridad, con una aterradora sensación de impotencia. Antes creía que tenía el mundo en mis manos. Que podía hacer de mi futuro lo que quisiera, como cuando hice ese dragón. Ahora sentía que esa creencia estaba muy equivocada. Mientras tanto, me protegía de cualquier otra experiencia de decepción vergonzosa rebajando mis propias expectativas sobre mí mismo, así como las de la gente que me rodeaba. La forma de hacerlo era representarme a mí mismo (el chico marihuano y con necesidades especiales) como una marioneta rota, sin capacidad ni ambición propia.

Estoy seguro de que los efectos de los traumas sociales de esa época son la razón por la que hoy en día me enfrento a cuestiones relacionadas con la desorganización: tanto la vergüenza de ser desorganizado, con el intenso subtexto de estar defectuoso. Miro esa oficina y mis emociones regresan a esa sensación de completa ineptitud y ruptura que sentí en la secundaria. Pero aun así, aunque me sienta fatal mirar ese despacho, tiendo a no organizarlo, igual que no intenté crear ninguna expectativa en mí mismo ni en los demás sobre mi rendimiento cuando tenía 12 años. En su lugar, pasé desapercibido. También estoy convencido de que mi roce con el estigma y el desarraigo, la herida de una concepción de mí mismo dañada y manchada y mis resultantes intentos de rebajar las expectativas de los demás, influyeron en mi elección, mucho más tarde, de trabajar con personas que han experimentado este tipo de acontecimientos sociales negativos cuyas heridas son mucho más extremas que las mías. Estoy seguro de que ésa es la razón principal por la que dedico mi trabajo a ayudar a las personas a recuperarse de los estragos de estas experiencias.

Al igual que mis pacientes, en aquel entonces, cada día cuando me rendía antes de intentarlo e interpretaba papeles fraudulentos pude haber aminorado mi vergüenza por medio de pequeños éxitos incrementales e inspiradores, tan importantes para construir la

esperanza y la fe. Con los apoyos de la escuela, habría sido un alumno de 7; en ningún caso un alumno estrella, sólo un alumno promedio. Pero es probable que con esas calificaciones hubiera adquirido
la confianza necesaria para aspirar a más y a esforzarme.

Sin embargo, tenía miedo de dar los pasos que, en última instancia, me harían sentir menos miedo. Ansioso por el "no hay razón por
la que no puedas", me encontraba en una verdadera encrucijada: la
acción que necesitaba realizar para construir mi fe y comprometer
mi motivación era también la acción que más quería evitar.

Cuando intentas bajar las expectativas, quedas atrapado en un
círculo vicioso. Cada movimiento que puede ayudar a construir tu
fe es también un movimiento que hace que tu acción parezca menos
como la de una marioneta y más un espectáculo de improvisación
en solitario.

Entonces, ¿cómo encender la chispa?, ¿cómo obtener suficientes
logros para construir la aspiración y la fe, cuando éstos inevitablemente te hacen sentir ansioso por elevar demasiado las expectativas?

A veces todavía me hace falta un poco de drama, quizás incluso
un poco de espionaje y manipulación para conseguirlo. Mira, aquí
estoy, escribiendo ahora mismo este libro, ocupado en el oficio en
el que supuestamente soy defectuoso: algo que no se espera de un
marihuano o de un disléxico.

Ahora estoy convencido de que mis identidades negativas eran
mi cargador de baterías: una forma de preservar mi esperanza cuando la fe estaba fuera de mi alcance.

A veces hay que fingir hasta conseguirlo.

La energía regenerativa de fingir

"Hazlo." "No pienses, no esperes, hazlo... actúa." "No pienses, ejecu-
ta." "Ojo con la pelota."[8] Éste es un extracto de un discurso de John

Kennedy, no el presidente de Estados Unidos, sino el futbolista y entrenador australiano, que se hizo famoso por motivar a su equipo a centrarse sólo en su rendimiento como jugadores y no en el hecho de que estaban perdiendo miserablemente el partido. En ese discurso, Kennedy plasmó a la perfección el concepto de "fingir hasta conseguirlo", un término que se utiliza en terapia y en el lenguaje general para referirse a la acción hacia un objetivo con las anteojeras. Otra forma de describir este concepto es "actuar como si", como lo describió el famoso teórico psicoterapeuta Alfred Adler.[9] La idea es que la acción precede a la motivación. Cuanto más te comportes como si estuvieras ganando el juego, más pronto te alcanzará la motivación.

Cuando me recuerdo a mí mismo en la secundaria, veo que en definitiva "actuaba como si", pero con un giro. De hecho, hacía justo lo contrario de actuar como si estuviera ganando; "actuaba como si" fuera un desertor intencional con el fin de encender la chispa de mi motivación.

¿Recuerdas que Jim sufrió una ansiedad incapacitante tras un accidente de coche en el que se vio involucrado su hijo? De forma ingeniosa, encontró un medio para cambiar mientras mantenía bajas las expectativas de los demás, fingiendo.

"Dos"

Jim asistió a un grupo que dirigí en un programa de tratamiento diurno para personas diagnosticadas con trastornos del estado de ánimo. Les pedía a los miembros que calificaran su estado de ánimo en una escala del 1 al 10, siendo el 1 una depresión totalmente incapacitante y el 10 ninguna depresión. Cada semana, Jim informaba que su estado de ánimo era de 2. Al tener en cuenta lo que Jim había pasado (el accidente, la pérdida de su casa, su matrimonio y su trabajo), esa baja calificación tenía sentido. Sin embargo, aunque él informaba de un 2 cada semana, yo conocía en secreto una historia diferente. Yo era el encargado de los casos de un par de mujeres del programa. Ambas eran miembros de una iglesia a la que Jim también asistía y ellas me informaron de cambios notables en el comportamiento de Jim, cosas que no nos dijo en el grupo. "Jim dirige la hora del café después de los servicios", "Jim nos pidió que le ayudáramos a decorar su nuevo apartamento", "Jim habló hoy en la iglesia", "Jim consiguió un trabajo", "Jim y su esposa podrían volver". Era claro que Jim mejoraba. Pero en el grupo, seguía reportando esa calificación de 2. Finalmente, dejó de asistir y no volvió. Pero mis confidentes me hablaron de él: siguió mejorando.

Mi opinión es que Jim necesitaba una forma de mejorar sin levantar las expectativas de las personas directamente centradas en su cambio. No quería que supiéramos que había cambiado, porque no quería que lo viéramos tomar las riendas y, por tanto, esperar más de él. Así que "mi estado de ánimo está en el nivel 2" era una pantalla que lo protegía mientras hacía los cambios.

Un movimiento inteligente.

Jim hacía como la zarigüeya. Necesitaba pasar desapercibido mientras se alimentaba y fortalecía su esperanza y su fe durante una poderosa fuerza de contención sobre su responsabilidad. Si avanzaba con valentía, si sus acciones se veían a la luz del día, la fuerza de contención de exponerse como un actor responsable lo abrumaría. Pero si conseguía ocultar que en realidad sus fuerzas motrices estaban comprometidas, podría construir suficiente músculo para seguir avanzando.

En realidad, soy ambivalente con respecto al concepto de "actuar como si" tal y como se suele utilizar: aquella forma que te entrena para actuar como si tuvieras éxito antes de tenerlo. No estoy seguro de que muchos de nosotros podamos actuar como si ya hubiéramos llegado a una meta cuando no es así. Para la mayoría, cuando no estamos motivados... mmm... *no estamos motivados*. Actuar como si estuviéramos motivados requiere que finjamos que no hay fuerzas que nos frenan o que hacemos cosas para protegernos cuando seguimos igual. El esfuerzo de fingir, el ocultar quiénes somos y dónde estamos, es como esconder la tristeza y el miedo detrás de una falsa cara feliz.

Por otro lado, a veces hay que hacerlo sin más.

Por ejemplo, mis amigos Susan y Jack. Susan es psicoterapeuta y Jack es un cómico que ahora se dedica a ayudar a personas que se están recuperando de hábitos adictivos. Ambos son personas en recuperación que atribuyen a Alcohólicos Anónimos su principal medio de recuperación. "Finge hasta que lo consigas" es un lema utilizado en AA. Para Susan y Jack, esta forma particular de enfocar el cambio fue la idea más útil (de hecho, una tabla de salvación) cuando decidieron estar sobrios por primera vez.

No bebas, carajo

En sus primeras reuniones, estaban desesperados, desorientados y necesitaban dirección. Susan dice los lemas: "Un día a la vez", "Tómalo con calma", "Sólo por hoy", y otros más que aparecen en los carteles de los doce pasos y las doce tradiciones, los cuales están pegados por las paredes de AA: "Sinceramente, al principio no les presté mucha atención. Lo único que sabía era que si no bebía, acabaría sintiéndome mejor. Podría volver a centrarme y tal vez empezar de nuevo. Mi vida era un desastre y en lugar de pensar en lo mal que estaba, me dijeron que si no bebía ni me drogaba hoy era un éxito. Me aseguraron que si trabajaba con el programa mi vida mejoraría. Me dijeron que mi pensamiento me había metido en este lío y que los pasos me ayudarían a corregir mi pensamiento. Supongo que por eso seguí sus reglas: simplemente "me sentiré y pensaré mejor".

Jack cuenta algo parecido sobre sus primeros días en AA: "Mi primer padrino era un tipo muy duro, un motociclista. Sus palabras fueron las que me impidieron beber al principio: *No bebas, carajo.* Ésa era su respuesta a casi todo. ¿Tuviste un mal día? *No bebas, carajo.* ¿Necesito un descanso? *No bebas, carajo.* ¿Quieres dejar el programa? *No bebas, carajo...* La solución estaba ahí, un poco más presente que mis ganas de estar borracho. "No bebas, carajo. Si no bebes, lo descubrirás."

El camino hacia la sobriedad actual y duradera de Susan y Jack, y la razón por la que todavía están vivos, comenzó con estrictas órdenes que siguieron como si no hubiera otra opción. Sin embargo, una vez que tuvieron un tiempo de sobriedad, aumentando sus aspiraciones día a día, su compromiso con la sobriedad se convirtió en algo de lo que eran autores. Susan recuerda: "Una vez que estuve sobria durante un tiempo empecé a sentirme y a pensar mejor, aunque al principio vacilaba. Una vez que mi pensamiento se aclaró, pude planificar con más confianza". Jack por su parte señala: "Ya no tengo ansias de consumir: en realidad, sólo pensamientos fugaces. Con el tiempo construí una defensa contra los impulsos, y ya no necesito escuchar las consignas de mi padrino. Pero fue necesario seguir las ideas, una y otra vez (sí, 'fingiendo') para lograrlo".

Susan y Jack se comprometieron con un espíritu de seriedad (bajaron sus expectativas como zarigüeyas) para llegar a un lugar en el que pudieron asumir la responsabilidad de su comportamiento. Postergaron temporalmente su reconocimiento de que eran capaces de decidir su destino, para llegar a un punto en el que pudieron aceptar este hecho existencial.

Es más un tipo de "fingir hasta conseguirlo" que apoyo. Cuando sigues órdenes, no se espera nada de ti excepto que sigas las órdenes. Ése es un enfoque terrible de la vida en general (es perjudicial para tu propio desarrollo) y tenemos pruebas históricas irrefutables de que "sólo seguir órdenes" tiene consecuencias horribles para la humanidad. Pero "actuar como si" carecieras de autonomía puede ser justo lo que necesitas cuando te sientes inseguro, quieres avanzar hacia el cambio personal, pero necesitas los pequeños éxitos incrementales e inspiradores para construir tu sentido de autoeficacia.

Cuando te sientes aplastado por la preocupación de decepcionarte a ti mismo o a los demás, no es malo sentir que estás controlado por una fuerza externa. De hecho, puede que sea la única manera de encender la chispa para la acción, a partir de la cual podrás ganar la suficiente fe en ti mismo y mirar de frente tu responsabilidad.

A veces hay que comportarse como una marioneta para ser más real.

Capítulo 8

El espejo del cambio

No puede cambiarse todo aquello a lo que te enfrentas, pero nada
puede ser cambiado hasta que te enfrentas a ello.

—James Baldwin

- #6: Permanecer igual te protege de ver en dónde estás.

PETER Y LA MAREA

La primera vez que me encontré con Peter, en un día nublado en
mi oficina de la costa del sur de California, de inmediato me cayó
bien. Un chico larguirucho y bien parecido de unos 25 años se sienta
frente a mí con un bronceado de surfista, una camiseta, unos pantalones cortos Quick-Silver a cuadros y unas sandalias Birkenstocks.
Está relajado, es simpático y muestra una facilidad social que nunca
he tenido y que siempre he envidiado. En nuestra primera sesión,
Peter me explica que ha venido a terapia porque "no consigo poner
en marcha mi vida".

La historia que me cuenta Peter comienza en un momento de su
vida en el que sus pasiones y talentos estaban alineados con lo que
hacía en el trabajo. De hecho, vivía una relación perfecta trabajo/

vida que la mayoría de la gente rara vez se permite. Fue una época en la que tuvo mucha confianza en sí mismo.

Después de la preparatoria, Peter pasó un año viajando a Centroamérica y Sudamérica para hacer surf. De acuerdo con sus planes, iría directo a la universidad después de su año en el extranjero, pero fue tan divertido su viaje de surf que Peter no completó sus solicitudes de ingreso. Cuando volvió a Estados Unidos, tuvo la suerte de encontrar un trabajo en un acuario cercano, dando visitas a grupos escolares. Se trataba de un puesto muy codiciado que solía ocupar un recién graduado.

Peter era bueno con los niños y con los adultos. A su supervisora en el acuario le encantaba tenerlo en el equipo y lo tomó bajo su tutela; lo invitaba a las reuniones del personal superior, a las fiestas después del trabajo e incluso le pedía ayuda para sus investigaciones. Impresionados por sus habilidades y su confianza en sí mismo a una edad tan temprana, el personal del acuario lo apodó "Niño Genio". Peter se encontraba en el lugar adecuado para acrecentar paso a paso la inspiración descrita por Lewin y la autoeficacia descrita por Bandura.

Cuando llegaron de nuevo las fechas para las solicitudes de admisión a la universidad, Peter decidió tomarse otro año. Ahora tenía 20 años y hacía el trabajo de alguien mucho mayor. Sentía que estaba más avanzado en la vida que sus amigos de la universidad. Y su vida cotidiana se sentía profunda y llena de significado. "Un año más" se convirtió en uno más... y luego en otro más.

Ese último año fue un punto de inflexión para él: los impresionantes niveles que había alcanzado como adolescente trabajando en el mundo de los profesionales adultos desembocaría en un humillante descenso. Ahora, a los 22 años, Peter estaba perdiendo su cualidad de "Niño Genio". Su rendimiento con los retos profesionales que dominaba de forma impresionante a los 19 años ahora parecía propio de su edad.

Su grupo de amigos de la preparatoria se graduaba de la universidad, y Peter se sentía incómodo consigo mismo y con su estatus en el mundo. Odiaba esta nueva sensación de estar marginado y deseaba con desesperación escapar de ella. Pero no podía trazar un plan que acabara con su sensación de ser inadecuado, inferior a los demás e incluso incapaz de tener una vida adulta. Se sentía estancado, *incompleto* y tonto por haber retrasado sus solicitudes de ingreso a la universidad. Los contrafácticos se imponen: *¿Por qué no presenté esas solicitudes? ¡Estaría mucho más avanzado si lo hubiera hecho!* Peter empezó a preguntarse si la gente que lo rodeaba también se daba cuenta de su falta de progreso.

El acuario contaba con un programa complementario de capacitación, y su supervisora se ofreció con entusiasmo a ayudar a Peter para acceder a los fondos del programa y tomar clases como preparación para incorporarse a la universidad. Sin embargo, su oferta le dolió un poco. En el pasado fue capaz de afrontar duros comentarios de retroalimentación, pero Peter interpretó la oferta de su supervisora como una crítica sobre su falta de progreso profesional. Sin embargo, también sabía que tomar una o dos clases les demostraría a los demás que estaba avanzando.

Aunque destacaba por su eficiencia y puntualidad, Peter se mostraba notablemente indeciso a la hora de completar el papeleo para el reembolso de la colegiatura. Se trataba de unos sencillos formularios, pero los consideraba una marca de fracaso, una señal de que estaba muy por detrás de sus amigos. Después de que su supervisora le insistiera mucho, Peter presentó los papeles y se matriculó en un curso de extensión universitaria de introducción a la biología marina.

Entre jubilados, estudiantes de bachillerato que querían pulir sus expedientes académicos y aficionados, Peter destacaba en el aula. El profesor se dirigía a él con frecuencia durante las discusiones en clase, tratándolo casi como a un colega, el único profesional entre un mar de aficionados. Su éxito en la clase reforzó de forma considerable su confianza, pero estaba en un terreno inestable, se sentía en la cima del mundo, aunque en un juego que estaba muy por debajo de su talento y experiencia.

Ese otoño, Peter envió solicitudes a algunas universidades. Pero ni siquiera abrió los sobres que le llegaron con las respuestas. Aquella sensación que había tenido de resistencia cuando intentó completar el papeleo de reembolso de la colegiatura por primera vez se percibía ahora como un muro sólido e inamovible. Esa primavera se matriculó en otro curso de extensión.

Peter volvió a obtener buenos resultados en esta clase para principiantes. Aunque la materia seguía estando muy por debajo de sus capacidades, hablaba mucho de ella con su supervisora, sus padres, sus amigos y sus compañeros de departamento, demostrando con orgullo su dominio de los temas y exponiendo sus propias teorías.

Peter nunca había sido un fanfarrón, así que su nueva jactancia le resultaba incómoda. Sin embargo, no podía dejar de hacerlo. Un día, después de dar una larga conferencia a su jefa sobre la vida marina, ella lo interrumpió impaciente a mitad de la frase. "Mira, Peter, eres genial. Pero me estás contando cosas que aprendí en la universidad. Me gustaría que pensaras más en obtener un título y luego poner en práctica algunas de estas teorías."

Sus palabras fueron un golpe para Peter. Podía sentir que se caía del alto pedestal de su propia imaginación. "¿Soy un holgazán?", se preguntó. "¿Es así como van a ser siempre las cosas?" Conocía a muchos viejos surfistas en su ciudad que alardeaban de su próxima "gran idea" mientras fumaban marihuana. ¿Era él como ellos, fanfarrón por ser el "listo" en una clase llena de estudiantes de secundaria?

Peter sintió una nueva urgencia por entrar a la universidad. Alcanzar la meta de ser biólogo marino representaba ahora para él algo más que una carrera; era un estatus que deseaba con desesperación, una forma de distanciarse de los tristes y viejos surfistas que se engañan a sí mismos, y de ponerse al día con sus amigos más avanzados.

A finales de ese otoño, Peter volvió a centrarse en las solicitudes de ingreso a la universidad; tenía diez escuelas en la mira.

Pero una vez que leyó los requisitos para su especialización en muchas de las mejores universidades de su lista, Peter se sintió consternado por el nivel básico de los cursos requeridos. Eran todos tan sencillos y rudimentarios, menos interesantes que los cursos de extensión y casi como si fueran de bachillerato. Se sentían tan distantes de una futura carrera. *Ya estoy muy por encima de estas cosas, ¿tengo 24 años y estoy cursando Introducción a la Vida Marina?, ¿qué le digo a la gente?, ¿qué me digo a mí mismo?* Y luego, como se puede predecir, vino la culpa, los contrafácticos desmoralizadores: *Si hubiera hecho las cosas antes, ahora estaría en una carrera. En lugar de esforzarme en esas estúpidas clases debí de haber presentado las solicitudes.*

La humillación se apoderó de Peter y se topó con esa barrera ya conocida que bloqueaba su motivación. Cada casilla que llenaba en la solicitud era otro recordatorio ofensivo de que llevaba muchos años de retraso. Volver a la universidad significaba igualarse a chicos seis años menores que él. Era una imagen dolorosa de reconciliar con la visión que había construido de sí mismo como alguien que *ya estaba* en la profesión.

Esa sensación persistió mientras intentaba escribir su semblanza personal. Escribió sobre su año en el extranjero, sobre su estancia en el acuario y las emocionantes clases que había tomado. Pero sobre el papel, estos logros parecían tan normales, incluso por debajo de la media. *Parezco un holgazán*, pensó Peter, *como si no pudiera poner orden en mi vida*. Después de terminar unos cuantos párrafos, dejó de lado la semblanza personal.

Entonces se dedicó a llenar la solicitud general. Venía acompañada por una "Solicitud de expedientes académicos". Cuando llegó a su expediente académico de la preparatoria, se tomó un respiro. *¿Esto es lo que he conseguido?*, pensó. *Claro que me fue bien en los cursos de extensión, pero el grueso de mi educación fue la preparatoria. Parezco un niño.* Peter decidió ir a comer a la ciudad. Cuando volvió, no pudo recuperar la concentración. Dejó las cosas para otro día y al día siguiente también, y al siguiente...

Peter no cumplió los plazos de solicitud para tres de las universidades. Llamó a mi oficina a la mañana siguiente para concertar una cita.

Nos reunimos unos días después. Participó con seriedad en nuestra sesión, hablando de "esta extraña sensación de estar atascado en el lodo" cuando trabajaba en sus solicitudes de ingreso a la universidad. La siguiente vez que nos reunimos, se mostró igual de atento y me dijo: "Tengo una sensación de vergüenza, como si fuera un fraude", y se quejó de que esta sensación lo frenaba. En nuestra tercera sesión, sin embargo, parecía un poco diferente, más relajado que antes, pero también un poco distraído. Después, canceló nuestra siguiente reunión.

Nunca regresó.

No es una experiencia nueva para mí que la gente abandone de forma inesperada el tratamiento después de las primeras sesiones. Me imagino que Peter no estaba preparado para cambiar. Espero que encuentre su camino para seguir adelante, pero tengo mis dudas. El abandono de la terapia parece una señal más de su negativa a trabajar sobre las fuerzas que le impiden hacer el cambio que quiere en su vida. Por desgracia, yo también me lo imagino como a esos viejos surfistas. Hay algo especialmente frustrante en la historia de Peter. Se trata de una persona de verdad prometedora: tiene habilidades probadas, reconocidas por personas a las que respeta (como su supervisora), en un ámbito que realmente valora. Ha identificado un objetivo profesional (la biología marina) que encaja con sus valores y aptitudes. Todo lo que tiene que hacer es empezar por donde todo el mundo tiene que empezar: por el principio. Sin embargo, para Peter este punto de partida se siente como una herida en su imagen personal. Era el Niño Genio; ahora es el Anciano Inexperto. Se resiste a dar los pasos necesarios y, en consecuencia, nunca da el gran salto hacia una carrera ambiciosa y satisfactoria. Y cuanto más pospone Peter las cosas, más humillado se siente y más se estanca en esa humillación.

La situación de Peter capta un dilema central de cualquier transformación. El cambio exige que uno mire dónde está en la vida, a pesar de que se sienta mal al hacerlo.

RAZÓN PARA NO CAMBIAR #6: PERMANECER IGUAL TE PROTEGE DE VER EN DÓNDE ESTÁS

El cambio personal requiere que evalúes lo que debes cambiar, midiéndote en el momento, para así tener la incómoda sensación de que algo de ti sigue incompleto.

Si decido limpiar mi oficina, primero tengo que admitir que el desorden es un problema que yo causé. Para limpiar las cosas, en otras palabras, me enfrento al desorden que he creado. Esta dinámica de cambio es inevitable.

Cuando avanzas, actúas con esperanza. Cuando reúnes la suficiente esperanza para avanzar, ocurren dos cosas: 1) *identificas algo importante*, y 2) *notas que te falta esa cosa importante*. Si no quieres sentir la experiencia de que te falta algo importante (estar en forma, permanecer sobrio, encontrar el amor) vas a tener que seguir igual. A la inversa, sólo puedes cambiar si estás dispuesto a mirar algo importante que te falta. Pero lo que falta quizá te hace sentir vergüenza (esa sensación de estar descompuesto), ya que ésta existe siempre en comparación con algún ideal de lo que es intacto y puro, y tú te has fijado en ese ideal al asignar importancia a la meta al final del camino que ahora recorres.

Piensa en tus propias experiencias de objetivos personales. ¿Hiciste dieta cuando te sentiste más gordo?, ¿el día que notaste que los pantalones no te quedaban bien o el día que empezaste la dieta? Supongo que esto último. Seguro que te angustiaste cuando notaste el volumen de tu abdomen, pero la angustia se quedó en ti si te pusiste a dieta. Si no elegiste hacer dieta, es probable que haya sido debido a las excusas que te diste para disminuir el dolor de esa percepción original: *Comí demasiada sal anoche, me inflamo cuando viajo, mis pantalones vaqueros se encogieron.* Sin embargo, si decidiste seguir una dieta, le atribuiste a la pérdida de peso una mayor importancia de la que tenía antes de empezar, te volviste híper consciente de la delgadez que te faltaba, viste con más claridad la distancia que te separaba de tu peso ideal y no pudiste poner excusas. Así, la dieta hizo que el dolor de enfrentarte a algo que no te gustaba de ti mismo se agravara y durara más.

Es revelador, y francamente poético, que la palabra *sondear* significa a la vez indagar algo en su totalidad y también es un término técnico para medir la profundidad. Es más probable que indagues sobre tus problemas cuando intentas solucionarlos, porque para solucionarlos tienes que medir la distancia que te separa de tus objetivos. Por esta razón, la única manera de alcanzar tus objetivos es que encuentres la forma de soportar ver en dónde estás (todos tus defectos) en relación con dónde quieres estar. Por eso, la mayoría de los tratamientos para problemas de conducta comienzan con la idea de que la persona debe evaluar con franqueza su problema para superarlo. No es casualidad, por ejemplo, que el primer acto de una reunión de Alcohólicos Anónimos implique que las personas se identifiquen como alcohólicos: "Me llamo Jane y soy alcohólica".

Sin embargo, ese tipo de admisión directa o confrontación con tu problema también puede ser desmotivador. Al igual que Peter, el aspirante a biólogo marino, dejas de intentar realizar el cambio que deseas si la mirada al espejo te produce demasiada vergüenza. Eso significa que para liberar tus energías a fin de lograr el cambio, tienes que hacer algo con la vergüenza. Y eso implica encontrar una manera de aceptarte más a ti mismo.

La curiosa paradoja del cambio

"La curiosa paradoja —escribió Carl Rogers—[1] es que cuando me acepto tal como soy, puedo cambiar." De acuerdo con Marsha Linehan,[2] la creadora de una terapia fundamentada en el budismo llamada terapia conductual dialéctica; se trata de un "diálogo" (una tensión entre dos polos en apariencia opuestos) crucial en cualquier cambio. Linehan, cuyo trabajo se centra principalmente en el tratamiento de personas diagnosticadas con trastorno límite de la personalidad, cree que todo tipo de sufrimiento en nuestras vidas surge de la incapacidad para sintetizar dos o más pensamientos en apariencia conflictivos. Pero, con razón, se centra la dialéctica particular entre la aceptación de uno mismo y el cambio como el núcleo de toda lucha por alterar el propio comportamiento.

Rogers, Linehan y otros llegan a conclusiones muy similares en cuanto a los medios para liberarse de la tensión inherente entre la necesidad de aceptarse a sí mismo y la necesidad de cambiar: un enfoque sin juicios (el enfoque humanista de Rogers se basa en la "aceptación positiva incondicional" y Linehan predica el ideal budista de la "aceptación radical"). Aunque mi enfoque no deja totalmente de lado los juicios (hay muchos comportamientos que juzgamos como "malos" que en realidad son altruistas, aunque se presentan como un desastre) y en mi vida nunca he sido capaz de comprometerme con el tipo de conciencia budista pura que prescribe Linehan, creo que el concepto del campo de fuerza del cambio implica llegar a conclusiones similares: hacer lo mejor que puedes en este momento y, al mismo tiempo, esforzarte por mejorar.

En el "espacio intermedio"³ lewiniano que abarca el lugar en el que estás y dónde quieres estar, el sitio de tu comportamiento actual existe exactamente en el punto en el que convergen las fuerzas que impulsan el cambio y las fuerzas que lo frenan. Esto significa que el equilibrio entre estas fuerzas compensatorias determina en gran medida tu comportamiento. Pero el hecho de que hagas lo mejor que puedes en este momento no significa que nada pueda cambiar. Por el contrario, indica que las cosas tienen que cambiar en este campo para que quieras avanzar. Eso puede significar que encuentres, o que te muestren, formas de construir tus propias fuerzas de esperanza y fe (a través de la terapia, dedicándote a un pasatiempo, pasando más tiempo con tus amigos) o que puedas disminuir el poder de las fuerzas restrictivas teniendo más éxito en otras áreas de tu vida, lo que disminuye tu miedo a la esperanza (enamorarte, enfocarte en metas distintas a aquello que te causa tanta consternación).

Hace décadas, fui testigo de cómo una persona llevaba a cabo este tipo de cambio de una forma brillantemente intencionada, que la obligaba a mirarse directo en el espejo de su situación. Se llamaba Eric.

Eric y las "tarjetas de idiota"

Conocí a Eric a mediados de la década de 1980. Durante el día trabajaba como maestro carpintero en un estudio de televisión en West Hollywood. Por la noche era el baterista de una banda de punk que recorría los clubes de Sunset Junction, Echo Park y del centro de Los Ángeles. Un líder y alguien que la gente respetaba mucho en la escena musical *underground*. Era un fumador empedernido, y los cigarrillos eran parte de su imagen. Colgando precariamente de la boca, eran su accesorio permanente, con la suficiente saliva en sus labios para mantener el cigarrillo en su lugar. Lo recuerdo ahora, saltando de su camioneta para un concierto, descargando el equipo de la parte trasera, empujando todo por las rampas y los pasillos hasta el escenario, con un cigarrillo siempre allí, golpeándose ligeramente contra su barbilla.

Eric estaba casado y su mujer acababa de dar a luz a su primer hijo. Su vida estaba cambiando. Había llegado el momento de madurar y deseaba con desesperación dejar de fumar. Por primera vez en su vida veía el tabaquismo como un problema serio y no como un accesorio romántico, y quería encontrar una manera de recuperarse de lo que ahora veía como una adicción peligrosa. Probó y fracasó en todas las intervenciones sugeridas por los expertos (parches, gomas de mascar, hipnosis, un grupo para dejar de fumar), y se encontró con que volvía al hábito de forma inevitable, lo que lo hacía sentir mal y avergonzado por su incapacidad para dejarlo. Esa vergüenza aumentaba cuando su mujer detectaba con regularidad el olor a tabaco en su ropa, o lo sorprendía fumando a escondidas en su pequeño patio trasero. Ella adoraba a Eric, y no hacía más que ser amable cuando descubría sus recaídas, pero su gentileza sólo lo hacía sentir peor.

Finalmente, a Eric se le ocurrió una idea ingeniosa. Un día, le pidió a un compañero de banda que le tomara una foto fumando. Para la foto, Eric hizo todo lo posible para parecer poco genial, agachó la cabeza para mostrar su ligera papada, sacó la barriga, se mostró ansioso y disgustado, con su típico copete desarreglado como un feo nido. Eric eligió la peor de las fotos, y con un Sharpie rojo escribió en letras gigantes IDIOTA, la llevó a un centro de impresión e hizo cien copias, algunas lo bastante pequeñas como para el bolsillo, otras ampliadas a tamaño de retrato de 8 × 10. Pegó las fotos más grandes en el interior de las puertas delantera y trasera de su casa, en la defensa de su camioneta, incluso (con permiso del propietario) en las puertas de salida y encima de los urinarios de su bar local favorito.

Eric entregó las fotos más pequeñas a todos sus conocidos y les pidió que levantaran las "tarjetas de idiota" cada vez que lo sorprendieran fumando, si lo veían haciendo movimientos que indicaran que estaba a punto de hacerlo o si detectaban cualquier actividad sospechosa, como cuando el olor a tabaco emanaba de su ropa. Les advertía que era probable que se irritara con ellos cuando levantaran las tarjetas, y les pedía que ignoraran su actitud.

Los amigos, compañeros de trabajo y conocidos de Eric se divirtieron mucho con el plan de Eric para dejar de fumar. Se convirtió en una especie de performance. A pesar de que la foto de Eric lo retrataba como un "idiota", no hizo más que ganarse el respeto de los que lo rodeaban. Eric actuaba con osadía y haciendo algo creativo y valiente al crear una audiencia para sus propios fallos. Esta voluntad de exponer la parte de sí mismo que actuaba como un "idiota" resultaba adorable.

El plan funcionó bastante rápido: en un par de semanas había dejado de fumar. Un mes más, y las tarjetas y carteles de idiotas eran cosa del pasado.

En los anteriores intentos de Eric por dejar de fumar, su actitud hacia el tabaco era como la de un dentista hacia un diente podrido: una intervención directa sobre el problema. En el nuevo método, Eric se parecía más a un agricultor que mejora los nutrientes del campo lewiniano que lo rodea. Lo hizo al menos de cuatro maneras:

1. *Eric cambió su forma de afrontar el inevitable problema de su posición actual en relación con su objetivo.* Al crear "tarjetas de idiota" pasó de la posición seria, árida y rígida en la que su problema estaba fuera de sus manos, como "una adicción a los cigarrillos", que requería de intervenciones de tipo médico, a un espíritu de juego en el cambio estaba en sus manos, como arcilla lista para ser moldeada. Como resultado, su hábito de fumar era menos una fuente de vergüenza constante

que algo flexible y manejable. Al abordar el problema de forma lúdica, Eric también pudo aumentar de manera significativa el número de veces que estaba dispuesto a mirarse al espejo. Esto nos lleva a la segunda forma en que Eric transformó el campo de fuerza que lo rodeaba.

2. *Eric creó múltiples puntos de reflexión sobre su problema que eran más agradables que la imagen que tenía de sí mismo durante los anteriores intentos por dejar de fumar.* Dondequiera que fuera Eric se enfrentaba con un recordatorio generado por él mismo de que era un idiota por fumar. Podía soportar este recordatorio porque lo hacía de forma lúdica, creado por él mismo, para sí mismo y por su propio bien. La vergüenza prospera en la clandestinidad. La táctica de Eric debilitó la fuerza de contención de la vergüenza al sacar a la luz su comportamiento, pero de una forma menos difamatoria que las rumias que surgían con cada nuevo intento, con cada fracaso o cada vez que era sorprendido en falta. Esto llevó a una tercera forma en la que Eric cambió el campo de fuerza a su alrededor.

3. *Eric dejó su hábito al cambiar la forma en que la gente observaba su comportamiento.* En otras palabras, reescribió el guion de "dejar de fumar". Antes de inventar las tarjetas de idiota, Eric consideraba sus fracasos para abandonar el hábito del cigarrillo como signos de debilidad, por lo que solía ocultar el hecho de que intentaba dejarlo. Inevitablemente, su mujer y sus amigos lo descubrían y lo hacían sentir mal y avergonzado. Pero ahora, con el apoyo de las tarjetas, Eric hizo un nuevo performance de sí mismo: menos parecido a una marioneta y menos como una confrontación entre la nicotina y su fuerza de voluntad, transformándolo en una actuación en la que hacía algo heroico y entrañablemente vulnerable. Todo el mundo defendía su esfuerzo, y esto generaba en su público una verdadera admiración por él, sin dejar de recordarle que en esencia era un idiota por fumar.

Al crear su propia forma de performance y ver que la gente participaba en él, Eric creó un tipo diferente de espejo que combatía sus propios reflejos más vergonzosos. En este espejo, era un individuo eficaz que provocaba las interacciones a su alrededor. Esto nos lleva a la cuarta forma en que Eric cambió lo que ocurría en su campo de fuerza.

4. *Eric aumentó su experiencia de autoeficacia (y, por tanto, su fe en sí mismo) al hacerse cargo de su problema e inventar su propia solución.* Bandura, con su interés en la autoeficacia, señala que ser eficaz en un área puede elevar tu sensación general de autoeficacia en otras.[4] Al tomar su proceso de cambio en sus propias manos y ver que la gente a su alrededor estaba dispuesta a participar en él, Eric creó éxitos secundarios que aumentaron su confianza en la conquista del tabaco. En otras palabras, ganó una mayor fe en sí mismo. La primera vez que Eric resistió su impulso de salirse del ensayo de la banda para fumar a escondidas alimentó su fe en su capacidad para gestionar de forma eficaz su vida. Lo mismo ocurrió la segunda, tercera y cuarta vez que se resistió a fumar. Si se hubiera puesto un parche de nicotina como único medio para dejar de fumar, podría haber tenido cierta sensación de orgullo y alguna experiencia de mayor eficacia en esos momentos, pero nada de la magnitud del cambio que logró siguiendo sus propias reglas.

Al hacer de sus propios fracasos la fuente del juego y al ganarse el afecto de los que lo rodeaban a través de su performance, Eric encontró una llave para abrir la dialéctica del cambio: descubrió un medio para aceptar quién era en el momento para convertirse en quién quería ser. Esas tarjetas de IDIOTA le sirvieron tanto como una señal de que tenía que cambiar como un símbolo de su valor. Inventó una forma de medirse a sí mismo y de medir la distancia que lo separaba de su objetivo, aceptando al mismo tiempo que aún no lo había alcanzado.

Han pasado cuarenta años desde la exitosa intervención de Eric en su hábito de fumar. La historia de Eric se me queda grabada por su caprichoso heroísmo y la verdadera eficacia de la invención en el cambio personal. Como el hijo de Atlas y Amy Poehler, Eric extendió sus brazos alrededor de su campo de fuerza y lo movió (una tarjeta a la vez). También se grabó en mi memoria en aquel entonces porque representaba un opuesto positivo a cómo me estaba comportando. En la época de las tarjetas de idiota de Eric, yo actuaba en un drama mucho más complejo que el suyo, en el que yo también manejaba los espejos que me rodeaban; pero el objetivo y el resultado de mi actuación eran muy diferentes.

A diferencia de Eric, que puso en práctica su propio plan para afrontar los momentos de vergüenza, transformándolos en motivo de humor y amabilidad, yo tomé el camino que seguimos la mayoría de nosotros (a veces a lo grande, a veces en pequeñas dosis) en el que evitaba la vergüenza actuando como si ya hubiera llegado a mi meta.

Los pintores de pantalones, la pose y la defensa narcisista

Vivía en el centro de Los Ángeles con un par de amigos durante la época de las tarjetas de idiota. Éramos actores menores en la floreciente escena artística de la ciudad. Mis compañeros de departamento y yo íbamos frecuentemente a Gorky's, un café ruso que abría toda la noche y estaba lleno de artistas y actores, y observábamos a la gente. Éramos expertos en distinguir a los impostores de los verdaderos artistas. Este último grupo tenía un estilo sutil, un sentido del color y del estampado en su vestimenta que parecía logrado sin ningún esfuerzo. El grupo de los impostores compartía una característica particular: salpicaduras de pintura en sus pantalones o zapatos. Sus Levi's manchados decían: "Vengo por un poco de *kasha* y vuelvo al trabajo". Los llamábamos los "pintores de pantalones".

Por supuesto, mi pequeño grupo de veinteañeros, encorvados en nuestra mesita (Jeff, más tarde bibliotecario; Mike, ahora abogado; y yo, doctor en sociología) también actuábamos para los demás. Jugando a ser adultos, compartíamos la identidad no ganada de veteranos sarcásticos del mundo del arte, mirando por encima del hombro a los falsos. En realidad, logramos una pose brillante: éramos aspirantes asumiendo el papel de iniciados mirando por encima del hombro a los farsantes.

Supongo que la mayoría de los pintores de pantalones siguieron el camino de mis amigos y el mío, mientras que los artistas que vestían con delicadeza quizá continuaron con sus carreras.

A partir de mi propia experiencia, sé que mi pose era una forma de escapar rápidamente de los sentimientos de vergüenza por no ir a ninguna parte (era una nueva versión de mí y de mis compañeros en la preparatoria). Al volver a nuestro departamento, la modesta práctica de mi oficio se sentía como un insulto a mi grandiosa sensación de ser una persona creativa ya establecida en el café, bebiendo té, sorbiendo *borscht* e insultando a los pintores de pantalones. El problema no era la tensión natural entre donde estaba y donde quería estar que Lewin señala que es tan importante para motivarnos; era entre donde estaba y *el destino que pretendía haber alcanzado.*

Necesitaba con desesperación la sensación de que ya lo estaba logrando para cubrir la siempre amenazante vergüenza de que no era así.

Éste es el problema de esos pensamientos: la amenaza de perder mi experiencia como artista establecido hacía imposible dedicarme al trabajo real que necesitaba emprender para alcanzar mi meta. Me parecía demasiado vergonzoso practicar mi oficio, aprender los rudimentos, volver a la casilla de salida, ya que no coincidía con la persona de mi actuación planeada.

Me enfrentaba a dos formas alternativas de ser, ambas frágiles, pero insostenibles: la vergüenza de que estaba lejos de mi ideal o la pose grandiosa de que ya lo había alcanzado. Los psicoanalistas tienen un término para el aspecto arrogante de mi vacilación entre la vergüenza y la pretensión: la defensa narcisista.

No hace falta ser un narcisista en toda regla para desplegar esta defensa, y la mayoría de nosotros la utilizamos en algún momento. Cuando te involucras en una defensa narcisista, estás protegiendo tu orgullo de la vergüenza al considerarte excepcional. Es un tipo de defensa frágil, ya que se basa en suposiciones sobre uno mismo que no se sostienen. Cuando no se sostienen, tienden a exacerbar la vergüenza.

Recuerda a Peter, el aspirante a biólogo marino. Experimentó esa especie de ciclo entre las alturas del orgullo inmerecido y las profundidades de la vergüenza. Peter deseaba sentirse tan orgulloso de sí mismo como cuando una vez ostentó la corona de Niño Genio del acuario, y quería sentir ese orgullo constantemente. Por eso, al compararse con los demás en su curso de extensión, se imaginó que ya había alcanzado la categoría de biólogo marino. Pero el orgullo de Peter se vio herido cuando su supervisora le sugirió que se esforzara por entrar a la universidad, y cuando se sentó e intentó llenar las solicitudes universitarias. En otras palabras, Peter utilizó la fantasía de haber llegado ya a su meta como una especie de narcótico para el dolor de estar lejos de ella. Pero cuando el efecto del narcótico desaparecía, se sentía peor que si no lo hubiera tomado.

"Tengo una sensación de vergüenza, de ser un fraude." El comentario de Peter capta la relación entre la vergüenza y nuestra caída del orgullo no merecido por los logros reales. Tenemos una palabra para este frágil tipo de orgullo: *hubris*. En lo que respecta al cambio personal, es la creencia arrogante de que uno puede saltarse la línea del esfuerzo humilde (la progresión anónima de neófito a maestro) y llegar a su destino de forma inmediata. Peter intentó saltarse esa línea. Se enredó en un sentido hubrístico o arrogante de sí mismo al ver sus logros en los cursos de extensión que enseñaban información que él ya conocía como una señal de que había alcanzado su meta de científico completo. Eso es lo que yo intentaba hacer al hacerme pasar por el jefe de los pintores de pantalones: crear una fantasía en la que ya había conseguido lo que quería, sin realizar el necesario y, a veces humillante, esfuerzo. Cuando Peter y yo descubrimos que no podíamos alcanzar nuestras metas fantaseando o fingiendo que las habíamos alcanzado, sentimos una punzada de desmotivación y la consiguiente vergüenza. Ése es el rápido mecanismo de la defensa narcisista, un vaivén entre vergüenza y arrogancia, entre soberbia y cobardía. Esto se estimula cuando se mide la distancia entre el yo actual y el yo ideal futuro.

Puedes salir de este mecanismo frustrante y lleno de ansiedad negando quién eres y dónde estás. La negación te hará sentir bien. También te impedirá cambiar. Así que, como nos dicen los defensores de la aceptación de uno mismo, debes buscar la manera de seguir mirándote a ti mismo sin emprender fantasías grandiosas ni caer en las profundidades de la vergüenza.

El cambio conlleva una fuerza especialmente humana, distribuida de forma desigual entre nosotros y difícil de aprovechar: la humildad duradera.

Eso le permitió a Eric ganarse el respeto del público y lo ayudó a mantenerse centrado en su objetivo de dejar de fumar.

La fuerza mediadora de la humildad

La humildad es lo contrario de la arrogancia (*hubris*) y un antídoto contra la vergüenza. La ausencia de humildad conduce a un comportamiento narcisista.

Si la arrogancia tiene que ver con los grandiosos vuelos de la fantasía, la humildad tiene que ver con la tierra; su raíz latina, *humilitas*, significa "desde el suelo". La humildad evita que te sientas demasiado grande para tus zapatos y que te ensoberbezcas. Pero eso no significa que esta emoción te mantenga pequeño en tus aspiraciones o encorvado en el menosprecio de ti mismo. Cuando realmente tienes humildad, puedes maravillarte de ti mismo, amarte y encontrar alegría en tus talentos. Al igual que Eric y sus tarjetas de idiota, puedes admitir tus debilidades, pero también ser ambicioso en cuanto a los objetivos que quieres alcanzar. De hecho, puedes ser ambicioso porque puedes admitir tus límites. En este caso, la humildad bloquea las ideas desmesuradas sobre ti mismo, poniéndote a prueba, conectándote con otros seres humanos, impidiendo que te desvíes hacia tus propias fantasías. También te protege de un exceso de vergüenza, manteniendo tu cara fuera del lodo y tus ojos en lo que quieres.

Habría sido imposible que Eric creara el performance de las tarjetas si lo invadiera la vergüenza. Podría, por supuesto, haber fantaseado con todos los dulces aplausos y la reverencia que el juego le habría proporcionado; pero nunca lo habría llevado a cabo si se hubiera centrado sólo en esa ganancia secundaria. No obstante, la humildad te sostiene *y* te eleva. Es la aceptación general de tus defectos lo que convierte a la humildad no sólo en un contrapeso para las imágenes exageradas e irreales de ti mismo, sino también en la suave aceptación de uno mismo. Tal vez ese sea el punto: la humildad no es humillación; es la auténtica aceptación de uno mismo. Aceptar quién eres, dónde estás.

Cuando no hay puntos de referencia visibles, los marineros deben navegar de alguna manera hacia su destino. Sólo pueden hacerlo si saben exactamente dónde están ubicados. La humildad proporciona la capacidad de orientarse a uno mismo. Si aceptas dónde estás, tienes un punto de referencia hacia dónde quieres ir. Yo denomino a este espacio de orientación la zona de humildad.

LA ZONA DE HUMILDAD

El mito griego de Ícaro es una notable parábola sobre la humildad. El padre de Ícaro, Dédalo, era un gran artesano, conocía la importancia de la precisión y la paciencia para producir algo bello. Era famoso por fabricar alas para sí mismo y para su hijo. Pero estas alas eran delicadas, la cera que las mantenía unidas se derretiría si se acercaban al sol, y las plumas se arruinarían si se humedecían en el mar. Así que la advertencia paternal a su hijo fue que no volara ni demasiado alto ni demasiado bajo; que trazara su vuelo entre la arrogancia de volar cerca del sol y la vergüenza de permanecer tan abajo que el rocío del océano empapara las alas bellamente elaboradas. Al implorar a Ícaro que se mantuviera entre el sol y el mar, le pedía que volara en el espacio moderado entre el orgullo y la vergüenza: la zona de la humildad.

Cuando eres capaz de llegar a la zona de humildad, sientes suficiente orgullo para seguir adelante, pero no tanto como para perder la noción de dónde estás en esa tensión entre lo que quieres y lo que consigues; sientes modestia, pero no te desanimas por la imagen que ves en el espejo. Cuando operas en esta zona, sigues adelante porque eres capaz de soportar la noción de que estás incompleto, sin depender de la defensa narcisista, con su inevitable vaivén entre la arrogancia (*hubris*) y la vergüenza.

Es especialmente difícil llegar a la zona de la humildad cuando tu fe en ti mismo está herida por la decepción. Peter es un caso perfecto. A medida que se sentía cada vez más impotente para recorrer la distancia que lo separaba de donde quería estar, le resultaba más difícil permanecer en la zona de la humildad, y en cambio volaba con rapidez entre la arrogancia de sentir que ya había llegado a su meta y la aplastante vergüenza de saber que estaba lejos de ella. Al sentirse ya incompleto como persona, la experiencia de su incompletud le hacía sentir vergüenza cada vez que se sentaba a llenar la solicitud de ingreso de la universidad. Aquí es donde su incapacidad para acceder a la humildad lo llevó a comportamientos pretenciosos: como era incapaz de aceptarse a sí mismo tal y como era, no terminó los procesos que debía *completar* porque no quería sentirse *incompleto*. Y para evitar la vergüenza, Peter creó escenarios en los que podía sentir de forma superficial cierta sensación de plenitud (que inevitablemente lo haría sentirse *incompleto* una vez que se rompiera la burbuja narcisista de la complementación prematura). Suena retorcido como un pretzel, ¿verdad?, pero es muy normal.

Al igual que yo en la década de 1980, Peter estaba inmerso en un bucle narcisista perpetuo que acababa con su motivación para alcanzar objetivos de vida importantes. Pero sería erróneo pensar que él o yo careciéramos de motivación. De hecho, ambos mostrábamos mucha motivación, nos esforzábamos en que pareciera que ya habíamos alcanzado nuestro objetivo. Estábamos motivados. Sólo que nuestro objetivo era diferente de lo que podía parecer: nuestra meta era encontrar un bálsamo para nuestra vergüenza en el reflejo en los ojos de los demás.

Los psicólogos sociales llaman motivación extrínseca a nuestra orientación hacia la validación externa, y meta extrínseca a la consecución de esta validación. Los objetivos y la motivación extrínsecos contrastan con los intrínsecos, los cuales aportan su propia satisfacción y significado, sin importar las recompensas externas. Como nos ocurría a Peter y a mí, cuando el deseo de alcanzar metas extrínsecas supera el deseo de alcanzar las intrínsecas, se corre el riesgo de perder la motivación para alcanzar estas últimas.

LOS OBJETIVOS INTRÍNSECOS FRENTE A LOS EXTRÍNSECOS Y EL IMPULSO DE LA AUTOCOMPLETITUD

Una atleta que se esfuerza por trabajar más en el gimnasio porque le permite ser más competente en el deporte que ama está intrínsecamente motivada. No busca los reconocimientos, sino mejorar en algo que le produce satisfacción. "Los objetivos intrínsecos", escriben Peter Schmuck, Tim Kasser y Richard Ryan, principales pensadores de la teoría de la autodeterminación, "son aquellos intrínsecamente satisfactorios porque pueden colmar las necesidades psicológicas de autonomía, relación, aptitud y crecimiento".[5] En otras palabras, los objetivos intrínsecos son objetivos de buena fe. Tienen que ver contigo, con tu mejora, son los que te propones cuando vuelas en la zona de la humildad porque tú eres el responsable de ti mismo.

Las metas extrínsecas suelen surgir del deseo de resolver la angustia de la inseguridad e impotencia mediante recompensas externas. Este tipo de metas, escriben los teóricos de la autodeterminación, "por lo general, reflejan una inseguridad sobre uno mismo". Suelen ser objetivos de mala fe que ven el mundo exterior como el principal lugar de confirmación. Una atleta que se esfuerza en el gimnasio porque quiere ganar un trofeo lo hace por motivación extrínseca. Sin embargo, la motivación extrínseca no siempre es tan simple como un cambio entre un comportamiento esperado y una recompensa. Por lo común estamos motivados extrínsecamente porque queremos que los demás nos vean de forma positiva. Para la atleta, no es sólo el trofeo lo que quiere, sino los aplausos. También puede ser un nuevo estatus de ganadora, alguien en la cima de su deporte. Y aquí está el problema: *la orientación de una meta extrínseca puede interferir con tu motivación hacia metas intrínsecas cuando buscas cambiar algo.* Esto ocurre sobre todo cuando lo que quieres tiene que ver con tu identidad.

La sutil magia de los objetivos de identidad

El psicólogo social Peter Gollwitzer y sus colegas de la Universidad de Nueva York denominan objetivos extrínsecos que sitúan a una persona en un nuevo estatus exaltado como objetivos de identidad, es decir, objetivos que expresan cómo te identificas ante los demás.[6] Está claro que los objetivos profesionales son objetivos de identidad ("Soy médico"), al igual que el objetivo de dominar un pasatiempo ("Soy pescador con red de mosca"). Pero cambiar un hábito también puede ser un objetivo de identidad ("Soy una persona delgada"). Gollwitzer y su grupo estudian la relación entre los objetivos de identidad y la motivación.

Este grupo tiene una teoría sobre la relación entre los objetivos de identidad y su finalización demasiado temprana, denominada teoría de la autocompletitud. Creen que cuando una persona se lanza demasiado rápido hacia una identidad para ganársela, arruina la tensión propulsora necesaria para una motivación sostenida hacia el logro que le hará ganar esa identidad. *Eso significa que si tiene la sensación de que ya ha alcanzado su objetivo antes de haberlo conseguido en realidad, sufrirá una pérdida de motivación.* Para decirlo en el lenguaje que he estado utilizando, el grupo de Gollwitzer dice que cuando asumes con arrogancia un estatus que no has alcanzado verdaderamente, matas tu capacidad de alcanzar ese estatus.

Los teóricos de la autocompletitud son lewinianos, y se puede ver la huella del pensamiento de Lewin en sus ideas. Piensa en esa tensión justa de perseguir un objetivo que esperas alcanzar. Tu mente, empeñada en completarlo, ve la meta, por lo tanto ve algo incompleto y te motiva a llegar. Pero si te dices a ti mismo que ya llegaste, esa tensión se vuelve floja, ya que te has convencido de que las cosas están completas tal y como están.

Eso es lo que le ocurría a Peter. Pensaba en sí mismo como si ya hubiera llegado a la meta de biólogo marino, una identidad imaginada como persona en la cima de su profesión. Al situarse con arrogancia (con *hubris*) al otro lado de la línea de meta, perdió esa tensión lewiniana entre dónde estaba realmente y dónde quería llegar. En otras palabras, su objetivo extrínseco estaba satisfecho, y esa satisfacción lo hacía sentirse menos motivado para alcanzar su objetivo intrínseco.

Gran parte del comportamiento de autocompletitud tiene que ver con lo que estos pensadores llaman autocompletitud simbólica, la cual implica esas pequeñas cosas que haces o dices a los demás y que asocian tu comportamiento con un objetivo de identidad concreto. Cuando otras personas reconocen estos comportamientos, se convierten en espejos para ti, reflejando que estás más cerca de la identidad que quieres. Por eso, es más probable que una doctora recién egresada exhiba su diploma en un lugar destacado de su casa o de su despacho, mientras que un profesor experimentado puede no exhibirlo en absoluto. La recién egresada está representando una obra de teatro para ese público del que forma parte, buscando la confirmación de que en efecto ha alcanzado ese estatus; mientras que el profesor, debido a su experiencia, no necesita esa confirmación.

Lo que ocurrió con Peter en sus cursos de extensión es un ejemplo de autocompletitud simbólica prematura. Por un momento, en esas clases, cuando el profesor lo trataba como a un colega, era capaz de actuar para los demás como si hubiera alcanzado el estatus de biólogo marino que se había graduado en la universidad y que era un profesional en su área. Sin embargo, estos momentos de autocompletitud simbólica eran fugaces para Peter, sólo alcanzables en esa clase, una vez a la semana. En otras situaciones, como hablar con su supervisora o llenar las solicitudes de la universidad, no podía encontrar un público dispuesto a su actuación. En consecuencia, sufría una gran decepción al no alcanzar su objetivo extrínseco.

Mi actuación a la edad de Peter (como crítico de los pintores de pantalones) fue mucho más duradera y compleja. Entré en la zona *hubris* (de la arrogancia) y me acomodé. Me mantuve con mi pandilla, sin acercarme nunca a ningún artista real por temor a que me descubrieran, sin trabajar realmente en el arte, adopté el carácter completo de la persona que quería *ser sin hacer*, el trabajo asociado a la persona que pretendía ser.

Mis objetivos intrínsecos habían perdido la batalla con los extrínsecos, de autocompletitud. Todos los días me ponía el disfraz de alguien demasiado auténtico, me maquillaba para parecerlo e interpretaba a un personaje tan superior que podía detectar a un impostor no auténtico en el otro extremo de un café en cuestión de segundos, todo ello para evitar la vergüenza de mirarme al espejo y ver lo lejos que estaba de mi objetivo.

Mi postura fue extrema, pero hay un pequeño impostor en todos nosotros que quiere alcanzar una sensación de plenitud sin esforzarse por llegar a ella. De forma sutil, esa pose interna suele decidir el destino de nuestros objetivos intrínsecos. Es un diablillo escurridizo que invade nuestras interacciones con los demás sin que nos demos cuenta.

De hecho, *contarle* a la gente tus objetivos de identidad puede disminuir tu motivación. Se podría pensar que cuanta más gente hable de tus objetivos, más probable será que los cumplas, ya que se supone que haberlos compartido te hace más responsable. Sin embargo, el grupo de Gollwitzer sostiene lo contrario: su investigación demuestra que cuanto más le cuentas a la gente tus objetivos, *más baja* es tu motivación. Suena contradictorio, ¿verdad? Así es como funciona: cuando compartes con alguien tu intención, y esta persona valida y entiende que estás en el camino del cambio, tu cerebro, hambriento de completar todas las discrepancias, tiene la tendencia a creer que ya has alcanzado la meta. "¡Oigan todos, estoy a dieta!" se traduce de forma errónea como "¡Oigan todos, estoy delgado!".

En cierto sentido, cuando compartes con los demás algo sobre tu objetivo de identidad, te aproximas al objetivo extrínseco. Decirle a alguien "estoy a dieta" te sitúa en el camino de la pérdida de peso como tu identidad ("soy una persona que está a dieta"). Al situarte en ese camino a los ojos de otra persona, tu objetivo intrínseco de sentirte mejor contigo mismo por perder peso se satisface en cierto modo. Eso significa que un poco de arrogancia (*hubris*) —esa sensación de orgullo no merecido— está siempre a una rápida y mágica frase de distancia. Al hacerlo, escapas del dolor de medir la distancia entre donde estás y donde quieres estar, y aflojas la tensión tan importante para motivarte a seguir adelante.

Cuando tus objetivos de identidad se convierten en tu principal motivación para el cambio, te hacen tropezar de otra manera que puede generar que esa tensión sea demasiado intensa para soportarla. Ésa era la situación de Peter: quería sentirse un biólogo marino con pleno derecho, pero cada vez que intentaba trabajar en sus solicitudes universitarias era un recordatorio de que estaba muy lejos de la identidad que quería. Como el avance hacia una carrera en esa área se sentía más lejos de él cuando intentaba dirigirse a ella, y como deseaba con desesperación sentirse cerca de esa meta perdió la motivación.

La motivación extrínseca de Peter para completar su identidad anuló sus motivaciones intrínsecas para lograrlo. Como su deseo de validación externa redujo el valor intrínseco de hacer el trabajo diario para alcanzar realmente sus objetivos, y como no obtuvo la recompensa intrínseca que sólo se consigue cuando se completa una tarea, se desanimó. Dicho de otro modo, la recompensa de validación que Peter buscaba de ser un biólogo marino no podía alcanzarse de un solo salto, por lo que su situación no le resultaba gratificante. Generó una experiencia decepcionante al sentir que había llegado, y luego, en otro golpe demoledor, se dio cuenta de que no era así.

Al igual que Peter, cuando encuentras formas de sentir que ya alcanzaste una meta, pero en realidad no lo has hecho, aflojas o aprietas demasiado la discrepancia entre donde estás ahora y donde quieres estar. Por decirlo de otro modo, cuando te falta la fuerza mediadora de la humildad, todo se desregula en tu vida, y te mueves de un lado a otro entre dos fuerzas turbulentas.

Tropezarse entre la arrogancia y la vergüenza, en un mundo que siempre ofrece una solución rápida, la ruta de acceso fácil a la autocompletitud prematura puede convertirse en un círculo vicioso.

Los esfuerzos de John por hacer dieta ilustran cómo una persona puede quedarse atrapada en ese ciclo y acabar abandonando la idea de cambiar como única salida.

Regreso al futuro con John

Según la tabla que le entrega su médico, John es oficialmente obeso. Sale de la consulta cabizbajo. Ya estuvo aquí antes y se esforzó mucho por perder peso. Y ahora ha vuelto. *Soy un tonto*, piensa. *¿Cómo diablos voy a hacer esto de nuevo?, ¿cuánto tiempo voy a tener que soportar estar gordo antes de que las cosas cambien?*

John está en la zona de la vergüenza. Quiere huir de este sentimiento, y eso centra su mente en una sola cosa imposible: la necesidad urgente de adelgazar de inmediato. No mira con humildad su situación en relación con su objetivo, ya que la visión del largo camino que tiene por delante sólo aumenta su angustia. En su pánico, está a punto de destruir aquello que lo llevará a donde quiere: la tensión motivadora que sólo puede darse cuando es capaz de mirar con claridad su ubicación en comparación con su objetivo.

Lo que me ha dicho el médico es una llamada de atención, piensa John mientras conduce a casa. *Es la noticia que necesitaba para obligarme por fin a hacer dieta.* Ese pensamiento hace que John se sienta un poco mejor. Llama a su novia desde el coche y le cuenta la noticia, describiéndole rápidamente que está listo para seguir un plan para perder peso: "¡Es una llamada de atención, te lo digo yo!", dice. Su novia lo felicita y le sugiere un libro de dietas que ha oído que es eficaz.

John es ahora una "persona a dieta", y con un poco de autocompletitud simbólica en su haber, se detiene en la librería y compra el libro de la dieta. De vuelta en su departamento, John se sienta en el sofá y comienza a leer el capítulo 1. A continuación, vacía el refrigerador y la alacena de todos los alimentos tentadores y que engordan. Va al supermercado, con el libro en la mano, y se surte de alimentos más saludables. Al volver a casa, guarda los alimentos y se prepara una comida baja en carbohidratos, siguiendo una receta del libro de dietas. Mientras cena, lee en internet historias de personas que han seguido con éxito esta dieta. A continuación, llama a su novia para decirle lo emocionado que está por comenzar el camino hacia la pérdida de peso.

Desde fuera, parece que John está dando todos los pasos correctos, preparándose de muchas maneras para empezar su dieta y aprendiendo todo lo que puede sobre ella. Pero dentro de su búsqueda está también su intento de reclamar una identidad. Está representando una obra de teatro titulada *John, el hombre que está a dieta*, en la que por ahora él es el único miembro del público, pero también el actor que interpreta a ese hombre. Para confirmar que, en efecto, ahora es "el hombre que está a dieta", llama a su novia y le ofrece una breve sinopsis de la obra. Ella se pone al día y se une a John entre el público.

Al final de la tarde, John se siente notablemente animado y optimista. De hecho, está más contento y entusiasmado que antes de entrar en la consulta del médico. *En el fondo, sabía que tenía que volver a perder peso. ¡Ahora lo estoy perdiendo!* Conseguir el libro, vaciar la alacena, comprar los alimentos adecuados, leer las historias de éxito... todas estas actividades consumen el tiempo de John esa tarde y le dan la sensación de que no sólo *está a dieta*, sino que ahora es una persona *a dieta*. Jugar a ser una persona a dieta se convierte en un bálsamo para la sensación de vergüenza que John tiene por estar gordo. Y funciona, al menos, en el área de la vergüenza: John saborea la sensación de que ya tiene éxito y está más delgado.

John se despierta a la mañana siguiente, con la intención de concentrarse en superar el primer día oficial de la dieta. Se siente orgulloso de sí mismo mientras ingiere la segunda comida recomendada. A mediodía, va a comer a la cafetería con sus compañeros de trabajo y pide una ensalada. Cuando se sienta a la mesa, todos se dan cuenta de su elección de inmediato. Les dice con orgullo: "¡Estoy a dieta!", invitándolos así a presenciar su "obra". Todos lo felicitan. El orgullo que John sentía antes se ha transformado en algo mucho más fuerte: una verdadera emoción por estar realmente en la ruta para alcanzar su objetivo. Cuando se sienta en su cubículo, casi puede sentir cómo se le van quitando los kilos de encima. Le encanta esta sensación y quiere más.

John llama a su novia para hablar de su cita de esa noche, recordándole con orgullo que tienen que elegir un lugar con "opciones saludables". Cuelga, reflexiona sobre lo disciplinado que está siendo y vuelve a sentir que su orgullo sube de nivel. Durante la cena, al igual que en la comida, John habla de su dieta con su novia, de cómo le fue ese primer día y de su firme compromiso de seguir adelante "ahora sí".

De camino a casa esa noche, John siente como si hubiera entrado en una máquina del tiempo, transportado a ese glorioso momento en el futuro en el que su médico revisa de nuevo su peso y le informa felizmente que su índice de masa corporal es perfecto.

Es maravilloso: un momento de gran satisfacción. Ahora, lleno de optimismo, se ve a sí mismo al borde de su objetivo y no sólo como un principiante. La tensión entre lo que no es y lo que quiere ser, en otras palabras, es peligrosamente floja.

La visión optimista de John sobre su futuro no se corresponde con el hecho de que sólo ha pasado tres cuartas partes del primer día completo de su dieta. De la noche a la mañana ha pasado de las profundidades de la vergüenza a las alturas del orgullo inmerecido. El efecto mundano, pero motivador, de *echarle todos los kilos* a la dieta, está sellando con rapidez la brecha entre donde está ahora y donde quiere estar. Enceguecido por el resplandor de la fantasía, corre el peligro de caer de forma estrepitosa en la vergüenza.

Al llegar a casa, John siente una ligera punzada de hambre. Busca en el refrigerador, pero nada parece apetitoso. Busca en el congelador algo saludable para comer, pero sus ojos se posan en un bote de helado sin terminar, escondido detrás de un brócoli congelado. *Voy muy bien con la dieta*, piensa, *una o dos cucharadas de helado no me van a matar. Sólo una probadita para celebrar mis logros.* John se termina el helado.

Con el sabor dulce de la última cucharada de helado sobre su lengua, John se siente demasiado agobiado y abrumado por la vergüenza como para mantener esas experiencias de orgullo que lo colmaban hace unos minutos. Ha vuelto a entrar en la zona de la vergüenza, la imagen de sí mismo como héroe de la dieta se ha hecho añicos.

Llama a su novia y le explica lo sucedido. Ella responde: "Está bien que hayas comido un poco de helado esta noche. Deja de ser tan duro contigo mismo. Esta vez es diferente, John, me doy cuenta". Él está de acuerdo en que es ridículo que se altere tanto, pero la sensación de vergüenza aún persiste.

Al día siguiente, a John le va muy bien con su dieta, y le cuenta a su novia de cada uno de sus éxitos y recibe de nuevo los elogios de sus amigos del trabajo. Esa noche, después de un día de dieta, y tras una buena conversación sobre sus progresos con sus padres, John se detiene en un mercado de camino a casa tras haber estado en el departamento de su novia. Al elegir todo lo necesario para su dieta, vuelve a sentir un orgullo abrumador. *He superado el segundo día sin problemas, y ahora estoy haciendo un buen trabajo al prepararme para mañana*, piensa. El helado fue sólo un desliz. ¡Lo estoy logrando de verdad! De nuevo, John se ve transportado al momento en el que ha alcanzado su objetivo de peso. Está eufórico. Siente el deseo de celebrar sus logros, John añade una pequeña bolsa de papitas fritas a su carrito. Se las come de camino a casa.

Al entrar en su departamento, es como si volviera a adentrarse en la máquina del tiempo, pero en sentido inverso a aquel momento en la consulta del médico en el que escuchó las malas noticias sobre su peso. Vuelve a sentirse estancado, viendo el objetivo de la delgadez como algo demasiado lejano para poder alcanzarlo. Así que entonces contrafactualiza su problema: *Por el amor de Dios, ¿PAPAS FRITAS?, acabo de comer lo peor del mundo, ¿qué estoy haciendo?, ¡idiota, idiota, idiota!, ¡podría haber añadido un día a mis éxitos! ¿Por qué no me detuve?*

John está inmerso en el ciclo entre la arrogancia y la vergüenza. Al alcanzar una alta sensación de completitud, se protege a sí mismo de sentir que carece del poder para adelgazar con rapidez. Sin embargo, cada vez que llega a lo más alto, desciende y cae a la lona. Desde la zona de la arrogancia, el lento y pedestre acto de perder peso, que requiere un humilde pero motivador paso a paso, le hace sentir vergüenza. Es un desajuste respecto a la sensación de John de estar por encima de todo. Sin embargo, cada vez que su estado de ánimo se ve impulsado por la inmerecida emoción del gran éxito, la tensión necesaria para motivarlo a hacer dieta se afloja.

Tumbado boca abajo en su cama, John no puede soportar la sensación que lo invade, una especie de agitación e impaciencia vergonzosas, casi corporales. Está desilusionado por los momentos tontos de éxito ilusorio, pero tampoco quiere sentirse como un fracasado.

John añora esa antigua época dorada de cuando el médico le habló sobre su peso. John, A.D. (antes de la dieta), ese momento en el que no era arrastrado hacia arriba y hacia abajo entre las alturas imaginadas de la delgadez y los sentimientos de profunda y fea decepción. No puede imaginarse seguir esta dieta sin una prueba real de que está funcionando. Empieza a pesarse cada mañana y cada día se siente más desanimado. *Nada está cambiando, a pesar de todo ese trabajo, ¡quizás elegí la dieta equivocada!*

Al final de la segunda semana, John vuelve a sus antiguos hábitos alimenticios. Ahora se avergüenza de haber hablado de la dieta en principio. *Debí de haber mantenido la boca cerrada,* piensa. Sin embargo, con el paso de los días, vuelve a una existencia más tranquila y familiar, con menos altibajos emocionales, menos vergüenza y sin pensamientos de grandeza.

Esto es lo que le ocurrió a John: se fijó un objetivo intrínseco de perder peso, pero ese objetivo fue socavado en secreto por un propósito extrínseco que era más poderoso: escapar de su vergüenza sintiéndose completo, a través de la confirmación de los demás. Al sentirse avergonzado por su peso, buscó un bálsamo, algo que pudiera calmar su sensación de estar totalmente alejado de su objetivo. Al hablar con la gente sobre su dieta y al obsesionarse con ella, creó una vida de fantasía en su mente en la que su objetivo de identidad era más completo que en la realidad. La experiencia subjetiva de John de haber llegado ya a su meta extrínseca extinguió la importante tensión que había detrás de la motivación para alcanzar su meta intrínseca de perder peso. La mente de John no sólo saltaba de un lado a otro entre la vergüenza y la arrogancia; también hacía un juego de ping-pong rápido entre el presente y el pasado, y rara vez se quedaba mucho tiempo en el presente. John pensaba mucho en el pasado, en sí mismo cometiendo todos los errores que lo hicieron

EL ESPEJO DEL CAMBIO

engordar de nuevo. También pensó mucho en el futuro, sería un John delgado y orgulloso. Pero al tener en cuenta la humildad necesaria para enfrentarse al punto en el que se encuentra entre lo que quiere y lograrlo, no podía mantener su mente enfocada en el momento presente, en el que estaba a dieta.

¿Te reconoces la experiencia de John cuando intenta cambiar? Yo sí: cuando quiero cambiar algo en mi vida, y contemplo el largo camino a seguir, me detengo a medir lo lejos que estoy de la cima, pero tampoco quiero sentir que me he rendido. Entonces me quedo estancado en la pendiente entre mirar dónde estoy y sentir la vergüenza de dar la vuelta y regresar.

En ese punto de "debo quedarme o debo irme" la arrogancia ofrece una aparente solución: *¡No te rindas!, ven conmigo, lo haré fácil: te llevaré a la meta ahora mismo.* Pero entonces, cuando intento ocuparme del trabajo diario de cambiar, descubro que mi arrogancia me ha engañado y que he regresado tontamente al punto de partida. Entonces, avergonzado, busco una salida a este sentimiento.

Apuesto a que puedes adivinar lo que sigue.

A lo largo del vaivén entre la vergüenza y la arrogancia, paso por alto la humildad, como se pasa por alto el hermano de en medio.

Las experiencias prematuras de autocompletitud, y en especial las que son simbólicas, son un caramelo para la parte arrogante y narcisista, son dulces con muchas calorías para evitar la vergüenza de mirar en dónde estás y la relación con el lugar al que quieres ir, fingiendo que ya has llegado. Pero precisamente porque te impiden ver dónde estás en realidad, también te impiden avanzar. Todo esto nos lleva a la importancia de la contemplación con respecto al cambio. Aceptación de uno mismo es un requisito previo para el cambio, en gran medida porque es el requisito previo para la contemplación. No puedes contemplar tu situación, sopesando los pros y los contras de un cambio concreto, a menos que te detengas, te enfrentes al espejo y te mires con detenimiento.

CONTEMPLACIÓN, LAS ETAPAS DEL CAMBIO
Y EL REQUISITO PREVIO DE VER EN DÓNDE ESTÁS

En las profesiones terapéuticas, y en especial en el ámbito del tratamiento de las adicciones, pensamos mucho en las "etapas del cambio". La idea proviene del llamado Modelo Transteórico del Cambio
(MTC), desarrollado a finales de los años setenta por James Prochaska y Carlo DiClemente.[7] Cuando afirmo en este libro que la ciencia
que hay detrás de la contemplación es la clave del cambio me refiero
sobre todo a este trabajo.

El MTC propone que debes pasar por cinco etapas de cambio:

1) *Precontemplación*, en la que no tienes intención de ocuparte
de un problema; 2) *contemplación*, en la que empiezas a considerar
que debes actuar; 3) *preparación*, cuando das los primeros pequeños pasos hacia tu objetivo; 4) *acción*, cuando realmente empiezas a
avanzar; y 5) *mantenimiento*, cuando sigues aplicando el cambio que
has hecho.

Cuando nos dirigimos hacia el cambio, la mayoría de nosotros
no pasamos limpiamente de una etapa a otra; la mayoría saltamos de
una etapa a otra. Pensamos: *Sí, esto es un problema, voy a hacer algo
al respecto*. Y al día siguiente cambiamos de parecer: *Oye, tampoco
es la gran cosa.*

John es un ejemplo perfecto de estos cambios de ida y vuelta, y
de cómo, en cierto modo, este modelo basado en etapas, nos ayuda
a comprender el complejo funcionamiento de un cambio.

Desde fuera, John parecía estancado en un vaivén entre la contemplación y la acción. Veía que había un problema (lo cual se de-
mostraba cuánto hablaba de ello y en lo mucho que se preparaba
para hacer dieta) y, sin embargo, le costaba tomar lo que contem-
plaba y convertirlo en acciones. Sin embargo, en realidad John no
estaba contemplando en absoluto. Éste es el giro: John evitaba mirarse al espejo haciendo cosas que lo hacían parecer una persona

plenamente consciente de su lugar entre donde estaba y donde quería estar. Su actuación como persona a dieta, en otras palabras, lo mantenía en un lugar precontemplativo.

El núcleo del problema de John era la falta de aceptación humilde de sí mismo. Sin la capacidad de verse exactamente en dónde estaba en relación con donde quería estar, seguía saltando hacia atrás y hacia delante entre las etapas del cambio.

John necesitaba trabajar duro en sí mismo antes de empezar a hacer dieta, ya fuera a través de la terapia, el yoga o quizás una práctica meditativa. Necesitaba un método para alcanzar un estado superior de comprensión de sí mismo, para ubicarse un lugar en el que pudiera enfrentarse a la vida con menos miedo, más agallas y resistencia.

Bueno, más o menos.

Verte a ti mismo en el espejo significa enfrentarte a la responsabilidad y a la soledad. Hacer algo con lo que ves en el espejo requiere la capacidad de soportar el riesgo de profundas experiencias de impotencia. También precisa que trasciendas tu temor a la esperanza y actúes con fe. Pero eso no es todo: ser capaz de mirarte al espejo y contemplar tu situación requiere que trasciendas muchas otras cosas que te están ocurriendo en ese momento. En otras palabras, si crees que la aceptación de uno mismo es una especie de estado constante que puedes alcanzar con terapia, tengo propiedades en la Luna que venderte.

EL DESPLAZAMIENTO INDEPENDIENTE DE LAS FUERZAS Y LA IMPREVISIBILIDAD DEL CAMBIO

A menos que seas el Dalái Lama o Yoda (o, quién sabe, Rogers o Linehan), la capacidad de mirarte en el espejo, con tus defectos, no es algo que siempre tengas. Vivimos en campos complejos de fuerzas impulsoras y restrictivas. Cuando te propones un cambio personal, puedes hacerlo con la confianza real de que una fuerza motriz importante (la esperanza) y una fuerza restrictiva (la ansiedad existencial) siempre estarán ahí. Pero aparte de eso, tu campo de fuerza es exclusivo de tu propia situación. Muchas de estas fuerzas (desde tu situación en la sociedad hasta la simple experiencia de una buena o mala semana en el trabajo) están fuera de tu control.

Imagínate que vas a toda velocidad en un vagón del Metro. Miras tu reflejo en la ventanilla. Primero estás en un túnel oscuro, así que tu reflejo en la luz del vagón es casi un espejo perfecto. Luego, la luz del exterior del vagón cambia rápidamente entre luz y oscuridad, y lo mismo ocurre con tu reflejo. Llegas a una estación y la imagen desaparece. Los pasajeros suben, las puertas se cierran y entras en otro túnel. Ahí estás de nuevo, brillante como el día. Cuando el Metro se eleva a una vía superior, desapareces de la ventanilla durante mucho tiempo, hasta que el Metro vuelve bajo tierra, donde vuelves a aparecer, sentado, mirándote en el reflejo del cristal.

Esa imagen cambiante en la ventana del Metro es la forma en que la mayoría solemos experimentar nuestra aceptación y, por lo tanto, nuestra capacidad de vernos a nosotros mismos: viene y va, a veces está presente durante largos periodos, a veces está extrañamente ausente debido a una combinación de nuestras fortalezas y habilidades y lo que está sucediendo a nuestro alrededor mientras avanzamos en nuestra vida.

Que la aceptación de uno mismo sea algo esquivo e imprevisible y que dependa de factores que están fuera de tu control hace que el cambio sea misterioso.

¿Alguna vez te has fijado un objetivo a largo plazo y después de abandonar una y otra vez el primer paso, por fin, de forma inexplicable, empiezas a avanzar? Yo sí, con mucha frecuencia. Para mí, ese repentino y tardío vigor es una completa sorpresa. Miro a mi alrededor y no puedo entender por qué sucedió hoy. Supongo que el

cambio de motivación se debe a que, entre mi último intento fallido y el actual, algo se transformó en mi campo de fuerza que elevó
mi sensación de autoeficacia y autoestima, dándome la suficiente
seguridad para mirar directo dónde estoy y determinar mi ubicación entre mi yo de ahora y donde quiero estar. No tiene que ser
una grandiosa transformación: quizá tuve un buen día con mi mujer, y me envuelve una sensación de esperanza que cubre todo tipo
de aspiraciones; disfruto de un cálido intercambio con un paciente
y mi fe general en muchas cosas aumenta un poco; me ocupo de un
montón de tareas que pospuse, y de repente siento que puedo ser
eficaz en otras áreas de mi vida. Estos sucesos, en apariencia menores, aportan un poco de iluminación y orden a mi existencia. Algo
que comúnmente no puedo detectar, me ha hecho sentirme más
esperanzado; un poco más de luz refuerza mi capacidad de avanzar
hacia mi objetivo, da el suficiente *impulso* a mis fuerzas ascendentes
para que las cosas sucedan.

Peter, el aspirante a biólogo marino, es un ejemplo de cómo
nuestras fuerzas ascendentes no siempre están bajo nuestro control.

El surf es lo máximo, mi amigo terapeuta

Un año y medio después de que Peter abandonara el tratamiento,
estoy en la fila de un restaurante de comida mexicana para llevar
cuando, de reojo, veo que alguien se acerca. Es Peter, que viene desde una mesa de picnic; una mujer joven sentada ahí nos observa.

—Oye, amigo, siento mucho haber abandonado las sesiones —dice—, eso no fue *cool*.

—Suele pasar —respondo—. ¿Puedo preguntarte qué has hecho
desde entonces?

—¡Claro! Básicamente, me detuve en un bar después de nuestra
segunda sesión y conocí a una chica de verdad increíble —señala a

la joven que nos miraba, quien sonríe y saluda—. Es Samantha. Nos enamoramos. Ella me inspiró a actuar, a presentar esas solicitudes e ir a la escuela.

Resulta que Peter está de vacaciones, pero actualmente está matriculado en una prestigiosa universidad donde toma todos los cursos de propedéutico de biología. Ahora vive con Samantha, quien está en el propedéutico de medicina.

—Me encanta, amigo —me dice, y luego me presenta a su novia, que se acerca—. Samantha, éste es un terapeuta al que acudí un par de veces.

La última vez que vi a Peter en terapia, iba ya en su sexto año de lucha por hacer cambios importantes, cada año lo colocaba más lejos de sus amigos en la búsqueda de metas adultas. Cuando abandonó la terapia sin previo aviso, supuse que no estaba preparado para el cambio, y me lo imaginé luchando para enviar por fin solicitudes a las universidades en los años siguientes. Pero aquí estaba, disfrutando de una verdadera sensación de autocompletitud, entusiasmado, lleno de energía, con los ojos brillantes, con todo en orden.

Peter necesitaba una mayor aceptación de sí mismo para seguir adelante. Sin embargo, dependía de acontecimientos inesperados e imprevisibles para conseguirlo: un encuentro fortuito con la mujer adecuada y una nueva vida en común. Estos acontecimientos cambiaron el campo de fuerza que lo rodeaba, potenciando sus fuerzas motrices y debilitando las que lo frenaban. Peter podría haber encontrado la manera de seguir adelante con la escuela de posgrado en algún momento, incluso si Samantha no hubiera entrado en escena. Pero enamorarse de ella aceleró el camino hacia esa meta y aumentó considerablemente las probabilidades de alcanzarla.

Es probable que uno de los cambios que se produjeron en Peter haya tenido que ver con su actitud hacia la permanencia. Enamorarse de Samantha redujo la necesidad de Peter de lograr la validación externa de sus estudios. Al disminuir el ruido de objetivos extrínsecos, como alcanzar el mismo estatus que sus amigos, el objetivo intrínseco de ser biólogo marino se hizo más claro, menos confuso. Ganó la batalla a sus necesidades extrínsecas. Una vez que el objetivo intrínseco se convirtió en la meta principal de Peter, pudo abordar su situación de forma más desapasionada. No corría frenéticamente para sentirse completo, sino que se dirigía a un área de estudio que amaba. Eso lo liberó de los sentimientos de vergüenza que lo hacían resistirse a avanzar.

Samantha, en otras palabras, era mucho mejor para Peter que la terapia.

ENCONTRAR LA BELLEZA EN EL CAPRICHOSO CAMBIO

Hay algo tan poderosamente elocuente en la idea de hacerse a uno mismo dueño de su estupendo destino, capitán de su vida, Atlas con el mundo en sus manos. Pero ese ideal de libertad es una trampa, un tentador reflejo de grandiosidad para el insaciable Narciso que hay en ti, un permiso para que tu Ícaro vuele fuera de la órbita de la Tierra. Cuando te dejas seducir por ese ideal, su opuesto (el Dédalo que te pide avanzar de forma humilde, como producto de tus acciones y habilidades y de tus campos de interacción, relaciones de poder y diferentes recursos que te rodean) puede parecer ridículo y desagradable.

Personalmente, encuentro hermoso el hecho de que vivamos en campos de fuerza. Incluso me parece magnífico que esto implique que nunca podré celebrar del todo mi éxito ante los increíbles cambios que hacen mis pacientes. No sé qué causa estos cambios. Las personas que veo tienen vidas, en campos de fuerza completos que yo no controlo o ni siquiera veo.

La incertidumbre sobre los cambios en sus campos de fuerza para añadir la suficiente aceptación de uno mismo y humildad para cambiar es un misterio. Como veterano en el intento de autocompletitud, no me gustaría que fuera de otra manera.

Con el tiempo, aprendí a ser humilde.

Capítulo 9

¿Ya llegamos?

Las alturas nos fascinan, pero los pasos no; vemos la montaña,
pero preferimos caminar por las llanuras.
—Johann Wolfgang von Goethe

- #7: Permanecer igual te protege del insulto de los pequeños pasos.

¡Por fin! Después de la larga y dura caminata, has llegado a la montaña y ahora estás cara a cara con el gurú de la pérdida de peso. Has llegado muy lejos para verlo, pero sólo se te permite hacer una pregunta. Lo piensas mucho antes de formularla, y entonces te viene a la mente: un misterio que ha atormentado a las personas que hacen dieta durante décadas:

—¿Con qué frecuencia debo pesarme?

El gurú contempla tu pregunta, luego mira hacia el valle detrás de ti, con una expresión tranquila y mística en su rostro, y dice:

—*La báscula es tu aliada. Pregúntale con moderación. No llames a su puerta más de una vez a la semana* —¡cuánta sabiduría!, piensas; pero, espera, viene algo más—: Una investigación de la Universidad de Harvard señala que "prestar demasiada atención a la báscula puede ser engañoso y, en última instancia, conducir a la frustración y el desánimo".[1]

Su respuesta es clara, e incluso está respaldada por investigaciones de la Ivy League: *Pésate una vez a la semana*.

Le das las gracias al gurú y te das la vuelta para irte, dando tus primeros pasos por la montaña. Pero entonces oyes:

—¡Detente!

Volteas para mirar al gurú, sentado en la cumbre.

—Quizá *deberías* pesarte todos los días. Te volverá loco esperar tanto tiempo. Los médicos de la Universidad de Cornell ofrecen este sublime proverbio: "Subirse a la báscula debería ser como lavarse los dientes".[2] Sí, hijo mío, ésa es tu respuesta: pésate todos los días —vuelve a mirar hacia el valle y luego proclama—: *La báscula es un nuevo amante; regocíjate a diario en su abrazo.*

Un poco confundido, te detienes para registrar esta nueva y conflictiva información, y respondes:

—Entendido. La respuesta es una vez al día —confirmas, y retrocedes con cautela por el camino rocoso.

Justo cuando inicias el largo descenso, lo oyes de nuevo:

—¡Detente!

Por tercera vez ese día, miras al gurú. Ahora sostiene un libro.

—Acabo de acordarme, hijo mío, que este libro recién me llegó por paquetería —señala y busca entre las páginas de *Eating Mindfully* (*Comer consciente*) mientras tú esperas de pie—. Aquí está, sí: "guarda la báscula, escóndela, tírala, regálala o ponle cinta adhesiva para ocultar los números".[3] Sí, ésta es la verdadera respuesta —con los ojos un poco vidriosos, el gurú mira hacia el valle y declara—: *el problema no es cuántas veces te subes a la báscula; es la báscula misma.*

Bajas la montaña, más confundido que cuando llegaste a la cima.

Las básculas te preocupan cuando haces dieta: te pesas, decides no hacerlo, te pesas a ciertas horas, cambias esas horas, tiras la báscula, luego te pesas a escondidas en el gimnasio, sólo para cuestionar si las básculas de allí están bien calibradas. Te hartas de toda esta confusión sobre la báscula y cometes el grave error de buscar información sobre salud en internet, sólo para leer consejos contradictorios, muchos de ellos inútiles.

¿Qué te hace tan vulnerable al poder de estos aparatos planos que hay en el baño? Las básculas miden tu progreso de acuerdo con una escala. Exigen que suspendas tu deseo arrogante de sentir que has llegado, al servicio de pequeños movimientos para alcanzar esa meta. Eso suele ser difícil de procesar.

RAZÓN PARA NO CAMBIAR #7: PERMANECER IGUAL TE PROTEGE DEL INSULTO DE LOS PEQUEÑOS PASOS

Para cambiar, hay que dar pasos incrementales hacia una meta, cada paso es un recordatorio insultante de dónde estás y de lo lejos que tienes que ir para alcanzar tus objetivos. Para mantenerte en la senda del cambio incremental se requiere la capacidad de visualizar el objetivo que se quiere alcanzar, al tiempo que se es capaz de actuar de forma en verdad mesurada, viendo las cosas como son, centímetro a centímetro.

La premisa del capítulo 7 era que el cambio requiere la voluntad de vivir en la doble vertiente entre querer cambiar, lo que significa mirar algo de ti mismo que no te satisface, y aceptar que estás haciendo lo mejor que puedes. Es difícil aferrarse a la segunda parte de esta fórmula, ya que el cambio también requiere la primera parte: una larga y dura observación de ti en esos lugares que no quieres mirar. Si el cambio requiriera este tipo de observación sólo una vez (para poder lograr el cambio inmediatamente, en lugar de tener que dar pasos de tamaño humano para llegar a la meta), bastaría con un poco de aceptación de uno mismo. Pero el cambio suele exigir mirar continuamente dónde estás en relación con el objetivo, los esfuerzos que debes hacer y los obstáculos a superar a medida que se avanza.

La razón para no cambiar #7 tiene que ver con la lucha por estos pequeños pasos.

Puede que tengas grandes planes, sinceros sueños de ser una persona mejor. Pero cuando se trata del cambio, todo se reduce a pequeños pasos.

LOS PASITOS DE BEBÉ NO SON SÓLO PARA LOS BEBÉS

Cambiar "significa fijarse objetivos pequeños y razonables, un paso a la vez, un día a la vez", escribe el doctor Leo M. Marvin en su libro *Baby Steps: A Guide to Living Life One Step at a Time (Pasos de bebé: una guía para vivir la vida paso a paso)*.[4] Si eres fan de Bill Murray, tal ves reconozcas el nombre del doctor y el título del libro. Marvin es el psiquiatra ficticio y villano, interpretado por Richard Dreyfuss, en la película de comedia ¿*Qué tal, Bob?*[5] En realidad, los consejos del doctor Marvin son acertados, como explicaré. Sin embargo, es revelador que Marvin, un médico indiferente y condescendiente, sea quien los sugiera. Hay algo inherentemente ofensivo en los pequeños pasos. Tener que darlos puede parecer un insulto, como si se tratara de molestos golpecitos que nos recuerdan nuestra ineptitud.

Mi amiga Ann, la que está aprendiendo español, es un gran ejemplo de cómo tu motivación puede morir de mil maneras cuando te enfrentas a la necesidad de un cambio gradual en lugar de un único salto hacia el éxito. Un día, mientras tomamos un café, me cuenta su último intento.

—Siento que puedo leer un poco y decir algunas palabras, pero cuando oigo hablar el idioma, no tengo ni idea de lo que dicen. Siento que se trata de mi estupidez.

—¿Y qué piensas cuando no puedes entender lo que se dice? —le pregunto.

—Básicamente: ¡RÍNDETE! Pienso que nunca lo lograré. Pienso

que quizá soy una estúpida en esto, o que no es lo mío. Entonces, ¿para qué me molesto? Si sigo adelante, sólo tendré más recordatorios de lo tonta que soy.

—Vaya, ¡qué duro!

—¡Lo sé! Y es tan frustrante. En realidad no se me antoja usar el traductor de Google cada vez que estoy en México. Se sentiría bien poder hablar con la gente y saber que no me ven como a una extranjera. Sería menos turista que otros. Me encantaba esa idea cuando empecé a aprender español: yo en un pequeño puesto del mercado, conversando con el dueño. Pero ahora que lo intento de verdad, todo parece por completo imposible.

—Lo entiendo, pero ¿qué has hecho hasta ahora para aprender?

Ann se queda pensando un segundo. Luego, como suele hacer, empieza a reírse de sí misma.

—Sólo he asistido a una clase de conversación y he utilizado una aplicación que enseña español —responde.

Yo también me echo a reír.

—¿Cuánto tiempo llevas usando la aplicación?

Ann lo piensa un poco.

—Desde hace unos tres días. Ni siquiera la he pagado. Hasta ahora, sólo estoy usando la versión gratuita. Y la uso un poco antes de irme a la cama, por lo regular alternándola con un juego de *Candy Crush*. En total, he pasado quizá veinte minutos en la aplicación.

Mientras nos reímos juntos, dice con sarcasmo:

—¡Pensé que ya tendría fluidez! Imagina que pudiera ir a México mañana y hablar en español con cualquier persona en la calle. Todos se maravillarían y me dirían: "Sólo tienes un poquito de acento americano".

—¿Y qué vas a hacer ahora?

Ann deja de reírse. Parece un poco triste.

—No sé. No es tan importante aprender español ahora mismo. Y, a decir verdad, siento que me he engañado a mí misma.

—¿Cómo que te has engañado?

—Sí, aquí entre nos, siento vergüenza ante mí misma, si es que eso tiene sentido: como si tuviera todas estas ilusiones sobre mí hablando español con fluidez, pero sólo se trata de una tonta fantasía, ya que en realidad no he hecho nada para llegar allí. Me siento como la típica persona que en una fiesta se siente la gran bailarina, pero no lo es, y todos se ríen de ella.

Los dos nos reímos un poco, pero de forma incómoda. Cambiamos el tema a otras cosas.

Ann está en ese bucle que describí en el capítulo 7, en el que mirar la distancia entre su estado actual y su objetivo final perjudica su motivación. Pero para llegar a dominar el español, Ann va a tener que medir esa distancia una y otra vez.

No es que Ann esté estancada por completo; ha dado algunos pasos hacia su objetivo, como conseguir esa aplicación y asistir a la clase. Pero estos primeros pasos la enfrentan a la distancia que aún debe recorrer, y esto reduce su motivación en lugar de inspirarla a dar otro paso.

Esto es lo que le sucede a Ann: antes de intentar aprender español, cuando pensaba en hablar el idioma con fluidez, la idea era una fantasía satisfactoria; una encantadora burbuja de pensamiento de autocompletitud, que no se veía afectada por el trabajo real de conseguirlo. Sin embargo, ahora que Ann ha empezado a estudiar español es más capaz de calcular con precisión la distancia que la separa de su objetivo. La evaluación más realista es la decepción.

Ann se preparó para una caída. Mostró un optimismo poco realista sobre el proceso de aprendizaje de un nuevo idioma. Su objetivo final de conversar con los tenderos locales eclipsó la realidad menos romántica de aprender un amplio vocabulario nuevo y una gramática compleja, más las horas de esfuerzo necesarias para ello. Ahora, el abismo entre dominar el *uno, dos, tres,* y conversar con fluidez con un hablante nativo enfrenta a Ann a su necesidad de dar humildes pasos de bebé. Quizá se sentiría menos decepcionada si nunca se hubiera planteado la idea de aprender español.

Atrapada en esta paradoja, siente el anhelo de volver a su antiguo estado, en el que se podía contemplar de forma despreocupada aprendiendo español, como un vago objetivo futuro, porque se sentía cómoda, a salvo de la serie de ofensas que con seguridad llegarán si realmente se esfuerza por aprender el idioma. Así que, como dice ella, "¿para qué molestarse?".

Ante Ann hay dos opciones: vivir feliz en la burbuja de pensamiento de "algún día aprenderé español" o enfrentarse a la dolorosa experiencia de sentirse incompetente intentando realmente dar los pasos para alcanzar su objetivo, viendo lo lejos que está de lo que quiere y sintiendo la decepción. Frente a estas dos opciones, la parte protectora se impone. Es paradójico: Ann se siente más feliz con su objetivo cuando no lo persigue. Pero se siente lastimada con cada paso que da para alcanzar su meta.

Cada esperanza conlleva el riesgo de la decepción, y cuanto más esperes un futuro mejor, mayor será la posibilidad de sentirte decepcionado. Los pequeños pasos no sólo aumentan tu ansiedad ante futuras decepciones, sino que son una especie de pequeñas decepciones en el presente. Como un niño cansado en el asiento trasero, preguntando sin cesar: "¿ya llegamos?, ¿falta mucho?", y escuchas de forma inevitable la decepcionante respuesta: "¡no hemos llegado, falta un poco más!".

Como los pequeños pasos nos recuerdan la distancia que nos separa de nuestros objetivos y la disparidad entre lo que queremos ser y lo que somos en la actualidad, pueden resultar desmoralizadores y tentarnos a volver a lo mismo. La propiedad desmoralizadora de los pequeños pasos aumenta cuando se vuelve a un objetivo que ya intentaste alcanzar en el pasado. La última vez, intentaste esa dieta keto, planeaste correr diez kilómetros, decidiste aprender a cocinar comida francesa (*y fracasaste*). Ahora el lento y humilde camino está plagado de recordatorios de dónde y cómo te sentiste decepcionado.

Volvamos a mi oficina desordenada. Si empiezo a organizarla, de inmediato me voy a acordar de todos los pequeños fallos que salieron a la luz después de limpiarla la última vez.

1. Encontré mi pluma favorita que me regalaron en 2006 y que perdí enseguida.
2. Descubrí esa llave extra del coche que llevaba años buscando.
3. Localicé ese cable USB que no podía encontrar, y que tuve que comprar de forma innecesaria.
4. Y así sucesivamente.

Mientras contemplo este panorama de negligencia diaria, la pregunta de Ann de "¿por qué me molesto?" tiene sentido. Cansado de poner orden en mis propias cosas y de perder la voluntad de ordenarlas o dejarlas por la paz, parece bastante lógico abandonar todo este esfuerzo y simplemente sentarme en esa "zona de guerra" y escribir. Claro que me sentiré frustrado cuando no encuentre el cartucho de tinta de la impresora, o cuando derrame una taza de café, y su frío y viejo contenido moje mi escritorio. Pero estos pequeños momentos son más fáciles de manejar durante el proceso de mi escritura, que el insultante y doloroso trabajo de limpiar mi oficina y tener que enfrentarme al caos que he creado, sin nada que suavice el golpe psíquico.

Podría intentar motivarme para limpiar la oficina dividiendo el proyecto en pequeños pasos, y reconociendo mi éxito en cada paso. Pero la capacidad de seguir celebrando los pequeños pasos se desgasta cada vez que descubro otra señal de negligencia, una prueba más de que mi fe en mi capacidad para mantener la oficina limpia es errónea.

Otra palabra que utilizamos para referirnos a esto es *menospreciar*, que significa el reducir la autoestima, el ego o el estatus de otra persona. Cuando se insulta a alguien, se señala la diferencia entre cómo se presenta o piensa de sí misma una persona, y una versión menos afortunada de ella. Los pequeños pasos tienen la capacidad de señalar este tipo de brecha. Y tienes que ser capaz de vivir con humildad dentro de esa brecha una y otra vez para alcanzar tu objetivo.

¡Detrás de la línea amarilla! ¡Detrás de la línea amarilla! Estas palabras que salen por el altavoz del Metro previniéndote de cruzar el pequeño pero peligroso espacio del andén hacia la vía, son el ejemplo más corto sobre el cambio. Cuidar el espacio entre el andén del Metro y el tren es fácil: simplemente pones atención. Pero la discrepancia entre tu estado actual y el paso que quieres dar hacia una transformación puede ser difícil. Para manejar el cambio, tienes que ser consciente de esta brecha, pero también de soportarla. Debes mirarla, aceptarla y, lo más importante, ser capaz de vivir en ella: en ese espacio intermedio entre la acción y la culminación.

Te sientes motivado hacia el cambio cuando mantienes la mirada en la brecha entre donde estás y donde quieres estar, y sobrellevas todos los recordatorios de que te falta lo que quieres. Y, como mencioné en el capítulo anterior, esta motivación se desinfla cuando te convences a ti mismo de que has cerrado la brecha y has alcanzado tu objetivo, antes de haberlo hecho realmente. El trabajo de hacer cambios incrementales, por tanto, depende de tu capacidad de aceptar dónde estás; y de moverte de la forma más uniforme posible en la zona de la humildad.

Los grandes cambios exigen pasos graduales, y éstos, a su vez, requieren dos tipos de confrontación: una consiste en perseverar en el trabajo duro y sencillo que exigen estos pasos; la otra es aceptar la humildad que exigen los pasos pequeños.

El cambio incremental tiene que ver con el tiempo que puedes soportar la sensación de que te falta algo. Cualquier proceso de cambio es un desafío a la tensión entre el aquí y ahora de ti mismo y el "no sé qué pasará mañana": una batalla entre los constantes recuerdos de que no has logrado aquello que te falta en la vida, frente a tu necesidad de mantener la frente en alto, esperanzado y con fe durante una serie de pasos. Ésa es la cuestión: el cambio personal no consiste en el nirvana de la aceptación de uno mismo. Se trata de aceptarte a ti mismo donde estás y aceptar que ahí, justo donde te encuentras ahora, te falta algo que crees que te mejorará (y repetir esto una y otra vez). En otras palabras, se trata de permanecer en la zona de humildad a largo plazo.

Para dar pequeños pasos necesitas humildad en dosis regulares, ya que dar pequeños pasos rara vez es gratificante si buscas recompensas extrínsecas sobre el valor la grandeza que posees. Cuanto más se sobreponga tu humildad a tu orgullo, menos te dolerán los pequeños pasos. Esa proporción evita que incurras en la locura de Ann al aprender español: un sueño solidificado en una frágil burbuja de pensamiento y un orgullo no ganado por el esfuerzo real que se ve amenazado cada vez que intentas avanzar de forma concreta.

No es casualidad que Dédalo, el constructor de alas, fuera un artesano. Tampoco es casualidad que Eric, el fumador abstemio con tarjetas de idiota, fuera también un artesano, un maestro carpintero y músico. En la vida real, uno trabaja en su oficio, lo perfecciona. No importa la belleza de su última pieza, siguen trabajando en su oficio. Se centran tanto en la satisfacción interior (la experiencia intrínseca) de la práctica como en la belleza del producto final. Los artesanos y artistas de éxito, en otras palabras, son individuos que han aprendido a estar a la zona de humildad, y están acostumbrados a esos momentos de perfeccionamiento. Esas personas tienen mucho que enseñarnos.

El oficio del cambio personal

John Coltrane, el gran saxofonista de jazz y el compositor del revolucionario álbum *Giant Steps*, conocía la importancia intrínseca de los pequeños pasos, esa marcha pequeña, precisa y bien escalonada hacia un objetivo. Hay varios relatos sobre cuánto practicaba diariamente, pero todos coinciden en que era obsesivo al respecto. Algunos relatos dicen que hasta doce horas al día. Se dice que Coltrane pasaba más de diez horas trabajando en una sola nota. Rara vez se le veía por la casa sin su sax colgado del cuello. Un día, su mujer, al notar que dejaba de practicar de forma abrupta, fue a buscarlo. Coltrane estaba dormido en el sofá con el instrumento aún en la boca.

Los músicos de jazz tienen un término perfecto para practicar su oficio: *woodshedding*, que se refiere a perfeccionar sus habilidades a solas y lejos de los demás, en una cabaña afuera de la casa principal. Allí practican sus *chops*, término muy poético y casual que se refiere a la mandíbula, la boca y los labios de un trompetista, y a la necesidad de mantener esta posición físicamente en forma. El trabajo en la cabaña es mundano y repetitivo, requiere paciencia y la necesidad de centrarse en los puntos débiles, trabajando finamente en las habilidades necesarias. "Cuando uno practica", dijo el gran trompetista de jazz Wynton Marsalis, "significa que está dispuesto a sacrificarse para sonar bien; me gusta decir que el tiempo dedicado a practicar es la marca real de la virtud en un músico."[6] "Sacrificio" y "virtud": el lenguaje que Marsalis utiliza para describir algo en apariencia tan mundano como la práctica de las escalas musicales, pero que roza lo espiritual.

¿Artistas y músicos como humildes creadores de su oficio, como monjes en su humildad y paciencia? ¿Hay algo raro aquí? Solemos pensar en los artistas como "arrogantes" o "egoístas", y puede que algunos lo sean en su comportamiento social. Pero ésa no es su actitud hacia su oficio: nadie tiene más respeto por la página en blanco que el maestro de la novela; nadie tiene más consideración por los cambios de acordes que el músico virtuoso. Los artistas que en verdad aportan algo nuevo al mundo son aquellos que son tan ambiciosos que son capaces de dejar a un lado sus necesidades (considerables) de ego para poder crear. Para ellos, la humildad es intrínseca al éxito. De hecho, su confianza en sí mismos es lo que les permite repetir esos pasos todos los días de su vida.

Mi padre fue un exitoso clarinetista y saxofonista de jazz, antes de cambiar de profesión y convertirse en psicólogo organizacional. Tocó jazz hasta el día de su muerte. Tengo grabaciones de él con su ensamble y cintas de sus sesiones de trabajo en las décadas de 1950 y 1960. Por desgracia, no tengo grabaciones de él practicando. Pero así es como lo recuerdo, mucho más que en cualquier actuación: practicando sus escalas, una y otra vez, con nuestra casa llena de arpegios rápidos y repetidos, con su *woodshedding* como banda sonora de mi infancia. Así era papá en su esencia y en su momento más heroico: practicando, practicando, practicando.

No diría que era una persona que rehuyera los elogios o que evitara llamar la atención ni mucho menos; pero cuando practicaba, era desinteresado.

Él era mi Dédalo, ahí mismo, en su refugio. Sin embargo, duré décadas fingiendo ser artista antes de apreciar lo que mi padre me enseñaba con el ejemplo de la práctica diaria.

La mayoría carecemos de la ambición del artista, así como del talento significativo que pueda justificar incluso ante nosotros mismos la práctica sostenida, y del ego que se necesita para ser lo bastante humilde como para dar pequeños pasos. Por eso, en nuestra vida, nos enfrentamos a estos pasos de bebé con mucha incertidumbre y con el consiguiente deseo de alcanzar nuestro objetivo lo antes posible. Esto ocurre especialmente si estamos heridos por la decepción. Los pequeños pasos son sal en la herida de la decepción, éstos tienen un sabor amargo, si lo que más te preocupa es la decepción.

Los pequeños pasos también requieren que retrases la gratificación de sentir que has llegado a tu meta, y que soportes las ofensas de los pequeños avances sin sentirte humillado porque aún no estás donde quieres estar. Son una prueba para tu deseo de autocompletitud.

Éste es el problema que ya he planteado varias veces en este libro: dentro de los pequeños pasos también hay mensajes que pueden inspirarte. Dar esos pequeños pasos es un medio para construir tu fortaleza y para dar otros más. Por lo tanto, si los pasos pequeños te resultan difíciles por tu temor a la esperanza (cada paso es un recordatorio de cuán lejos tienes que ir y un nivel más alto desde el que puedes caer) te pierdes las importantísimas cualidades motivadoras que los pasos pequeños poseen.

LA AMARGA, PERO NECESARIA, PÍLDORA DE LOS PASOS PEQUEÑOS

Cuando eres capaz de poder ver la brecha entre donde estás ahora y donde quieres estar, *eres capaz de ver los pequeños pasos exitosos como señales de progreso y logros que celebrar.* Cada paso es una pequeña tensión entre la aspiración y la meta, y cada paso induce y alimenta tus fuerzas motrices. De hecho, mantenerse dentro de la brecha entre donde estás y donde quieres estar es el único camino hacia el cambio positivo. Como aprendimos de Lewin[7] sobre la esperanza, y de Bandura[8] sobre la autoeficacia, si puedes permanecer dentro de esta brecha, das un giro de 180 grados con respecto a tu noción previa de los pequeños pasos: aumentan tu esperanza y tu autoeficacia. Cuando te mantienes en los pequeños pasos, éstos se suman a ganancias mayores que, a su vez, te motivan a seguir adelante. Dar pequeños pasos no sólo te lleva de forma gradual a tu objetivo, sino que también te proporciona la motivación que necesitas para llegar a él; que es la razón por la que te comprometes con intensidad a una rutina cuando haces ejercicio y por la que los músicos practican de manera obsesiva todos los días. Si te saltas un día de tu rutina, ese día perdido no cambiaría mucho en lo que respecta a la consecución de tus objetivos de ponerte en forma. Pero tendrás la sensación de estar corriendo un gran riesgo si te lo saltas. Ese riesgo es real, pero no se trata de menos de músculo o de una pausa en el ritmo cardiaco. Se trata del riesgo de perder la motivación.

Te preocupa que si rompes una vez la rutina, la romperás una y otra vez. Al saltarte un día, también te saltas la energía motivadora de un pequeño paso. Así que al día siguiente, cuando intentes volver a la rutina, no podrás contar con esa energía de aspiración. Si te saltas otro día, la inspiración residual que haya quedado de tu último logro habrá desaparecido.

Piénsalo de esta manera: la forma en que abordas los pequeños pasos es como un microcampo de fuerza dentro del campo de fuerza mayor del cambio personal incremental. Si abordas los pequeños pasos como una ofensa, potencias la fuerza de contención de este campo, que te impide dar más pasos. Si, por el contrario, te ocupas de la brecha y mantienes la mirada en cada paso como un logro, aumentas las fuerzas motrices que te dan el combustible para dar más pasos.

Tu enfoque de los pequeños pasos hace o deshace tu motivación. Es una regla fundamental del cambio gradual. Cada vez que te enfrentas a un pequeño paso, esta regla entra en juego. ¿Lo verás como una ofensa o como un modesto reto que merece la pena alcanzar? La forma en que respondas a esa pregunta decidirá el destino de tu objetivo mayor.

La incapacidad de mirar con humildad los pequeños pasos que debes dar tiene implicaciones profundamente negativas en cuanto a tu capacidad de avanzar. Cuando se abandona la zona de humildad, como hizo Ann en relación con el español y como hizo John con la dieta se pierde la oportunidad de dejar que el cambio incremental, el orgullo ganado que alimenta la motivación, te acerque de forma progresiva a tus aspiraciones.

Puedes vivir los pequeños pasos, como una ofensa o como pequeños y valiosos logros. No podrás avanzar, si no encuentras la humildad para experimentarlos de esta última manera, y también te quedarás igual si los experimentas como recordatorios vergonzosos de tu fracaso. Este hecho refleja una paradoja: los pequeños pasos son la única manera de avanzar en tu camino hacia el cambio, pero el significado que les atribuyas (como avances modestos para alcanzar la imagen que tienes de ti mismo, o como una acusación vergonzosa de tu incapacidad) también puede desviarte del cambio.

Es un verdadero dilema. Alcohólicos Anónimos ha desarrollado algunas formas interesantes de tratar esto. De hecho, gran parte de su plan está dirigido a mantener a la gente centrada en los pasos pequeños mientras los contienen en la zona de la humildad.

EN LA CAJA DE LA HUMILDAD: EL TAMAÑO JUSTO

Para quienes nos dedicamos a las ciencias del comportamiento y las profesiones de ayuda, Alcohólicos Anónimos es una institución un poco misteriosa. En realidad, la investigación no respalda su reputación como medio principal para recuperarse del consumo problemático de sustancias. De hecho, algunas investigaciones muy buenas muestran que AA, y los programas de doce pasos en general, tienen un efecto cuestionable en la sobriedad a largo plazo.[9] Sin embargo, muchas personas confiables, inteligentes y conscientes de sí mismas lo describen como algo que les salvó la vida y el conducto central para su recuperación.

Mi amigo Jack, comediante y actual consejero de AA, es uno de ellos, y confío en su opinión. De manera sorprendente, Jack describe el problema de mantener la sobriedad de un modo que coincide con lo que he llamado la defensa narcisista (ese vaivén entre la arrogancia y la vergüenza): "Los adictos nos sentimos *mejor que* o *menos que*. Somos ególatras con complejo de inferioridad. Todo es cuestión de inseguridad". Jack explica que este vaivén entre sentirse superior o inferior con respecto a los demás fue lo que lo llevó a beber.

—Cuando me sentía una mierda quería beber —dice Jack—. Pero cuando me sentía muy bien, también era probable que bebiera.

—Entonces, ¿cuál es la forma de salir de este vaivén de sentirse muy mal o muy bien? —pregunto.

—Para estar sobrio hay que entender cómo enderezar las cosas. "Alcanzar el tamaño justo" es algo que decimos en AA. Esto consiste en llegar a un lugar estable en el que me sienta cómodo en mi propia piel. Cómodo, pero no engreído y pensando que tenía la respuesta a todo. No soy un lirón, pero tampoco soy un león.

Cómodo pero no arrogante: mientras escucho a Jack, empiezo a entender el proceso de adaptación como una especie de Ricitos de Oro de la "justa" modestia, combinada con el "justo" orgullo de dar pequeños pasos. Empiezo a ver el proceso de AA como un intento de llevar a sus miembros a la zona de humildad para que den los modestos pequeños pasos de la sobriedad. Me imagino una especie de caja terapéutica, que contiene la humildad, protege contra la arrogancia y la vergüenza, y asegura que los pequeños pasos se noten e incluso se celebren, pero siempre dentro de la caja. La parte más famosa de esta caja de AA es el concepto de un día a la vez.

Un paso, un día a la vez

"Un día a la vez" es la forma que tiene AA de dividir las cosas en unidades de veinticuatro horas. Una vez que se completa una unidad, se pasa a la siguiente. "Creo que 'un día a la vez' es *realmente* útil al principio de la recuperación porque la idea de evitar *para siempre* una sustancia de la que he sido dependiente es desalentadora", dice Jack. "Al principio, no podía imaginarme estar de forma permanente sin alcohol ni drogas. Me sentía como un fracasado. Mantener las cosas 'sólo por hoy' era más manejable. En los días demasiado duros, cuando la ansiedad era fuerte, aprendí a dividirlo en horas. Me decía: 'mantente sobrio hasta después de la comida... después de la cena... hasta la hora de acostarse'. Con el tiempo fue más fácil."

Cuando empezó, Jack dividió su recuperación en pequeños incrementos, centrándose sólo en lo que podía conseguir ese día, esa hora, ese minuto. Al darle una sensación de éxito de esta manera, un día a la vez era una forma de evitar la vergüenza de ser un "fracasado" o un novato en lo que a él le parecía un camino imposiblemente largo. También aumentó sus fuerzas motrices hacia el cambio, ya que cada paso incremental aumentaba su sensación de esperanza y autoeficacia.

AA ofrece una forma ritual de registrar la sobriedad de una persona. Reparten "fichas", parecidas a monedas, cada una de un color diferente, que marca la cantidad de tiempo que una persona ha estado sobria. El ritual de las fichas refuerza las recompensas internas e intrínsecas del éxito diario con una recompensa social extrínseca. Convierte las reuniones en un lugar en el que la gente no sólo se rinde a la arrogancia reconociendo su deshabituación de las sustancias, sino que también tiene un público agradecido que valida sus éxitos graduales. Simples pero significativas, estas fichas son una *humilde* muestra de celebración.

Veo las fichas de sobriedad como la forma de celebrar las cosas en la zona de la humildad. Reconocen la capacidad de cambio de una persona y el hecho de que no se ha alcanzado la meta. Éste es precisamente el tipo de celebración que todos necesitamos cuando damos pequeños pasos: marcadores de cambio que no nos lleven a la creencia arrogante de que hemos llegado y, por tanto, hemos completado nuestro viaje hacia el cambio.

Para Jack, cosas como los regalos y otros pequeños obsequios que se hacía a sí mismo (un nuevo CD de música, una buena cena) eran formas de mantenerse sin ceder a la ansiedad. "Reemplazar la forma en que celebraba fue un gran cambio para mí", dice. "Lograr la sobriedad lleva mucho tiempo. Necesitaba ser amable conmigo mismo, pero de la manera correcta."

Sin embargo, hay riesgo en ser *demasiado* amable con uno mismo, aunque el éxito se marque en lapsos de veinticuatro horas. Como a Jack le gusta decir a la gente que ahora ayuda: "No celebres tu sobriedad con un pastel envinado". Al igual que con John y su dieta, si el éxito de un día hace que infles tu progreso de forma poco realista, estás en problemas: *Lo hice tan bien ayer, estoy tan controlado, ¿qué tiene de malo si me tomo un pequeño sorbo de Crown Royal hoy?* AA ha desarrollado una forma inteligente de controlar este riesgo de resurgimiento de la arrogancia, a través de su orientación explícita hacia la humildad.

Llegar a la zona de humildad con la justa medida

La humildad es una parte esencial de AA, se expresa de forma clara en los innumerables lemas pegados en los sótanos de las iglesias y los centros comunitarios de todo el planeta: "LA SOBRIEDAD ES UN VIAJE... NO UN DESTINO", "ESTO TAMBIÉN PASARÁ", "VIVE Y DEJA VIVIR", "DAME LA SERENIDAD PARA ACEPTAR LAS COSAS QUE NO PUEDO CAMBIAR, EL VALOR PARA CAMBIAR LAS COSAS QUE SÍ PUEDO Y LA SABIDURÍA PARA RECONOCER LA DIFERENCIA". Estos lemas ayudan a contener la sensación de invencibilidad que suele acompañar a los hábitos peligrosos y la posible arrogancia que surge cuando conseguimos traspasarlos un poco. Lo mismo ocurre con el ritual de presentarse diciendo el nombre seguido de la declaración abierta de ser alcohólico. No se trata de humillar, sino de arraigar a los miembros en la realidad en la que se encuentran, para que den los pequeños pasos necesarios para llegar a donde quieren estar.

Así, AA prepara a los miembros para el largo y gradual camino de la sobriedad, manteniéndolos centrados en la zona de humildad, con la mirada puesta en el objetivo intrínseco de mantenerse sobrios como un proceso, y no sólo en el deseo a largo plazo de alcanzar algún destino imaginado de sobriedad completa y permanente.

Combinando un enfoque en los logros incrementales con un *ethos* de humildad, la filosofía de AA tiene como objetivo ayudar a sus miembros a tener en cuenta la brecha entre donde están y donde quieren estar. Esa filosofía no es sólo un gran antídoto para la adicción; es útil para todos. A medida que avanzas hacia el cambio, equilibrar los pequeños pasos sin perder de vista la humildad es el medio principal para mantener la motivación a largo plazo.

Piensa en las dietas. Digamos que has seguido fielmente tu dieta durante tres semanas y alguien te ofrece una galleta. Una galleta no va a deshacer tres semanas de dieta; no va a añadir al instante todo el peso que has perdido. Pero te niegas. Rechazas la galleta porque has construido una rutina en la que el éxito diario aumenta tus aspiraciones y tu motivación. No quieres renunciar a esta cualidad aspiracional de los pequeños pasos. Así que no se trata en realidad de la galleta y de esas pocas calorías añadidas. Entonces, rechazas la galleta porque no quieres perder ni un día de pequeños pasos y la motivación que te dan.

La completitud incompleta y la noción de una enfermedad crónica

"Una vez alcohólico, siempre alcohólico." AA considera el abuso de sustancias como una enfermedad crónica y aborda la sobriedad como un proceso que dura toda la vida. Por lo tanto, ofrece una especie de autocompletitud: una identidad plena, pero basada en la idea de que el camino hacia la sobriedad no tiene fin. Es, por tanto, un tipo de finalización incompleta. Paradójico pero cierto, es una forma de sentirse menos insuficiente en la vida al aceptar la falta de algo como parte de un yo completo.

El enfoque de la adicción como una enfermedad de por vida tiene sus problemas: ha dado lugar a tratamientos que apuntan a la sobriedad total como único resultado bueno, a la reducción de la persona a una identidad basada en los déficits y a la presión de un grupo para "admitir" de forma regular que se sufre de algo parecido al pecado original. Sin embargo, este enfoque también tiene un propósito importante: recuerda a los miembros que el lugar entre el deseo de lograr algo y su consecución no es sólo una avenida vacía, pero necesaria, que conecta dos terrenos importantes; es un terreno vital en sí mismo. El viaje, en otras palabras, es tan importante como el destino, con sus propias experiencias específicas. La más importante de estas experiencias es que algo falta en la vida de la persona en este viaje. Eso significa que el doloroso reconocimiento de que no se está donde se espera estar no es una señal de que se está haciendo algo mal, sino la experiencia legítima de alguien que se encuentra en un viaje por esa avenida.

Sin embargo, ¿qué ocurre cuando te enfrentas al camino que te lleva a tu destino, pero no tienes la esperanza y la fe para recorrerlo? Considerar que estás "enfermo" puede hacer que ese camino sea más apetecible, sigues necesitando estar dispuesto a dar esos pasos aspiracionales. Si no lo haces, no podrás generar suficiente esperanza y fe para seguir adelante. Así que necesitas alguna forma de seguir en el camino, aunque no confíes en tu capacidad para alcanzar tu meta. Necesitas, en otras palabras, "fingir hasta que lo consigas".

Finge hasta que lo logres

Describo esta idea en el capítulo 7. Recoge la idea de la psicología del comportamiento de que "la acción precede a la motivación". Es una forma de encender la chispa para iniciar movimiento hacia tu objetivo.

Cuando finges hasta que lo consigues, das un salto de fe, quizás apoyado por los consejos y las garantías de otros, aunque no tengas fe en ti mismo. Es una especie de mandato externo que simplemente sigues cuando no puedes reunir tus propias fuerzas motrices para impulsarte. Esta fe es más necesaria cuando te sientes muy inseguro, porque te pone en el camino hacia el cambio y, por lo tanto, te da acceso a las experiencias que generan esperanza y fe de los logros, un día a la vez.

Cuando funcionas en la zona de la arrogancia, te ves a ti mismo como omnipotente como para necesitar segmentar las cosas en un día a la vez; ves la reducción como algo demasiado restrictivo para tus maravillosas habilidades, y la etiqueta de alcohólico es limitante teniendo en cuenta tu increíble y compleja personalidad. De la misma manera, si estás en la zona de la vergüenza, "un día a la vez" te hace sentir vergüenza porque te recuerda la distancia que hay entre donde estás y donde quieres estar; y la reducción se siente como otro pinchazo, otro recordatorio de la distancia que te separa de tu ideal; y llamarte a ti mismo alcohólico es como una puñalada en el corazón, una profunda ofensa a una autoestima ya vulnerable. Así que necesitas este último recurso de fingir hasta que lo consigas (este uso de la mala fe para llegar a un lugar en el que puedas actuar de buena fe) para utilizar los otros procesos que conservan la humildad y la protegen de la tentación de la arrogancia y de los peligros de la vergüenza.

Cuando te propones cambiar algo en tu vida, la idea de AA de mantenerte en la zona de humildad puede ayudarte. Imagina a John

y su dieta una vez más. Se debatía penosamente entre los sentimientos de vergüenza y arrogancia, y era incapaz de situarse con
comodidad en la zona de humildad. Ahora piensa en lo que habría
ocurrido si, conociendo los peligros de la arrogancia, hubiera adop-
tado un enfoque más gradual en sus esfuerzos. Si John se obligara
a centrarse con humildad en un día a la vez en lugar de en la frustrante experiencia de mirar sólo a largo plazo, sus posibilidades de
perder peso aumentarían. Si dedicara menos tiempo a intentar sentirse más completo hablando con los demás sobre su dieta y mantuviera su mirada en la satisfacción intrínseca de lograr pequeños
pasos cada día, estas posibilidades aumentarían aún más. Si hubiera
reconocido que su desesperación por no perder peso era propia del
cambio, sus posibilidades volverían a mejorar. Si hubiera seguido
el plan descrito en el libro de dietas, aun cuando tuviera poca fe en
su capacidad, habría estado un paso más cerca del éxito.

En muchos sentidos, la incapacidad de John para cumplir con su
dieta tuvo que ver con lo consumido que estaba por las dietas. De
hecho, el problema de John nunca fue la dieta en sí. Por el contrario,
se trataba de la forma en que manejaba el sobrepeso mientras quería sentirse delgado. Su posibilidad de adelgazar dependía de si podía
centrarse en formas de alimentar su humildad, durante el camino
entre donde estaba y donde quería estar; en lugar de lanzarse de la
noche a la mañana a una nueva identidad como persona delgada.

Por la forma en que Jack describe AA, me parece una especie de
prótesis necesaria para las personas que han perdido casi toda su fe:
una caja de humildad que los sostiene hasta que sus pasos se convierten en pequeñas gotas de combustible de arranque.

A veces necesitamos ese nivel de ayuda, otras veces, no. Al igual
que Peter y la forma en que el amor lo impulsó hacia su licenciatura
en biología marina, nuestra capacidad para dar pequeños pasos
puede provenir de fuerzas ascendentes imprevistas. Para Peter, la
fuerza que lo hizo avanzar fue su nueva relación con Samantha, algo

que vino en parte de un mundo exterior a él (*en parte,* porque sin la capacidad *intrínseca* de Peter de amar y ser amado, su encuentro fortuito con Samantha en el bar aquella noche no habría llegado a ninguna parte). A veces, la energía ascendente proviene más bien del acceso a fortalezas no aprovechadas en nosotros mismos. Ann, la estudiante de español, es un buen ejemplo de ello.

Sólo un berrinche

Después de un mes me cito de nuevo con Ann para tomar café. Le pregunto cómo van sus progresos en el aprendizaje del español.

—*Muy bueno,* me responde en español.

—¿En serio?

—*¡En serio!* —contesta ostentando su pronunciación.

—He de reconocer que estoy sorprendido.

—*¿Por qué?* —continúa demostrando su aprendizaje

—¡Está bien, lo entiendo! Pero parecías dispuesta a dejar las clases la última vez que hablamos. ¿Cómo hiciste para seguir?

—Bueno, en realidad, nuestra conversación fue la que me motivó de nuevo.

—¿De verdad?, ¿por qué?, ¿qué dije que te haya ayudado?

—No te creas tanto. No fuiste tú, fui yo.

—¿Qué quieres decir?

—Cuando empecé a reírme de mí misma, vi este patrón en el que siempre me meto. Soy como una niña pequeña que quiere las cosas ahora mismo. Me desanimo antes de darles una oportunidad a las cosas. Y algo de eso me hace gracia. Me cautiva, creo que es divertido. La otra noche estaba con unos amigos y les conté todo, y lo entendieron perfectamente. Dijeron que mi malcriadez es "adorable", en lo cual estoy de acuerdo.

—¿Adorable?

—Sí, es como un gracioso personaje de caricatura que vive dentro de mí. Una vez que lo vi así, me relajé. Todo el proceso se volvió más divertido e interesante. No era una horrible e incompetente fracasada. Sólo una mocosa que quería hablar español ahora mismo. Entendí por qué lo quería. Suelo ser así con todo tipo de cosas.

—¡Claro que eres así!

—¡Lo sé! Igual que sé que no me gusta ir a los museos porque no puedo salir con los cuadros bajo los brazos —dice riendo—. Pero ¿sabes qué? Eso no es del todo malo. Significa que siento que me merezco cosas, ¿por qué no iba a tener mi propio Monet? Me gusta eso de mí.

—¡Qué curioso! Cuanto más pienso en lo que dices, más veo a esa mocosa como una de las cosas que más me gustan de ti.

—¡Gracias! Exactamente. El asunto es que esa mocosa es la parte de mí que quería aprender español en primer lugar. No sólo quería ir a México y tomar un montón de fotos; quería algo más de la experiencia, algo más profundo. Sé que es una tontería pensar que hablar español va a cambiar todo. Pero aun así, quería volver a casa con el Monet, y eso me hizo intentarlo.

—La mocosa quiere tener parte del mundo.

—Sí.

Ann reconoce que su deseo de "¡tenerlo ahora mismo!" es la raíz de su problema para aprender español. Pero también ve esta cualidad como una parte "adorable" y agradable de sí misma; de hecho, es una parte que aprecia. De este modo, Ann elimina la posible vergüenza ante su incapacidad para seguir las clases. Ve la razón por la que no está cambiando, la acepta como algo comprensible y proveniente de buenas intenciones, y así es capaz de pasar a la zona de la humildad en lugar de saltársela y buscar el subidón de sentir que ya lo ha conseguido.

Al ver que la razón por la que se resistía a aprender español era algo que le ayudaba (esa mocosa quiere ir a casa con el Monet que vio en el museo) también aprovechó una fuerza ascendente que estaba estancada por la vergüenza. Su malcriadez era casi siempre algo bueno, la metía en problemas porque siempre quería las cosas ¡AHORA! pero también la hacía sentir con derecho a vivir experiencias profundas.

Ésa es una lección central al momento de revisar las diez razones para no cambiar: desde un lugar de inseguridad, permanecer igual parece ser un enemigo que debes combatir, paso a paso, para ganar la guerra. Con una mano empuñas una afilada espada y cortas con violencia los perversos obstáculos del cambio; en la otra, llevas un escudo de grandiosidad para defenderte de los sentimientos de inferioridad.

Pero desde un estado de amor propio, el enfoque sobre permanecer igual es muy diferente. Estable en tu esperanza y fe, listo y deseoso de ser responsable de ti mismo en el largo viaje que tienes por delante, dejas la espada y el escudo. De pie, erguido y vulnerable, actúas con generosidad y amabilidad; consideras permanecer igual con paz: la guerra termina y eres capaz de progresar, codo a codo, con esas fuerzas, y encuentras recursos ocultos en ellas.

La capacidad de hacer las paces con que las cosas sigan igual es fundamental para dar los pequeños pasos del cambio gradual. Puede surgir primero de un intento intencionado de fingir hasta conseguirlo, repetido en frases y recordatorios al estilo AA; puede llegar a través de un acontecimiento inesperado y transformador en un bar o en un delicioso momento de risa en una cafetería de Manhattan. Sea cual sea la forma en que lo consigas, sabrás cuándo lo conseguiste, ya que el cambio se hará más fácil. No te centres en la falta de cambio como si se tratara de una herida dolorosa, ni intentes escapar de tu vergüenza buscando una sensación de éxito inmerecido. Estás en la zona de la humildad, con la dimensión adecuada para la tarea que tienes por delante. Tus alas se mueven con suavidad, con las plumas frescas y secas, y avanzas a un ritmo bien medido hacia tu lejana meta.

ESCALANDO HACIA EL LARGO CAMINO DEL CAMBIO

¡Por fin! Después de la larga y dura caminata, has subido a la montaña y te encuentras cara cara con el gurú de la pérdida de peso. Está sentado con las piernas cruzadas, con una misteriosa bola de cristal negra a sus pies.

—¿Con qué frecuencia debo pesarme? —preguntas.

—Ésa no es una buena pregunta —responde el gurú.

—¿Qué?, ¡pero si vengo de muy lejos! Necesito una respuesta.

El gurú recoge su bola mística, la agita un poco y luego mira profundamente a su interior:

—La bola mágica dice: NO CUENTES CONMIGO.

—¿Qué?, ¡por favor!, ¡necesito un consejo!

El gurú vuelve a mirar con atención la bola mágica y dice:

—LAS PERSPECTIVAS NO SON BUENAS.

—¡Vamos! Tengo derecho a saberlo.

—¿En serio?

—¡Sí! Acabo de hacer este pesado viaje sólo para verte.

—Bueno, eso es cierto. Pero, mira tu reloj FitBit. Parece que hoy has dado suficientes pasos. Enhorabuena.

—¡Por favor, dime qué debo hacer con la báscula! Es lo que necesito saber para perder todos esos kilos.

El gurú agita de nuevo la bola mágica y mira de nuevo al pequeño oráculo.

—Lo siento, hijo mío, pero una vez más la respuesta es NO CUENTES CONMIGO.

—¡Anda!, ¿puedes ayudarme o no?

—RESPUESTA CONFUSA, INTÉNTALO DE NUEVO.

—¡Oh, por Dios... ! Con el trabajo que me costó venir hasta aquí: encontrar el atuendo adecuado, hacer la maleta, el largo vuelo en el asiento de en medio, ¡y luego la horrible caminata para subir hasta acá!

—La bola mágica dice que te concentres y vuelvas a preguntar.

—¡Esto es ridículo!

El gurú agita nuevamente la bola.

—PREGUNTA OTRA VEZ.

—Dime, ¿cuál es la mejor manera de medir el éxito de mi dieta?

—Ah... hijo mío, ésa es una buena pregunta —dice el gurú, colocando la bola mágica a sus pies—. Cuando tomaste el camino para llegar a mí, ¿mantuviste la vista fija en la cima?

—Bueno, miraba de vez en cuando.

—¿Por qué dejabas de mirar hacia arriba?

—Porque tenía que mantener la vista hacia delante.

—¿Tropezaste alguna vez y luego miraste sólo a tus pies?

—¡Por supuesto! ¿Quién no?

—¿Y mantuviste los ojos en tus pies el resto de la caminata?

—¡Claro que no!

—¿Por qué?

—Porque, como dije, tenía que mantener la mirada hacia delante.

—Y llegaste aquí a salvo, ¿por qué?

—Porque no he mirado siempre arriba ni siempre abajo.

—¿Ah, sí?

—¿Así es como debo mirar para perder peso?

—La bola mágica dice que hay que mirar bien.

Capítulo 10

El peso de la desesperación, la ligereza de la esperanza

Cuanto más pesada sea la carga, más a ras de la Tierra estará nuestra vida, más real y verdadera será. Por el contrario, la ausencia absoluta de carga hace que el hombre se vuelva más ligero que el aire, vuele hacia lo alto, se distancie de la Tierra y de su ser terreno, será real sólo a medias y sus movimientos serán tan libres como insignificantes. Entonces, ¿qué hemos de elegir? ¿El peso o la levedad?

—MILAN KUNDERA

- #8: Permanecer igual erige un monumento a tu dolor.
- #9: Permanecer igual te protege de cambiar tu relación con los demás.
- #10: Permanecer igual te protege de cambiar tu relación contigo mismo.

Un colega y yo estábamos dando una charla a una pequeña audiencia de profesionales en una sala de conferencias del edificio donde se encuentra uno de los programas donde trabajo, en la ciudad de Nueva York. La charla era sobre nuestra investigación sobre el temor a la esperanza, la primera que dábamos desde que revisamos los prometedores datos iniciales de la escala del TAE. Estábamos entusiasmados por ver cómo serían recibidas nuestras ideas al presentarlas a este grupo de doce personas. Mientras mi colega estaba concentrado en su presentación de PowerPoint, un hombre de negocios entró en la sala de conferencias. Detrás de él, un grupo de jóvenes profesionales se encontraba en el pasillo mirando hacia la sala, con loncheras y bolsas de comida para llevar.

—¿Qué están haciendo aquí? —preguntó el hombre—. Tenemos reservada esta sala en este horario.

Se veía claramente enfadado.

—Lo siento, pero la reservamos para hoy en la recepción —le respondí.

—No, es nuestra.

—Mmm, lo siento, por favor, revisa el programa de reservas y verás que está registrado allí.

—No, es nuestra —contestó mientras entraba con rabia en la sala, manteniendo la puerta abierta para que ingresara su personal en el pasillo. La conferencia se detuvo mientras el público observaba el desarrollo de este drama.

Le pedí que saliera al pasillo conmigo para aclarar las cosas. Una vez allí, con sus empleados rodeándonos, el empresario siguió pidiéndome airadamente que saliera de la sala de conferencias.

—¿Qué quieres que haga? —le pregunté—, ¿quieres que la gente se vaya?

—Bueno, ¿y tú qué quieres que *yo* haga? Tenemos una reunión de personal aquí todos los viernes y tú estás ocupando nuestro espacio —dijo acercándose a mi cara, sacando el pecho.

Ahora me preocupaba que no cediera y tuviéramos que terminar nuestro evento. Al final, el administrador del edificio apareció y le explicó al señor que la sala estaba reservada para nuestra presentación. El hombre se marchó enfadado, y su grupo de jóvenes empleados lo siguió hasta el ascensor.

Volví a la sala, escuché el resto de la presentación de mi colega y luego di la mía. Nuestras charlas fueron bien recibidas, y salimos de la reunión con la sensación palpable de que habíamos llegado a algo en nuestra investigación.

Si recuerdo todo lo que ocurrió durante nuestra presentación, puedo medir con claridad el evento de forma proporcional: dos horas de éxito con honores, con una molesta mosca durante diez minutos. Pero si me preguntaras: "¿Cómo fue la presentación?" o incluso "¿Pasó algo importante?", te hablaría de ese imbécil del pasillo. Mis sentimientos sobre el evento, y sobre todo ese día, se centran en el intruso y en cómo invadió con furia nuestra presentación.

La experiencia mala, breve e inútil de aquel día empañó por completo la buena, duradera e importante. Eso me ocurre comúnmente; esta tendencia a que las experiencias negativas calen más hondo en mi conciencia que las positivas. Me obsesiono con dos puntuaciones negativas entre cien buenas en las evaluaciones de un seminario que dirigí; rumio sobre la persona que expresa insatisfacción con su trabajo cuando todos los demás empleados dicen estar contentos; y repaso de manera compulsiva los pormenores de una discusión con mi mujer, mucho más que los entresijos de todos los momentos alegres que vivimos juntos.

No soy el único.

La investigación ofrece muchas pruebas de que las experiencias negativas suelen superar a las positivas. "El mayor poder de los sucesos malos sobre los buenos está en los acontecimientos de todos los días, en los grandes acontecimientos de la vida (por ejemplo, los traumas), en los resultados de las relaciones cercanas, en los patrones de las redes sociales, en las interacciones interpersonales y en los procesos de aprendizaje", escribe el psicólogo social Roy Baumeister, en el documento titulado acertadamente: "Lo malo es más fuerte que lo bueno":[1]

Las malas emociones, los malos padres y los malos comentarios tienen más impacto que los buenos, y la mala información se procesa más a fondo que la buena. El yo está más motivado para evitar las malas definiciones sobre uno mismo que para buscar las buenas. Las malas impresiones y los malos estereotipos se forman más rápido y son más resistentes a ser refutados que los buenos... Es muy difícil encontrar excepciones (que indiquen un mayor poder del bien).

Según Baumeister y sus colegas, enterarse de algo malo sobre una persona que se conoce por primera vez tiene más peso que enterarse de algo bueno; los ganadores de la lotería no se sienten más felices que las personas que no han ganado, y los únicos efectos duraderos que reportan son negativos;[2] las mujeres que pierden recursos importantes antes de dar a luz tienen más probabilidades de sufrir una depresión posparto más complicada, pero no hay ningún efecto positivo en dicha depresión para las mujeres que ganan recursos similares.[3] Si tienes un día estupendo, hay poco efecto emocional en el día siguiente. Si, por el contrario, tienes un mal día, la experiencia dura hasta el siguiente y, quizás, al día después.[4]

Para las parejas casadas, las partes buenas y afectivas de sus matrimonios tienen menos efecto en su sensación de satisfacción marital que el impacto de las experiencias negativas.[5] De hecho, las parejas califican los acontecimientos adversos de sus matrimonios como influyentes en sesenta y cinco por ciento de su satisfacción marital, aunque registran tres veces más acontecimientos positivos.[6] El mal sexo tiene un efecto más fuerte en el desempeño sexual que el buen sexo. Una noche de experiencia sexual negativa puede afectarte durante años, pero una noche positiva suele tener poco efecto, aparte del placer de esa única noche.[7, 8, 9] Los niños valoran más las características negativas de sus adversarios que las que valoran positivamente de sus amigos.[10] Quizás el hecho más indicativo del poder de las malas experiencias es el concepto de trauma. Cuando hablamos de trauma psicológico nos referimos a cómo uno o varios acontecimientos pueden herir a alguien de forma indeleble.

No tenemos una palabra o un concepto para referirnos a algo bueno que le ocurra a alguien y que tenga el mismo efecto profundo y duradero (*epifanía* y *salvación* se acercan un poco, pero no tienen el peso de *trauma*).

Podría seguir hablando del poder de las experiencias negativas. De hecho, quiero hacerlo. Me atrae la desagradable cuestión de que la gente está más interesada en estas experiencias que en las buenas. Mi atención se reduciría a una parte muy pequeña si los datos demostraran lo contrario.

En la mayoría de los idiomas hay más palabras, y más matices, para las emociones negativas que para las positivas (y no me hagas hablar del alemán: desde *angst* hasta *weltschmerz* es un catálogo léxico de horrores). Los catálogos de emociones básicas de los psicólogos muestran el mismo predominio de lo negativo: felicidad frente a ira, tristeza, ansiedad, miedo y asco. Tus respuestas emocionales a las malas experiencias son simplemente más palpables que las buenas; se hacen notar, se hunden en la boca del estómago y se quedan ahí durante días. Si te enfadas, sentirás que la ira recorre tu cuerpo como un martillo neumático; si te desesperas, te golpeará una tonelada de ladrillos; si fracasas en algo, te estrellarás contra un muro de contención emocional. Las buenas emociones, en cambio, flotan como el algodón de azúcar, un agradable merengue que se disuelve con rapidez en la boca. Sé considerado, y puede que detectes un poco de ligereza en tu pecho; si te sientes feliz, experimentas el suave aroma de una naranja que se está pelando; si tienes éxito en algo, tu orgullo es tan fugaz como la nieve; si tienes esperanza, bueno, ya sabes cómo va eso...

Esto no quiere decir que las muchas maneras en que las emociones y los estados positivos son buenos y te benefician. Por ejemplo, la fortaleza reduce la depresión y la ansiedad e incluso mejora la salud.[11] La felicidad tiene beneficios similares.[12] Aunque estos estados son buenos, no los valoramos tanto como los estados negativos.

Ya abordé este fenómeno de que lo malo supera a lo bueno en el capítulo 6, cuando hablé de la teoría de la aversión a la pérdida, la idea (que se pone de manifiesto en los datos de que ganar cien dólares es la mitad de atractivo para una persona que la impresión de perder cien) de que nos protegemos más de perder cosas que de ganarlas. Es probable que, al igual que esa teoría, el hecho de que las malas experiencias o interacciones sean más fuertes que las buenas se base en nuestra evolución. Las posibilidades de supervivencia de un león no aumentan de manera significativa por el sabor apetitoso de una cría de ñu, pero su supervivencia sí depende en gran medida de si los afilados cuernos de la madre ñu le desgarran el vientre.

La risa o el grito: ¿cuál de los dos te hará volver al presente, y a poner atención a lo que ocurre a tu alrededor y resonará en tu cráneo durante días? El grito, obviamente (a menos que la risa sea amenazante).

Lo malo genera experiencias más fuertes y duraderas que lo bueno. Este hecho hace que quieras evitar las malas experiencias. Es su poder y durabilidad lo que resulta tan aversivo, pero también lo hace seductor. La mayor parte de la literatura, el cine y el teatro tratan sobre algún tipo de tragedia; incluso cuando hay un final feliz, éste llega tras un largo arco de conflicto y lucha. Casi setenta por ciento de los artículos de las revistas de psicología tratan sobre experiencias psicológicas negativas.[13] Noventa por ciento de las noticias son negativas,[14] porque eso es lo que prefieren los lectores. Es treinta por ciento más probable que la gente haga clic en titulares negativos con superlativos negativos como "nunca", "malo" o "peor", que en los positivos como "siempre" o "mejor".[15] De hecho, cuando el sitio de noticias ruso *City Reporter* cambió el enfoque de sus historias para que fueran menos negativas y aumentó la cantidad de historias edificantes, su número de lectores disminuyó sesenta por ciento.[16]

Creo que las malas experiencias son atractivas por la misma razón que son aversivas: te obligan a sentir con fuerza. Dictan tus sentimientos, mientras que las buenas experiencias son un poco más controladas y selectivas. Si no quieres sentirte solo, o si quieres sentir que las cosas son seguras, o si anhelas un recordatorio de que existes aquí en la Tierra, es más probable que llegues a estos destinos en la locomotora de mil toneladas de las malas experiencias.

Cuando las cosas van mal, te vas a sentir más deprimido, vas a experimentar más sentimientos, y con mayor profundidad, que cuando las cosas van bien. Tal vez no disfrutes sintiéndote mal, pero hay una gravedad y una solidez en los sentimientos negativos, y quizás una seguridad en su pesada realidad. Por eso, cuando intentas hacer un cambio positivo en tu vida, tienes que entender que estás cortando la cadena a un ancla realmente pesada y fiable: el poder de lo negativo. Las tres últimas razones para no cambiar se refieren a la lucha por renunciar a la base de los sentimientos negativos cuando se intenta hacer algo positivo para uno mismo.

RAZÓN PARA NO CAMBIAR #8:
PERMANECER IGUAL ERIGE UN MONUMENTO A TU DOLOR

Permanecer igual suele ser el único medio para proteger un recuerdo duradero de acontecimientos pasados que fueron dolorosos o traumáticos. Cambiar es como demoler un monumento. Es equivalente a olvidar.

En California, los cipreses costeros se encuentran al borde de los acantilados, sin ninguna protección contra el viento que viene del océano y sube por los acantilados, por lo que se inclinan hacia tierra. Con los años, desarrollan una postura moldeada por la fuerza constante del viento. Incluso en un día sin viento, parece que se resisten a su fuerza. La flexión del ciprés es una especie de memoria. No es una "memoria almacenada" como en un cerebro o una computadora, pero hace el trabajo de "recordar", *conjuntando* el viento que en el pasado golpeó a los árboles y la posición que tienen ahora. En un día tranquilo, cuando miras los cipreses sabes que han sobrevivido a fuerzas importantes durante muchos años. Evocas mentalmente ese viento cuando miras esos árboles. Por más tranquilo que sea el día, su imagen es el retrato de un día de viento. Permanecer igual puede ser un acto de este tipo de memoria por postura: una forma de dar testimonio de las malas experiencias a través de la posición hacia el progreso personal. En este sentido, permanecer igual es ser como los cipreses de la costa; es erigir una especie de monumento.

Desde Hiroshima hasta el Holocausto, erigimos todo tipo de monumentos conmemorativos para el sufrimiento y la pérdida, son marcadores de piedra que aseguran que nunca olvidemos y que sigamos recordando: "conmemoran" de los daños del pasado. Sin embargo, no erigimos monumentos físicos para nuestros sufrimientos y traumas más personales y privados, para los daños, lesiones y agravios que nos han hecho. A veces, una postura inclinada, alejada de los vientos del cambio, es la única forma de garantizar la conmemoración de estos acontecimientos. Permaneciendo igual damos testimonio de algo que nos ha sucedido. Cuanto más traumático sea el acontecimiento, más nos sentiremos obligados a conmemorarlo mediante nuestro carácter y en nuestra postura ante el mundo.

TRAUMA CONMEMORADO

Hace décadas, una paciente de un grupo que dirigía describió a la perfección esta cuestión de consagrar los descalabros del pasado adoptando una postura fija ante la vida. Alison había pasado años recibiendo ayuda psicológica con valentía debido a un importante trauma causado por los abusos de su padre cuando era niña. A lo largo de los años, había hecho un trabajo notable para desarrollar una vida productiva, significativa y socialmente conectada, a pesar de este trauma. Encontró un trabajo que le gustaba, se casó y tenía una estrecha red de amigos. Alison asistió al grupo en el que por primera vez se nos ocurrieron las diez razones para no cambiar. Creo que ya teníamos siete razones pensadas cuando ella sugirió una más.

—Cambiar significa que las cosas malas eran un "poco menos malas" de lo que parecían antes de cambiar —propuso.

—¿Qué quieres decir?

—Bueno, algo así como que si puedes recuperarte de las cosas malas, entonces no eran tan malas y no te arruinaron por completo.

—Todavía no lo entiendo del todo.

—Es como destruir los negativos —dijo Alison.

Era una época anterior a la omnipresencia de los teléfonos móviles y las cámaras digitales. En las novelas de espionaje, en los programas de televisión y en las películas, cuando alguien "destruía los negativos", eliminaba las pruebas fotográficas de que un evento había ocurrido.

—¿Quieres decir que no puedes probar realmente lo que pasó? —pregunté.

—Sí, es más o menos así. Como esa cosa horrible que dice la gente: "ya supéralo". Cuando te recuperas, lo estás superando. Y si lo superas, destruyes los negativos, es decir, eliminas todo lo malo que sucedió. Si no te recuperas, conservas los negativos de ese daño en ese pequeño sobre en el que vienen.

Otra chica del grupo, Erica, tomó la palabra.

—Lo entiendo a la perfección: si me recupero, la gente ya no va a ver lo que me pasó.

—Sí —dijo Alison—, definitivamente es algo así. También significa que ya no voy a mirar tanto mi dolor.

—Así que tal vez tiene sentido encontrar otras formas de recordar lo que pasó —sugerí.

—No estoy segura de que estés entendiendo esto, Ross. Una vez que te mejoras, la única manera de recordar el dolor es revivirlo. Siempre sabré las cosas que me pasaron. Sólo que ya no necesito proteger los negativos. Una vez que mejoras, se estropean un poco, a veces se destruyen.

—¿Y qué ocurre con lo que dijo Erica? Sobre que otras personas no verán y no comprenderán lo que has pasado.

—Sí, ése es el verdadero obstáculo. Pero en realidad no hay nada que puedas hacer al respecto. En especial con la gente nueva que conoces. Es decir, para ellos "aquí estás, eres un adulto totalmente funcional". La única manera de que vean mi dolor es contarles mi pasado; y, en muchos casos, no estoy segura de querer hacerlo. Además, no va a funcionar de todos modos. Si me va bien, para ellos mi pasado es sólo una anécdota.

Al igual que Alison y Erica, si a una persona que ha sufrido algo malo en su pasado le va bien, su progreso amenaza con indicar que los acontecimientos pasados, aunque dolorosos e incluso traumáticos, no fueron tan opresivos como para arruinar su capacidad de supervivencia. Así pues, el cambio en esta situación es una forma de debilitar o incluso "destruir" el recuerdo del acontecimiento. El cambio, en este contexto, tiene un elemento casi sacrílego: el acto profano de destruir un monumento valioso a los males del pasado.

Parte del cambio es como ir al quiropráctico: ajustas tu postura hacia la vida, la cual está marcada en la memoria muscular a causa de los eventos pasados. A medida que la ajustas, ya no hay testimonio de esos eventos. Sabrás que sucedieron, y verás la evidencia de que así fue, cada vez que tu postura se alinee mal y sientas el dolor de nuevo. Pero puede que otros no vuelvan a ver el daño causado. Es un gran sacrificio que hacer: vivir una vida a los ojos de los demás como si no hubiera pasado nada, o como si lo que sucedió no fuera lo bastante poderoso como para destruirte. Pero quizás es un sacrificio necesario que hay que hacer para cambiar. Ésa es una de las razones por las que la terapia es útil en la recuperación del trauma: hay un testigo del suceso, alguien que mantendrá ese recuerdo incluso después de que ya no se requiera.

Se necesita mucho trabajo para construir una vida significativa y comprometida después del tipo de trauma psicológico que experimentó Alison. Lo más conveniente es que la amenaza de derrumbar un monumento conmemorativo a los acontecimientos pasados se produzca al final de la recuperación de una persona, como parte natural de su movimiento hacia la esperanza. Normalmente no es una parte central del tratamiento del trauma, y quizá no debería serlo. Si el intento de renunciar a la memoria traumática se produce demasiado pronto en la terapia, o se prescribe como un paso terapéutico, entonces la necesidad de honrar el propio pasado puede impedir la recuperación. Se puede sentir como un asalto a la integridad, un camino sin la seguridad de un testimonio memorable de lo que sucedió.

En la actualidad, los estudiosos del trauma psicológico hablan del tema como la secuela perjudicial de no hablar tras un acontecimiento que arruina la vida.[17] El acontecimiento devastador conduce a una mayor lesión traumática cuando no hay oportunidad de dar testimonio del acontecimiento. Por lo tanto, no se trata sólo del daño y la herida inmediatos causados por el hecho traumático, sino también del silencio en torno a él, impuesto por los demás o por uno mismo. Pero una vez que inicia el proceso de testificar emocionalmente, es posible que éste deba prolongarse durante años: el suceso es tan profundo que se necesita mucho tiempo para asimilarlo y contarlo, y requiere tantas repeticiones como para grabarse en la conciencia de los demás. Pero el recuento (en formas diferentes a la de hablar, como la danza, el yoga, el arte y la escritura) parece ser la clave para la recuperación.[18, 19, 20, 21, 22] Seguir igual, también es una forma de recuento, una representación de lo que sucedió a través de una postura fija que implica "no estoy suficientemente bien como para seguir adelante con mi vida". Una persona puede necesitar contar esa historia, de esa manera, durante años antes de estar dispuesta a arriesgarse a destruir los negativos.

La historia de Alison trata de heridas psíquicas muy profundas. La mayoría de nosotros tenemos la suerte de no haber sufrido un trauma semejante. Sin embargo, para todos, la tentación de aferrarnos a las malas acciones de otros es fuerte. A esta postura la llamamos resentimiento.

El monumento al resentimiento

Sentir viene del francés antiguo y significa sentir, *re-* es el prefijo que usamos para expresar repetición. Si anteponemos el *re-* al *sentir*, obtenemos el resentimiento, la experiencia de sentir ira y decepción una y otra vez. Eso hace que el *resentimiento* sea el primo malhumorado de "recordar" y de "recobrar". Cuando estás resentido con alguien (un individuo o un grupo), te aferras a él, manteniendo el pasado en el presente. Por eso decimos "soltar" cuando nos referimos a dejar de estar resentido con alguien. También solemos sugerir que el perdón (el acto liberador de dejar atrás el rencor) es la antídoto del resentimiento. Por tanto, el resentimiento es una emoción extraña; te ata a alguien con quien no quieres tener nada que ver, y te mantiene conectado a él a través de la repetición de la pesada emoción de la ira hacia la persona. En términos psicoanalíticos, cuando uno está resentido con alguien de una manera fija e intensa está participando en una *catexis*, atribuyendo a la otra persona con un poder emocional que la conecta fuertemente contigo. En todas nuestras vidas hay catexis positivas, como el amor profundo; y negativas, como el resentimiento.

Permanecer igual suele mantener el resentimiento de forma exteriorizada, es decir, se manifiesta a través de tus acciones. Mi paciente Dave es un buen ejemplo de ello.

Dave acudió a consulta conmigo meses después de que lo despidieran de su trabajo en una compañía de seguros. Tenía un excelente historial laboral y un conjunto de habilidades especializadas valoradas en su área. Pero después de ser despedido, no se atrevía a solicitar trabajo. Su mujer le pidió que "viera a alguien", ya que su creciente letargo empezaba a ser un problema.

Andy, el nuevo jefe de la empresa, despidió a Dave, a pesar de las buenas críticas de su expediente de empleado; a Andy le cayó mal de inmediato por alguna razón. Dave sospechaba que su jefe se sentía intimidado por él, ya que era nuevo y no comprendía bien el funcionamiento cotidiano de la oficina. Fuera cual fuera el motivo, y por primera vez en su carrera, Dave se sintió atacado por un superior. El antagonismo de Andy se manifestaba en comentarios pasivo-agresivos, en la forma de tratar a Dave de forma diferente a sus compañeros, en el ceño fruncido, en su tendencia a mostrarse despectivo cuando Dave hacía comentarios en las reuniones y en correos electrónicos grupales muy críticos. Dave odiaba ir a trabajar y se sentía incómodo hablando con sus compañeros sobre la situación, pues no quería parecer demasiado sensible o paranoico. Por ello, cada vez era más reservado.

Antes de que su nuevo jefe asumiera su cargo, Dave solía ser la persona de la oficina que planificaba los eventos sociales para el personal: unas copas después del trabajo, la participación en una liga de softball, etcétera. Sin embargo, ahora Andy se encargaba de modo asertivo de estas cosas. Cuando Dave asistía a los eventos, seguía enfrentándose con su constante pero sutil agresividad. Mientras Andy reía tomando unos tragos, escuchando con atención a los otros empleados, miraba fijamente a Dave cuando éste intentaba participar. Dave dejó de ir a las reuniones sociales que tanto disfrutaba antes.

Finalmente, Dave fue a Recursos Humanos para discutir la situación. La responsable de esa área fue muy amable y le prometió a Dave que mantendría la confidencialidad de su conversación. Le recomendó a Dave algunas estrategias para ayudarlo a llevarse bien con Andy y se ofreció a mediar en una conversación entre ambos.

Dave rechazó esta última oferta, ya que estaba seguro de que su jefe negaría cualquier problema.

Unos días después de la reunión en Recursos Humanos, Andy lo llamó a su despacho.

—Mira, Dave, no sé qué está pasando, pero me acaban de llamar de la empresa para decirme que has presentado una queja contra mí.

—¿Qué?

—¿No sabes nada de esto?, ¿te reuniste con Recursos Humanos el jueves pasado?

—Bueno, sí. Pero no presenté ninguna queja.

Andy se mostró tan escéptico como enfadado. Dave trató de explicar la situación, describiendo sus experiencias de ser excluido y criticado, mientras su jefe siempre lo miraba con gesto inexpresivo.

—No tengo ni idea de lo que estás hablando, Dave. Todo lo que sé es que alguien presentó un informe diciendo que yo creaba un ambiente de trabajo hostil. ¿Te parece que el ambiente es hostil?

—Bueno, no exactamente.

—¿No exactamente?, ¿qué significa eso?

La conversación continuó así durante unos minutos más, Dave se sentía cada vez más impotente defendiendo su posición y preocupado por su trabajo. Andy terminó diciéndole a Dave que había organizado "sesiones de mediación" con Recursos Humanos.

—Eso es lo que hacemos aquí, Dave, cuando se culpa a alguien de crear un "ambiente de trabajo hostil" —le dijo su jefe, con sarcasmo.

Nadie en Recursos Humanos quiso darle a Dave una respuesta directa sobre cómo y por qué su conversación supuestamente confidencial sobre su jefe acabó en una queja archivada; y las sesiones de mediación fueron desastrosas. La persona de Recursos Humanos parecía ponerse de parte de Andy; mientras él daba muestras de sensibilidad y preocupación por Dave, éste se mostraba cada vez más frágil y paranoico. Al final de la tercera y última reunión, después de elaborar un plan de acción para los dos, la persona de Recursos Humanos le preguntó a Dave:

—¿Crees que hemos resuelto este asunto por ahora? —Dave no supo qué decir—. Bien, y respecto al tema del ambiente, ¿sigues sintiendo que hay hostilidad?

—Bueno, yo nunca dije que había un ambiente hostil, no sé de dónde salió eso.

—Bueno... —dijo la encargada de Recursos Humanos—, entonces estoy segura de que no te importará firmar este formulario en el que declaras que te sientes seguro y apoyado aquí.

A Dave le pareció una especie de trampa y empezó a preguntarse por la verdadera intención de la reunión, pero firmó el formulario.

A partir de ahí, las cosas fueron cuesta abajo, Dave y Andy apenas se hablaban. Su trabajo terminó un viernes; primero, con una llamada de Recursos Humanos y un rápido despido con pocas explicaciones, y repetidos comentarios de que fuera "una renuncia voluntaria". La empresa ofreció una pequeña indemnización por sus años de servicio, pero al firmarla, se comprometía a no emprender ninguna acción legal contra la empresa.

Dave estaba furioso con su jefe y decepcionado de una empresa que alguna vez le ofreció un verdadero sentido de pertenencia y propósito. La ira y la decepción lo consumían. Sin embargo, no tenía a nadie, aparte de su mujer, con quien hablar de esta injusticia. No estaba seguro de que nadie le creyera y le preocupaba que, si hablaba de ello con amigos o familiares, se haría más daño que bien, ya que probablemente pensarían que había sido demasiado sensible. De hecho, incluso en sus conversaciones con su esposa, esta preocupación estaba presente, en especial a medida que ella se exasperaba con él y su repetida narración de la historia.

En su tercera sesión conmigo, Dave llegó con buenas noticias: un viejo amigo suyo iba a fundar su propia agencia de seguros y le había pedido que se incorporara a un puesto directivo. Ganaría un sueldo mejor que en su anterior trabajo y tendría alguna participación en la empresa, tal vez recibiendo un porcentaje de los beneficios cada año. Dave sabía que era una oferta excelente y estaba dispuesto a aceptarla. Sin embargo, sentía tristeza y una extraña decepción. Al seguir hablando de esto, la razón de sus sentimientos oscuros se hizo evidente.

—Siento que se están saliendo con la suya —dijo Dave, refiriéndose a su anterior jefe—. No soporto que hayan hecho eso y que no haya ninguna consecuencia.

—Lo sé, Dave, realmente suena como una injusticia. Pero ¿qué tiene que ver eso con esta nueva oferta?

—¡No tengo ni idea! —respondió, sonriendo un poco y negando con la cabeza—, pero sí sé que si la acepto, es como si no hubiera pasado nada. Es decir, me hicieron algo muy jodido y me va mejor. Eso me parece mal.

—Muy bien, creo que lo entiendo. Entonces, ¿qué habría pasado si nunca te hubieran ofrecido este nuevo trabajo y no encontraras empleo nunca más?, ¿eso arreglaría el problema?

—Eso es lo raro: de alguna manera, sí. El que yo esté desempleado revela el tamaño de la injusticia: "¡Mira lo que me hicieron!".

—¿Se hace justicia si te quedas desempleado?[23, 24]

—Sí, así es, aunque de una manera muy extraña. Tengo un peculiar recuerdo ahora mismo, que de alguna manera encaja: una noche, cuando era pequeño, mi madre prometió que cenaríamos macarrones con queso, mi platillo favorito. Lo olvidó, y en su lugar sirvió hot dogs, que eran los favoritos de mi hermana. Me enojé mucho. El único problema era que a mí también me gustaban mucho los hot dogs. Eran mi segunda comida favorita. Pero fingí que no me gustaban, y fingí que me daba muchísimo asco comer. De alguna manera, toda esta situación se parece a eso.

—¿El nuevo trabajo es como el hot dog?

—En realidad son los macarrones con queso... —Dave sacudió

la cabeza y se rio—. ¿Qué estoy haciendo aquí? Esto es lo mejor que podría haber esperado, ¡y estoy actuando como un verdadero deprimido!

—Bueno, realmente parece que te perjudicaron en ese último trabajo, Dave.

—Sí, así fue, definitivamente. Pero que *se jodan*. Este nuevo empleo es genial.

La experiencia de Dave de ser despedido no se puede comparar con la experiencia de Alison de ser abusada cuando era niña. Pero tienen algo en común: la injusticia. Cuando experimentamos una injusticia, vemos una discrepancia entre cómo creemos que debería ser el mundo y cómo deberíamos ser tratados contra un acontecimiento que viola esas creencias. ¿Recuerdas aquella idea lewiniana de que nuestra mente tiende a mantener vivas las tareas inacabadas en la memoria? Negarse a seguir adelante, quedarse estancado en una injusticia puede reflejar esa necesidad de reparar una injusticia pasada, de reconciliar una creencia sobre cómo deberías ser tratado con cómo fuiste tratado.

Permanecer igual para erigir un monumento al daño recibido es un deseo de justicia; es una forma autodestructiva de corregir un mal. En este caso, seguir igual es una forma de esperar y de mantener el mal hasta que se restablezca el bien. El problema es que este modo de buscar justicia nunca funciona, ya que la forma real de eliminar la discrepancia es recuperar lo que puedas de la persona que eras antes del suceso perjudicial, y eso significa avanzar, a pesar de lo que te haya ocurrido. Tus opciones son seguir igual para fastidiar al otro o seguir adelante, a pesar de su comportamiento. Lo primero no funciona. Como dice el refrán: "El resentimiento es como tomar veneno y esperar que la otra persona muera".

Los resultados del TAE muestran que cuanto más se teme a la esperanza, más se cree que el mundo es controlable, pero también se siente como un mundo menos benévolo y menos generoso. Estas relaciones son bidireccionales, así que no podemos decir si el TAE causa estas creencias o si las creencias causan el TAE. Dicho esto, las historias de Alison y Dave sugieren un camino causal: que cuando creemos en un mundo que es justo y sufrimos una injusticia, tenemos temor a la esperanza. Lo hacemos porque esperar, y permitir que la esperanza nos mueva hacia delante, significa avanzar sin que se haga justicia. En esta situación, tememos a la esperanza porque ésta amenaza el monumento que hemos construido para nuestro dolor al quedarnos quietos, en una postura de abatimiento.

Tal como Alison dejó en claro, el camino hacia la recuperación significa cambiar la forma en que abordas tus heridas del pasado y la forma en que *otras* personas cambian su enfoque hacia tus heridas. En realidad, esto es válido para todos los cambios, tanto si te ha pasado algo malo como si no. Cuando cambias, transformas potencialmente tu relación con los demás y tu relación contigo mismo. Las razones para no cambiar #9 y #10 tratan de la amenaza de estos cambios.

RAZÓN PARA NO CAMBIAR #9:
PERMANECER IGUAL TE PROTEGE
DE CAMBIAR TU RELACIÓN CON LOS DEMÁS

El cambio personal positivo inevitablemente crea la posibilidad real de incertidumbre, e incluso de conflicto, en tus relaciones.

Una de las cosas, quizá la más importante, que me gusta de la relación con mi mujer es que siente un gran afecto por mis debilidades. Rebecca tiene una especie de lista de diez cosas incómodas y divertidas que he hecho: una, al principio de nuestro matrimonio, cuando teníamos poco dinero y traté de devolver una silla Mamasan que encontramos en la basura a una tienda de muebles, y terminé regañado por la chica del mostrador; entonces retrocedí hacia la puerta de salida, negando la acusación, y luego me fui corriendo hacia el coche. Otra ocasión en la que detuve a una camarera mientras leía lo que yo creía que era la lista de carne de res, diciendo: "No sigas, somos vegetarianos", cuando en realidad era la lista de *cervezas*. O la vez que en la fila de seguridad del aeropuerto le grité a mi mujer "ES MUY AMBIGUO", y todo el mundo me miró mientras sostenía desesperado mi boleto, impreso en casa, que el escáner acababa de rechazar.

Son cosas pequeñas, tontas y censurables, pero traicionan la imagen pública que me gusta mantener de alguien serio y (tal vez, el más grande de los elogios modernos) también *cool*. Son cosas que tienen que ver con una persona a veces torpe, confusa y propensa a cometer errores. Me encanta contarle a Rebecca estos acontecimientos. Cuando escucha mis historias, o es testigo de mis desventuras, suele decir: "¡Genial!", y sé que añadirá el evento a su lista de los diez mejores. A veces, cuando repasamos la lista es como ver una vieja película de Steve Martin; una pareja tomada de la mano en el cine, observando con sentimentalismo cómo un pelagatos se tropieza con un rastrillo. Rebecca es la única persona en el mundo que ama las partes fallidas y desordenadas de mí, tanto (e incluso más) que mis éxitos. Y eso lo aprecio. De hecho, si tuviera que elegir entre su aprecio por mis logros y su afecto por mis debilidades, la elección sería fácil: lo segundo, sin duda.

Estoy convencido de que el perdón hacia uno mismo es una virtud primordial, un antídoto para mucho sufrimiento y una clave para tener experiencias plenas. Tener a alguien en el camino de la vida que encuentre humor en tus errores, aportando ligereza a lugares de ti mismo que de otro modo ves como pesados y oscuros, fomenta esta virtud. ¿De qué sirve limpiar mi oficina, saber siempre dónde están las llaves de mi coche y seguir las instrucciones? Si aspiro a la perfección, pierdo eso que encuentro nutritivo para mí en mi matrimonio. Estoy seguro de que, en algún lugar de mi inconsciente, este hecho puede incluso obstaculizar a veces mis intentos de cambio. Cada vez que cambio, me arriesgo a modificar una característica que me sostiene en mi relación más importante.

El ejemplo de la dinámica entre el cambio personal y lo que puedo perder en mi relación con mi esposa es bastante específico. Pero hay un gran número de cosas que pueden transformar una relación (algunas estimulantes, otras neuróticas) si alguien hace cambios positivos en sí mismo. Desde hacer que los demás se sientan innecesarios e invisibles hasta provocar la envidia de tus mejores amigos, pasando por perder la intimidad familiar o desmontar las redes de apoyo social, los cambios positivos pueden alterar tus relaciones de una forma que no resulte agradable, para ti o para los demás.

Curiosamente, este hecho se ignora comúnmente en las profesiones terapéuticas. Emily es un ejemplo de ello.

Emily en acción (en vivo)

Emily tenía 23 años cuando llegó a nuestro programa. Había abandonado la universidad después de un año, tras una mala ruptura con su novia, su primera relación de compromiso verdadero, que también la había llevado a "salir del clóset" ante su familia y amigos, quienes en su mayoría recibieron la noticia con buena disposición. Emily vivía ahora con sus padres y pasaba los días en juegos de rol en línea, con jugadores de todo el mundo. A través de los juegos, Mary había entablado una fuerte relación con muchos de los miembros de sus equipos sin llegar a conocerlos en persona. Charlaban durante y después de las partidas. Antes de reunirse con nosotros, Emily había asistido a tres programas terapéuticos diferentes, lejos de donde vivía, para personas que sufren adicción. En su caso, se trataba de una adicción a los juegos en línea. Tras cada ingreso a estos programas, sus padres contrataban un terapeuta capacitado para persuadir a las personas a que buscaran tratamiento. El profesional que contrataron sus padres se especializaba en veinteañeros que (en el lenguaje profesional para referirse a los hijos adultos que no abandonan el nido) tenían un problema de "fracaso en el lanzamiento".

Emily odiaba absolutamente los programas de tratamiento. Cuando volvía a casa después de estos programas, se encontraba con el Xbox bloqueado y el código de acceso a internet cambiado, tal como les habían indicado a sus padres que debían hacer. Emily se deprimía y se quedaba en su habitación todo el día, tumbada en la cama. Se volvía huraña, y su relación, estrecha y afectuosa con sus padres se agriaba. Después de unas semanas de aspereza, sus padres la dejaban desbloquear el Xbox y le permitían volver a conectarse, y entonces volvía a empezar a jugar todo el día.

Al considerar su situación, mi programa era una buena opción para Emily. Ofrece servicios para personas que la nomenclatura psiquiátrica suele describir como "difíciles de involucrar", es decir, personas que no acuden a las citas de tratamiento y que por lo regular lo abandonan. Hacemos todo tipo de cosas innovadoras para ayudarles a reconectarse con el mundo, los acompañamos a eventos y les ayudamos a mantenerse al día en el trabajo, reuniéndonos con ellos durante sus descansos para comer. Nuestro enfoque del problema de Emily fue muy diferente al de sus anteriores terapias.

Me asignaron como terapeuta del equipo de Emily y me reuní con ella en su casa. La última vez que jugué un videojuego fue tal vez *Donkey Kong*, así que cuando nos vimos no tenía ni idea de la profundidad de sus relaciones con otros jugadores. Sin embargo, a medida que nos encontrábamos, llegué a comprender que, aunque las relaciones tenían sus límites, eran profundas y le ofrecían a Emily un auténtico sentido de apoyo y conexión social. De hecho, en cuanto a la cantidad de sus interacciones, la vida social virtual de Emily era superior a la mía en el mundo no virtual, pero "real", del contacto visual real, de acercarse para escuchar, de los apretones de manos, de las palmadas en la espalda, de los abrazos y de una buena noche de comida y bebida.

La idea de que Emily tenía una adicción a los juegos no era lo más importante. Tal vez su conducta de juego se viera recompensada por las intermitentes victorias cibernéticas, pero los juegos también le ofrecían algo mucho más gratificante desde el punto de vista interpersonal e interno. Sentía que encajaba, que era necesaria, que tenía un propósito y un rol en la vida de los demás. En un "mundo real" en el que estas experiencias cruciales eran difíciles de obtener, las encontró en el mundo virtual de los juegos en línea.

Pasar el día con un amigo tratando de conseguir una dosis también es una especie de experiencia social; sentarse en un bar definitivamente lo es, al igual que pasar una noche en una ruleta. No siempre, pero muchas veces las conductas adictivas se dan en grupo. De ello se deduce que cuando una persona pretende recuperarse de su hábito problemático particular tiene que renunciar a pertenecer a estos grupos.

En este caso, hay un reto adicional para lograr el cambio personal: un concepto cada vez más extendido en la investigación de las adicciones es que los hábitos problemáticos suelen coincidir con un intento de sentirse conectado con los demás y se mantienen gracias a él. Las mismas sustancias químicas que se liberan en el cuerpo cuando uno se siente conectado con otras personas son generadas por el cuerpo o activadas cuando uno se involucra en un comportamiento habitual nocivo.[25] Eso es lo que hace que la adicción sea tan complicada: aprovecha la misma parte del cerebro que la naturaleza y la evolución utilizan para que nos conectemos con los demás. Dicho de otro modo, la adicción se engancha a tu parte que te hace más humano: tu parte social colaborativa. La conducta adictiva, ya sea una adicción de proceso (como el juego, las compras y el sexo) o el consumo problemático de sustancias, crea un sentido de conexión humana. Cuando dejas una conducta adictiva, quizá debes dejar un grupo al que perteneces, una identidad que presentas con comodidad a los demás, un repertorio de comportamientos sociales que dominas y una experiencia de pertenencia generada de forma sintética.

Volviendo a Emily: una vez que comprendimos el valor relacional que para ella tenían los videojuegos supimos que, en su caso, lo peor sería una terapia en el consultorio o, peor aún, en el hospital o en un programa de tratamiento. En lugar de proporcionarle sólo terapia fuera de casa, dimos tres pasos con ella. Primero, con su permiso, llevamos a Emily a una convención de videojuegos en la ciudad. Esta estrategia, por supuesto, parecería absurda, si no es que francamente peligrosa, para alguien que creyera que el problema de Emily era tan sólo un enganche químico a una conducta: como llevar a un borracho a un bar. Pero creíamos que existía la posibilidad de que experimentara algunos momentos positivos en la convención, que pudieran despertar su interés por salir de los confines de su habitación para hacer conexiones reales. La estrategia funcionó, ya que Emily descubrió que miles de personas compartían sus intereses y hablaban su mismo idioma. De hecho, le pidió al médico que la acompañaba que la dejara sola en la convención y salió a jugar una noche a Calabozos y Dragones con un grupo que conoció allí.

El segundo paso fue que se asociara a la Sociedad LARP de Boston.

LARP son las siglas de Live Action Role-Playing (juego de rol en vivo). Se trata de juegos en los que la gente participa en campos de juego, en los que se disfrazan de personajes y avatares para luchar. Se trata de tomar la experiencia de un videojuego y representarla en vivo. Emily formó parte de un club de LARP en el instituto, pero dejó de jugar cuando se fue a la universidad. Encontramos un grupo para adultos, y el médico encargado del tratamiento general de Emily se ofreció a participar en uno de los juegos. Ambos se vistieron con trajes medievales y asistieron. Esto también resultó ser un éxito, y Emily siguió yendo por su cuenta a cualquier juego que encontrara.

Gracias a los juegos LARP y a las fiestas que se celebraban después, Emily empezó a desarrollar amistades reales, cara a cara. A través de una de estas amistades, consiguió un trabajo en una tienda local, vendiendo videojuegos usados. Con nuestra ayuda (el tercer paso), pronto se mudó de la casa de sus padres a un departamento con uno de sus compañeros de trabajo.

Emily fue capaz de cambiar su relación con los videojuegos: de una modalidad preocupante y que le impedía ser autosuficiente a formas de mantenerse conectada con personas con las que se podía relacionar fuera de la "Matrix" y no sólo a través de las relaciones virtuales de las que dependía. Esto no lo habría logrado con programas centrados en el cambio de su comportamiento, los cuales exigían que también cambiara su red social, porque al evitar el juego también la desconectaría de esa red.

Antes de su reconexión con el LARP, Emily estaba enganchada a un hábito problemático que la mantenía encerrada, sin trabajo y desconectada de las interacciones cara a cara. Estoy seguro de que los juegos virtuales que jugaba la atraían con la promesa de una victoria ocasional. Pero también estaba enganchada a algo que es irresistible para la mayoría de los seres humanos: el contacto lúdico, comprometido y colaborativo con los demás. Al mantener este tipo de relaciones y, al mismo tiempo, ayudar a Emily a salir de los confines de su casa, le proporcionamos una forma de conservar las valiosas conexiones sociales y, al mismo tiempo, disminuir la fuerza de los juegos en línea que la habían mantenido desconectada del mundo en general.[26, 27]

Emily mostró una gran esperanza. Cuando se le ofreció la oportunidad de volver al mundo fuera de su casa, la aprovechó, se dirigió hacia la esperanza y se alejó de las sólidas rocas de la inercia y la desesperación. Emily estaba dispuesta a dejar atrás sus problemas (irónicamente, los enfoques tradicionales de tratamiento eran lo único que en realidad la frenaba). Sólo necesitaba los recursos sociopsicológicos adecuados (como el apoyo social, la autoestima y la autoeficacia) para seguir adelante. Una vez que los tuviera, podría cambiar. Para muchas otras personas, el acceso a la conexión social es mucho más estrecho, y mantener una conducta adictiva perjudicial es su principal vía para conseguir la benéfica dosis de conexión con otros seres humanos.

Problemas como llaves

He aquí un famoso triángulo, con raíces en el antiguo Egipto y que aparece hoy en la parte superior de la y de YMCA, que representa el concepto de las tres facetas de un individuo.

Y ésta es la versión del triángulo de Alcohólicos Anónimos.

"Unidad" (conexión con el grupo y apoyo social) y "Servicio" (propósito, contribución, un rol en la vida), ambos conducen a la "Recuperación. El énfasis de AA en el compañerismo es un aspecto fundamental de su filosofía y enfoque; a través de él, la organización ofrece una alternativa a la barra del bar o al antro. Si hablas con la mayoría de las personas de AA, te dirán que su recuperación creció tanto o más gracias a las interacciones que tuvieron antes de las reuniones ("la reunión antes de la reunión", como la llaman algunas personas); durante los viajes en coche con un grupo; charlando antes y después de la cena en un restaurante local; fumando un cigarrillo antes de salir a la carretera; conversar durante el viaje de vuelta. Todas estas oportunidades de interactuar, comprometerse y establecer vínculos fueron más importantes para su recuperación, que seguir los doce pasos prescritos.

AA ofrece una experiencia de conexión grupal basada en la recuperación como alternativa a las interacciones grupales cimentadas en el consumo. Al centrarse en el compañerismo, va directo al lugar que recién estamos descubriendo que es el sitio del uso problemático de sustancias: la conexión humana y la falta de ella. En cierto modo, AA utiliza el espíritu de una cofradía o grupo religioso (centrado en el servicio y la unidad) para ayudar a la gente a recuperarse de un problema de desconexión. Sin embargo, el apretón de manos no tan secreto, el golpe especial o la contraseña en la puerta son significativos: debes admitir que tienes una enfermedad incurable para entrar.

Tu enfermedad, en otras palabras, una mancha en tu persona, es la llave para AA. Si llegas a la conclusión de que tú, como mucha gente, realmente has "dejado el hábito" (una posibilidad cada vez más apoyada por la ciencia),[28] has dejado atrás el consumo problemático de sustancias, abandonas la hermandad. Incluso puedes perder a tus amigos en AA, tus acciones hablan de la blasfemia de la "negación". Si decides que puedes seguir bebiendo o tomando drogas de forma intencionada pero moderada y segura (otro comportamiento apoyado por gran parte de la ciencia sobre el uso habitual), olvídate: estás fuera de AA.

Todos los tratamientos conductuales tienen este problema potencial de ofrecer a sus destinatarios la promesa de conexiones sociales que sólo pueden alcanzarse si se admite la propia deficiencia. De hecho, la buena psicoterapia ofrece esta promesa de forma paradójica. La psicoterapia funciona cuando paciente y terapeuta construyen un vínculo de colaboración que se aproxima e incluso alcanza la experiencia del amor. Sin embargo, se trata de una relación amorosa con el propósito de que el paciente se convierta en su propia persona. Por lo tanto, cuanto mejor le vaya al paciente y más le funcione la relación, más cerca estará de divorciarse de alguien a quien se siente muy cercano.

En un libro anterior,[29] escribí sobre cómo esta dinámica puede ser difícil de manejar para las personas con las que trabajo, que han pasado largos periodos en el sistema de salud mental. Para muchos de ellos, su principal fuente de apoyo de contacto social proviene de los profesionales o de los compañeros. Su mundo social, donde son conocidos, aceptados y en el que saben desenvolverse, es el mundo del tratamiento psiquiátrico. Así que para estas personas, mejorar significa perder un recurso básico que todos necesitamos para avanzar en la vida. Así, de forma inconsciente y comprensible, se resisten al cambio, convirtiéndose en pacientes profesionales o "pacientes arribistas", como yo les digo.

Ese libro trata en específico de los individuos que tienen comportamientos parasuicidas, es decir, gestos suicidas repetitivos que por lo regular no ponen al paciente en riesgo físico (cortes superficiales en la muñeca, tomar unas cuantas pastillas más de las prescritas, amenazas), pero que inevitablemente dan lugar a una mayor atención e intervención profesional. Sostengo que estos comportamientos parasuicidas aumentan cuando las personas experimentan más "crisis profesionales". Los tipos de acontecimientos que estimulan estas crisis son de naturaleza opuesta a la típica crisis laboral. En el trabajo, uno se siente preocupado por su carrera cuando las cosas van mal. Sin embargo, una persona dedicada por completo a la "carrera de paciente" se preocupa cuando las cosas van bien; consigue un nuevo trabajo, recibe una buena nota en una clase, incluso empieza a ir mejor en el tratamiento. Estos éxitos amenazan al paciente arribista, que se preocupa por todo lo que puede perder si mejora. La conducta parasuicida, ese acto dramático de potencial lesión a uno mismo, les hace volver a su limitante pero cómoda carrera de pacientes.

La historia del paciente arribista es la de una inseguridad extrema y un comportamiento igual de extremo para aliviar la ansiedad existencial respecto a la soledad. Pero la paradoja de perder una relación por el aumento de la propia autosuficiencia no es anormal; es una característica básica de las relaciones entre padres e hijos, y de las relaciones que tenemos a lo largo de nuestra vida.

La soledad en presencia de otros

Si eres padre conocerás este fenómeno: tu hija está en otra habitación jugando sola. Puedes oírla allí, sola, hablando, cantando, haciendo ruidos. Parece tan concentrada en el juego, tan separada de tu presencia en la otra habitación. Entonces suena el teléfono. Respondes. De repente, está a tu lado. Tratas de permanecer en el teléfono, de concentrarte en lo que dice la otra persona, pero lo único que oyes es: "Papá, papá... papá, papá... papá, papá...". En ese momento, te das cuenta de que tu hija nunca estuvo jugando sola. Todo el tiempo, tu presencia le facilitó el juego. Podía estar sola porque sabía que estabas a una habitación de distancia, oyéndola, pensando en ella. En palabras de D.W. Winnicott, estaba "sola en presencia del otro".[30] Su capacidad de estar sola y de poder jugar e imaginar dependía en realidad de su sensación de estar de algún modo "contenida" en tu mente. La llamada telefónica rompió el hechizo de tu presencia, y por tanto dañó su capacidad de estar "sola".

Para afrontar la vida con seguridad, los adultos también necesitan esta sensación de que alguien piensa en ellos, de que existen en la conciencia de otra persona, de que, aunque estén solos, son vitales para los demás. Cuando uno sabe que está en la conciencia de otro puede estar jugando o trabajando solo, y puede aceptar esta soledad y los consiguientes sentimientos de responsabilidad que fomenta, pero su soledad es menos cruda. Menos *solitaria*.[31, 32]

Puedes permanecer en el pensamiento de otro cuando tienes éxito en algo, pero es muy probable que el éxito no mantenga su atención por mucho tiempo: porque lo malo pesa más que lo bueno, y es probable que sólo obtengas un fugaz golpe de atención a causa de tu éxito. Si, por el contrario, haces que otro se preocupe por ti (porque estás sufriendo, has fracasado, te has lesionado o estás en peligro de alguna manera), es probable que la fuerza y la duración de su atención sean más fuertes, constantes y duraderas.

Volvamos al padre, a la niña y a la llamada telefónica. Supongamos que ignoras el llamado, ¿qué sigue? Es previsible: un choque, un grito, un movimiento brusco. Cuando un niño no puede llamar tu atención y se siente amenazado por la sensación de soledad fuera de la atención de alguien importante para su seguridad, suele elegir la urgencia de lo malo en lugar de la calma de lo bueno. Al hacerlo, entra directo al programa primordial (la llamada y la respuesta del peligro y la protección) de la relación padre-hijo.

Los niños pequeños dependen por completo de sus padres. Esa dependencia, tanto para la crianza como para la protección, define la relación padre-hijo. La emoción que garantiza que los padres hagan todo lo posible por cuidar a sus hijos, y que los niños se vinculen con sus padres para crecer con seguridad, es el amor. Pero aquí está el truco de todo esto: el trabajo de los padres es ayudar al niño a llegar a un punto en el que se independice de los padres y deje de necesitar el comportamiento asociado al amor paterno. El amor que se intercambia en una relación padre-hijo siempre tiene que ver con la necesidad y la satisfacción de esta necesidad, el peligro y la protección contra el riesgo, el crecimiento y la conexión de apoyo para seguir creciendo, todo ello con el objetivo de acabar con este vaivén. Algunos padres e hijos afortunados consiguen con más facilidad el equilibrio necesario en esta dinámica para que el niño se vaya limpiamente y para que experimente con facilidad una relación adulta con los padres, a la vez independiente y afectuosa. Muchos no lo consiguen. Muchos niños se apoyan en la fuerza de lo malo (necesidades, miedos, vulnerabilidades, debilidades) para ocupar la atención de sus padres. Ésta fue sin duda mi experiencia cuando intenté independizarme por primera vez.

Me llevó mucho tiempo encontrar la manera de relacionarme con mis padres que no se basara en que yo necesitara algo de ellos. Les costó mucho tiempo (ambos hijos de la Gran Depresión; uno de ellos judío, con todo el bagaje histórico y el trauma de vivir en un mundo caprichoso) construir una relación conmigo en la que no estuvieran de forma automática proporcionándome recursos o encontrando formas de protegerme. Mis primeros veinte años, ese periodo en el que vivía en el centro de Los Ángeles, sin rumbo, haciéndome pasar por artista y haciendo muy poco de mí mismo, se formaron en parte a partir de mi confusión del amor con la necesidad. Durante ese periodo, mis propios problemas y mi falta de progreso fueron mi medio para seguir conectado con mis padres. No sabía si podría tener una relación nueva y diferente con ellos, y tenía miedo de perder mi confiable vínculo de necesitar de ellos.

Recuerdo una noche en la que acababa de tener un accidente de coche, y mis padres hicieron el viaje de una hora a Los Ángeles para llevarme a cenar y consolarme. Me sentí muy bien al recibir su ayuda y sus cuidados, como si hubiera vuelto al lugar donde debía estar, mi sensación de homeostasis, de "cómo deberían ser las cosas", mi sensación de bienestar psicológico era más grande de lo que había sido en meses. Si cambiaba para mejor, y me volvía más autosuficiente, con los ojos bien puestos en el camino utilizando los indicadores de dirección de mi coche, me arriesgaba a perder el abrazo reconfortante de unos padres cariñosos y atentos.

Mi atracción por seguir siendo el mismo y continuar cometiendo suficientes errores para mantener a mis padres involucrados era perversa, sin duda. Pero esta dinámica, en diferentes grados, se da en todos nosotros. Esa sensación de que caer menos significa perder la reconfortante experiencia de ser socorrido. Ese deseo de la comodidad de ser protegido y cuidado se transfiere en nuestra edad adulta a todo tipo de personas: amigos, compañeros de trabajo y, en especial, a nuestras parejas íntimas románticas.

"El amor inmaduro —escribió Erich Fromm— dice: 'Te quiero porque te necesito'."[33] Cuanto más nos acercamos al amor maduro, más experimentamos este amor como algo que producimos de forma autónoma. "Paradójicamente", escribió Fromm, "la capacidad de estar solo es la condición de la capacidad de amar." Pero esa capacidad de estar solo no es fácil, y rara vez alguien se siente del todo cómodo con su soledad. A menudo anhelamos un amor inmaduro como solución a la ansiedad existencial.

Tu ansiedad por la soledad y la responsabilidad es la fuerza central que frena todo cambio. Si crees que el cambio hará que te sientas más solo y menos conectado como presencia duradera en la mente de los demás, esa ansiedad se refuerza. Entonces, ¿cómo puedes equilibrar tu ansiedad por esta soledad con tu necesidad de sentirte acompañado por tus amigos y familiares? Una forma es no cambiar y seguir siendo reconocido por los demás porque no estás cambiando.

Hay un veinteañero necesitado y un paciente arribista en cada uno de nosotros que se debate entre el amor inmaduro que *necesita* y la práctica madura de un amor que *da*, porque en todos nosotros hay siempre una lucha relacionada con nuestra soledad. Por eso es muy seductor enviar señales de disfunción y problemas para sentir ese cálido consuelo de ser arropado y abrazado, ese amable susurro de "no estás solo". Las señales de problemas atraen la atención de los demás más que los éxitos y reclaman un amor que no requiere su actuación. De hecho, esto se evoca por su aparente falta de voluntad.

Cuando después de una caída alguien te reconforta, puedes volver a la inocente facilidad de ser un niño dependiente de la sabiduría y los cuidados de los demás. Te acunan con calma, te animan y te satisfacen con los cuidados que quieres, te miran con ojos cariñosos, mientras te quedas felizmente dormido. ¿Quién no querría eso?

"Fracaso en el lanzamiento": vaya, mi profesión domina el arte del insulto. Ese término no sólo es ofensivo, sino que es erróneo. Un hijo que puede tener dificultades para salir de casa no tiene un mal funcionamiento en el lanzamiento en sí, como un cohete defectuoso. Quizá se trata de un problema de amor atribulado (pero amor, al fin y al cabo) y de miedo a perder la conexión con las personas a las que ha estado más unido la mayor parte de su vida. Las personas que no se van de casa en cuanto terminan la preparatoria o que vuelven a casa después de la universidad suelen buscar la manera de mantener el amor. Tienen miedo de perderlo si cambian. No es un gran problema, pero es muy comprensible. Definitivamente no es un fracaso.

Aquí hay otra sorprendente ocurrencia de mi profesión: "facilitación". Los especialistas en la drogadicción suelen decir a los padres que la incapacidad de sus hijos para estar sobrios es el resultado de su voluntad de ayudar a sus hijos, pase lo que pase. La narrativa que dice que están permitiendo el consumo de su hijo porque están "atrapados" con ellos, es otra ofensa. Los expertos dicen a los padres que esta sobreprotección es parte de la enfermedad adictiva, un patrón que indica un "sistema familiar patológico" (¡las ofensas continúan!) del que son cómplices. Por supuesto, los profesionales que diagnostican a los padres como facilitadores son jóvenes que no han ejercido la paternidad y nunca han conocido la preocupación sin límites y la ansiedad generadora de locura que conlleva la paternidad, en especial cuando tu hijo actúa de forma peligrosa. Cuando me reúno con veteranos de la etiqueta de facilitador y me dicen, normalmente con mucha inseguridad, que son facilitadores (porque compraron la etiqueta que algún profesional les aplicó) les explico que he desarrollado otro término técnico más preciso para este comportamiento: amor.

Es duro y desgarrador perder la conexión con las personas a las que estás unido, ya sean tus padres, tu entrenador de vida, tu profesor de tenis, tu terapeuta, tu padrino de Alcohólicos Anónimos o tus compañeros de bar. Pero a veces tienes que cambiar esas relaciones para seguir adelante y cambiar tú mismo. Y a veces, como experimenta un niño con sus padres, el potencial de pérdida de catexis es grande, ya que perder el poder de su preocupación significa dejar atrás una intensidad y exclusividad de atención y cuidado.

Esto nos lleva de nuevo al hecho de que en toda relación siempre existe esa tensión entre lo malo, pesado, y lo bueno, ligero.

Esta atracción por mantener intactos los aspectos negativos de ti mismo no sólo tiene que ver con tu necesidad de estar conectado de forma inalterable con los demás. También tiene que ver con tu deseo de permanecer conectado contigo mismo.

RAZÓN PARA NO CAMBIAR #10:
PERMANECER IGUAL TE PROTEGE
DE CAMBIAR TU RELACIÓN CONTIGO MISMO

Cambiar significa transformar la manera de relacionarte contigo mismo.

Es apropiado que ésta sea la última razón para no cambiar. En cierto sentido, las nueve razones anteriores tenían que ver con un cambio en tu relación contigo mismo: avanzar significa dirigirse a las direcciones desconocidas a las que te lleva la esperanza, adoptar nuevas posturas, plegarse a los cambiantes vientos de las decisiones que tomas; requiere que te relaciones con una nueva versión de ti, que necesita autonomía y responsabilidad, de seriedad y ligereza, abierta a considerar lo que sigue; el cambio precisa de una nueva relación contigo mismo en la zona de la humildad, un miedo desinteresado a las expectativas, una voluntad de destruir los monumentos a tu dolor y forjar relaciones nuevas o diferentes con los demás. Eso es lo que hace que el cambio sea difícil: el cambio se fomenta con una conversación contemplativa sobre ti, entre tu yo actual y tú mismo en el futuro.

Es hora de que confiese algo, una pequeña mentira que he estado contando en el libro. Ésta es la verdad: en realidad, mi oficina no es un gran caos como he dicho.

Cuando empecé a escribir el libro, decidí que una oficina organizada sería mucho más propicia para el proceso. Así que la organicé, guardé todos los objetos innecesarios. Y la mantengo así, limpiándola y guardando siempre las cosas al final del día. Mi oficina no es precisamente la imagen del ascetismo escandinavo, pero después de un año y medio escribiendo, sigue estando bien organizada.

Mi oficina organizada, sin embargo, no se traduce en cómo pienso sobre mí mismo. Después de años de oficinas desordenadas, y apenas nueve meses de vida en una oficina limpia, la percepción que tengo de mí mismo sigue siendo que soy un desastre. Muchos años de sentirme mal por mi desorganización han dejado impresa en mi mente esa imagen de mí, frustrado, avergonzado, rodeado de un reguero de cosas. Estoy seguro de que esta visión de mí mismo no se refiere sólo a la oficina, y refleja décadas de estigmatización interiorizada por haber sido etiquetado como discapacitado para el aprendizaje, siendo su síntoma más notorio la desorganización. También estoy seguro de que hay otras cuestiones más profundas en juego. Pero, por la razón que sea, me sentiría definitivamente incomprendido si alguien me comentara que está impresionado por lo ordenada que tengo mi oficina. Me sentiría como si estuviera viviendo una mentira, un estafador que pinta un decorado perfecto para su embuste.

Por lo tanto, las cosas están al revés, ya que el verdadero embuste (que he estado haciendo mientras escribo) es que mi oficina está desordenada. He jugado el juego, manteniendo el engaño capítulo tras capítulo, describiendo mi oficina desordenada en tiempo presente, mientras escribo. ¿Por qué?, ¿por qué tomar un logro y darle la vuelta hacia el fracaso? La razón tiene que ver, en parte, con mi necesidad de cierta continuidad entre cómo me ven ustedes y la percepción que tengo de mí mismo. Como ya he escrito, todos hemos adquirido un "yo de espejo", que necesita la percepción de los demás para confirmar quiénes somos. Tú eres un público que se refleja en mí, y yo quiero ver en ese espejo a la persona que creo que soy. Ese deseo de continuidad (de una Gestalt y una integridad en lo que soy) es muy poderoso; tanto que la mentira que he dicho sobre mi oficina es más verdadera para mí que la verdad.

El psicólogo social William Swann lo aclara en su "teoría de la autocomprobación".[34] Swann afirma que es necesario sentir que existe una clara coherencia entre la visión que se tiene de uno mismo y la que tienen los demás. Esta necesidad de coherencia es tan fuerte que con frecuencia prefieres la comprobación de un yo conocido, aunque comprometido, en lugar de una visión más autocomplaciente, aunque esta última esté mejor respaldada. Swann cree que cuando tienes una visión negativa de ti mismo (como yo con mi desordenada oficina) tu necesidad de comprobación (o consistencia personal) suele imponerse, así que tratas que los demás te vean de acuerdo con la imagen negativa, pero familiar, de ti mismo.

Vuelve a aparecer ese teatro en el que eres a la vez actor y público. Quieres ver la misma actuación que las personas que están a tu lado. Así que si te sientes mal con alguna parte de ti, quieres que ellos también lo vean, porque quieres que te devuelvan el espejo de que tus sentimientos sobre ti mismo son correctos.

El otro día estuve en una fiesta y el hijo de nuestro amigo volvía de la facultad de medicina. James es un gran chico, siempre me ha caído muy bien, siempre ha sido un chico muy humilde y atento. Sin embargo, los estudios nunca fueron fáciles para él, y tuvo que trabajar más duro que los demás para llegar a donde está hoy. Es una persona tranquila, nunca le interesó llamar la atención, y yo diría que no la tuvo en la preparatoria, volaba bajo el radar y pasaba el rato con un grupo reducido de otros estudiantes serios. James y yo siempre hemos compartido una relación cálida.

—¿Cómo va la escuela de medicina? —le pregunté.

—Bien —respondió James—, mis clases van bien, pero definitivamente es difícil.

—Seguro que sí. No podría imaginarme haciéndolo.

—Sin embargo, recibí un premio.

—¿En serio?, ¿cuál?

—Estudiante del año.

—¡Qué!, ¡es genial, James!, ¿cómo te sientes?

—Bien, y también un poco raro.

—¿Raro?

—Sí, como si no fuera yo quien lo hubiera ganado, como si fuera de alguien más. Así de extraño.

—Aunque también es extraordinario, ¿cierto?

—En definitiva: es algo muy importante. Mis padres no paran de decírmelo. Los otros estudiantes no dejan de felicitarme. Así que, claro, es increíble. Pero... no sé, siento que debería estar más emocionado: eso realmente sucedió, pero no lo estoy.

—A veces así se siente con un logro grande. Es difícil de asimilar, ¿cierto?

—A decir verdad, en realidad me sentía mejor con mis compañeros antes de recibir el premio. No me malinterpretes, es totalmente genial, y por supuesto que me va a ayudar a conseguir las mejores residencias, pero aun así...

James no es un tipo que quiera, necesite o espere premios. Dios lo bendiga, no le gustan los objetivos extrínsecos. Le gusta la recompensa intrínseca de entrar en mejores residencias más adelante, pero no puede asimilar el premio formal y externo de ser el estudiante del año de una manera que se sienta real y se alinee con cómo se ve a sí mismo.

El duelo y la inevitable discrepancia del cambio

La necesidad de una Gestalt del yo es poderosa, bloquea algunos sentimientos, potencia otros y te guía en tus relaciones más importantes. Lo recordé hace unos meses, cuando Rebecca y yo visitamos a Max durante su semestre en el extranjero, en los Países Bajos, ese viaje que tanto lo asustó antes de partir.

Rebecca y yo nos detuvimos en la pequeña ciudad en la que Max estudiaba, y allí estaba él, en su bicicleta holandesa, confiado y orgulloso. Atrás quedaba el niño asustado en el aeropuerto, diciéndome: "No estoy preparado". Mientras continuábamos nuestro día, me di cuenta de lo mucho que había cambiado, de lo maduro que parecía, de lo independiente que era: todo un hombre. Era el sueño de cualquier padre. No podía creer la transformación. Avanzaba con paso firme por el camino de la autosuficiencia.

Me sentí muy orgulloso y aliviado. Pero también me invadieron otros sentimientos más densos, que acabaron superando esa suave experiencia de orgullo paternal. Me sentí desorientado y sin un rol que cumplir. ¿Quién era yo ahora?, ¿qué era yo para él?, y lo más importante, ¿cómo íbamos a conectar él y yo? Eso me llevó a otros sentimientos: el dolor del duelo y la pérdida, la sensación de impotencia de buscar un último contacto y la ansiedad de perderlo.

En cada ciudad holandesa, todas las semanas parece haber algún tipo de fiesta masiva, llena de cerveza, y la semana que estuvimos ahí no fue una excepción. Max había entablado con rapidez una relación muy estrecha con un grupo de chicos de su residencia, y era claro que no quería perderse ninguna fiesta. Así que, por supuesto, cuando pidió salir con sus amigos en las noches de nuestros primeros días de viaje, apoyamos de buen grado esta decisión. Una vez más, este estrecho círculo de amigos era el sueño de los padres, pero con el dolor de la pérdida incluido. Los viajes y las vacaciones antes eran familiares, en los cuales yo me encargaba de los planes de forma obsesiva. Pero ahora Max hacía sus propios planes, y no nos incluían a su madre y a mí.

Cuando conseguí pasar tiempo con Max en nuestra visita no logramos la conexión que yo anhelaba. Por primera vez en nuestra relación, las cosas se sentían incómodas, al menos para mí. Había muchos silencios entre nosotros, ningún problema en torno al cual pudiéramos continuar nuestra tradición de una llamada para atender sus necesidades y darle una respuesta protectora; ningún peso que Max pudiera darme para anclarme en mi papel de padre y a él en su papel como mi pesada responsabilidad.

Ya estoy en casa tras la visita, pero estos sentimientos permanecen. Aunque me siento culpable y un poco avergonzado de escribir esto, una gran parte de mí anhela ese momento en la banca del aeropuerto antes de que Max se fuera, cuando todavía me necesitaba. Lo deseo porque sé cómo amarlo desde esa posición, y (mucho más egoísta) porque estar allí, consolándolo, me dio una Gestalt de lo que pensaba de mí mismo y cómo actuaba él conmigo, que ahora no puedo tener. Hasta el momento, Max y yo teníamos un acuerdo implícito, tal vez incluso inconsciente: yo dependía de él para tener un sentido de rol y propósito y una estructura de cómo amarlo, y Max dependía de mí para la protección, el calor, el sustento y una estructura para que él me amara. Maldita sea si Max no renunció a ese trato. Al hacerse más adulto, me dejó atrás, incómodo, sin un camino que seguir. No sé quién soy para él ahora, y por eso no sé quién soy para mí. Todo es ambiguo. No sé cómo dar el siguiente paso con seguridad, o si hay algún paso que sea seguro.

No estoy preparado.

Capítulo 11

El undécimo retrato
y la gran combinación

Los hilos invisibles son los lazos más fuertes.
—FRIEDRICH NIETZSCHE

Ya has recorrido la galería de las diez razones para no cambiar, y espero que algunos o todos los retratos te hayan ayudado a contemplar tus propias batallas con el cambio y la uniformidad.

Cada razón es una interpretación única de un tema compartido: la tensión entre dos fuerzas que siempre forman parte del cambio personal, una que te hace avanzar hacia el cambio, la otra que te hace retroceder y mantenerte igual. La esperanza y su vehículo, la fe, conforman la fuerza ascendente. La ansiedad existencial y el temor a la esperanza constituyen la fuerza descendente. Es necesario trabajar a través de la tensión entre estas fuerzas opuestas para llegar *desde donde estás hasta donde quieres estar*. Esas fuerzas y las tensiones entre ellas son los elementos básicos que se mantienen dentro de las diez razones.

Como en todos los intentos de enmarcar algo, he tenido que mantener ciertos elementos fuera de mis retratos para crear algo completamente comprensible. Ése es el arte de crear un marco: la tarea del escritor se asemeja a la del pintor, que debe decidir dónde empieza y termina el retrato, y qué elementos incluir y cuáles dejar fuera. Esto es especialmente difícil cuando se trata de ideas, ya que a veces lo que se excluye representa otros significados posibles e importantes.

Eso me preocupa en relación con este libro; además de todas las demás fuerzas que nos empujan hacia delante y nos frenan (en todas las áreas) cuando intentamos llegar desde donde estamos hasta donde queremos estar. No es que haya excluido por completo estas fuerzas a lo largo de la obra (escribí sobre ellas con cierta profundidad en el capítulo 8, en relación con Peter, quien pronto será biólogo marino). Pero eran pinceladas ligeras y secas comparadas con el empaste espeso de las tensiones existenciales.

LAS FUERZAS DEL ESTADO SOCIAL

La fuerza motriz de la esperanza y la fuerza restrictiva de la ansiedad existencial están presentes en cualquier intento de cambio personal. Se manifiestan cuando tú intentas cambiar y cuando yo intento cambiar. Sin embargo, hay otras fuerzas ascendentes y descendentes en cada uno de nuestros campos que hacen que tu intento de cambio sea diferente del mío, haciendo que cada campo sea único. Algunas de estas fuerzas son aptitudes, talentos y fortalezas individuales, pero muchas de ellas tienen que ver con nuestra experiencia social única: lo conectados que estamos con los demás; lo mucho que nos sentimos valorados por ellos; nuestro sentido de propósito en el mundo y, por tanto, lo mucho que nos sentimos valorados por nuestra sociedad, estatus social y económico y nuestro poder político. Es muy importante ser consciente de estas últimas fuerzas: las relacionadas con tu estado social en el mundo de los demás.

Así que tengo que pintar un undécimo retrato y colgarlo en la pared cerca de la salida de la galería: algo que hay que contemplar con seriedad antes de irse. Si no lo hago, me arriesgo a que mis ideas se coloquen en un marco donde realmente no las quiero.

CUIDADO CON LOS EXTREMISTAS

"Lo que tienes en tu mente de forma constante es justo lo que experimentarás en tu vida", escribe el famoso gurú de la autoayuda, Tony Robbins.[1]

"Si puedes imaginarlo, puedes hacerlo realidad", escribe Jack Canfield,[2] otro líder de la autoayuda y autor de la serie *Caldo de pollo para el alma*.

Robbins y Canfield son alumnos de *El poder del pensamiento positivo*,[3] de Norman Vincent Peale, un texto fundacional para gran parte del pensamiento de autoayuda. Al igual que su predecesor, afirman que somos dueños de nuestro destino y que podemos controlarlo cambiando nuestras emociones, actitudes y pensamientos, superando cualquier barrera con sólo imaginar algo diferente.

En la más fina de las superficies, las diez razones para no cambiar encajan en el mismo marco que las ideas de Robbins, Canfield y Peale, ya que también hablan de la idea de que estamos a cargo de nuestras vidas, que lo que nos frena suele ser nuestra tendencia a huir de este hecho, y que se gana una vida mejor cuando tomamos las riendas y nos vemos a nosotros mismos como dueños de la existencia que se nos ha dado. Sin embargo, a pesar de nuestras ligeras similitudes en cuanto a los principios generales, el cuadro pintado por los pensadores positivos representa prácticamente lo contrario de lo que he escrito en este libro. Esto se debe a que radicalizan la idea de nuestra soledad existencial, empaquetándola de una manera que es a la vez extrema (*estás tan al mando que puedes cambiar cualquier cosa a través del pensamiento*) y apetecible (*puedes elegir ser feliz, ¡hazlo ahora!*).

El hecho de que estemos solos *y* seamos responsables de hacer algo con nuestras vidas, y que por lo tanto tengamos opciones para elegir nuestras experiencias, es una verdad profunda, tanto que cuando se lleva al extremo de considerarla una especie de telequinesis (en la que tu mente dobla la cuchara), también es profundamente errónea.

Porque la soledad existencial tiene un gran dilema, y es éste: al mismo tiempo estamos solos e interconectados por completo.

La verdad profunda y generadora de ansiedad de nuestras muertes es un *yin* para un *yang* muy importante: que también estamos vivos. Y todo lo que está vivo crece y cambia, y todo lo que crece y cambia necesita el entorno que lo rodea para hacerlo (desempolva tu libro de biología de la preparatoria, todo está ahí). Como ser humano, una gran parte del entorno del que dependes son otros seres humanos.

LA GRAN COMBINACIÓN

En lo que respecta al cambio, como en toda empresa humana, estás *a la vez* en un viaje en solitario *y* necesitas a los demás para llegar a tu destino.

Espero que no olvides eso.

No me gustaría que cerraras este libro creyendo que acabas de contemplar diez retratos perfectamente enmarcados de tu soledad y responsabilidad en los que sólo dependes de la fuerza de algún gen del valor en tu ADN, o de alguna prescripción de un experto para seguir adelante, en lugar de ver la tensión del cambio, siempre rodeada por una red de conexión humana como la de Jackson Pollock.

Imagina que tienes una versión editable de este libro en tu computadora, y que le das *copiar* a cada una de las historias que cuento, y luego pegas estas historias en otro libro sobre la conexión humana: el alcance desesperado de sentirse cerca de otro, la poderosa decepción de perder esa cercanía, el dolor del aislamiento y el efecto vigorizante de las experiencias de grupo. Si lo hicieras, tendrías escrita una buena parte de tu libro sobre conexiones (también recibirías una carta de mi abogado).

Mark y el dolor del vaivén espontáneo de la esperanza, aplastado por su padre; Mary y su amor por la experiencia del equipo, y todas las pérdidas que la alejaron de él; Jim y la vergüenza por el accidente, la pérdida de su familia y su sensación de que ya no podía contribuir al mundo; Max sintiéndose "no preparado" al emprender su camino en solitario; el deseo de Ann de impresionar a los lugareños y a los amigos con su dominio del español; los pintores de pantalones que posan, y todo ese esfuerzo de autocompletitud prematura; la pérdida de Peter de su lugar en el mundo, y su persistente vergüenza en comparación con sus amigos; John y su desesperada necesidad de verse delgado a los ojos de los demás; el aislamiento extremo descrito por Jack y Susan en relación con su adicción; el memorial de Alison, el resentimiento de Dave, el aislamiento de Emily; la lucha de James por asimilar los elogios con su humildad; y mis primeras experiencias de estigma y destierro.

En cada una de estas historias de potencial similitud, los individuos luchaban por empujar las fuerzas de las experiencias sociales negativas o carecían de fuerzas positivas de conexión humana en sus vidas.

Cuando las personas lograron el cambio en estas historias, los puntos fuertes y débiles de esas fuerzas se invirtieron: había menos fuerzas sociales negativas que los empujaban hacia abajo, o ganaron algo socialmente que les hizo avanzar.

Considera a Bridget y la fuerza motivadora de la fe de sus padres; las crecientes conexiones de Mary, desde el grupo de lectura hasta ese bendito regreso al trabajo en equipo; la emergente vida social de Jim, su recuperación y su sentido de propósito; Sam y el voto de "sí, y" respecto al compromiso; la simpatía de los amigos de Ann por su malcriadez; la rápida conexión de Max con sus compañeros en los Países Bajos; Eric y el arte colaborativo de las tarjetas idiotas; Peter y su sensación de plenitud en un encuentro fortuito en un bar; el regreso de Emily al LARP; Jack y Susan y el compañerismo ganado en AA; y mi propia búsqueda desigual de identidades negativas pero protectoras cuando era joven.

Ya sea que terminen quedándose iguales o concluyan con el cambio, todas estas historias trataban *tanto* de las preocupaciones individuales sobre la existencia *como* de las fuerzas sociales que nos limitan o nos permiten hacer que las existencias singulares sean lo más profundas y significativas posible.

No planté con deliberación un tema de conexión humana en cada una de estas historias para abordarlo aquí. No era necesario hacerlo; las historias se desarrollaron así de forma orgánica. Porque no se puede contar una historia (verdadera) sobre el cambio sin contar también una historia sobre nuestros vínculos con los demás, o la falta de ellos.

La crayola púrpura de una vida creativa, espontánea e improvisada es impresionante. *Pero en realidad, no puedes hacer nada con ella si las fuerzas sociales ascendentes en tu campo no son lo bastante fuertes, o si las fuerzas sociales negativas te frenan.*

La historia del estado social en el cambio personal

Piensa en tu día normal. ¿Qué hace que tomes buenas decisiones con respecto de tus objetivos personales? Hablando por mí mismo, es más probable que me coma una baguette de filete con queso o beba una copa de whisky (¡o ambos!) si algo en mi día me hace sentir mal socialmente. Puede ser algo específico, como una interacción difícil con alguien en el trabajo, o puede ser algo más general, como un bajón en mi sentido general de propósito y, por tanto, de valor para los demás. En cualquier caso, cuanto más cerca esté de comerme el bocadillo o de tomar esa bebida, me sentiré más desconectado socialmente.

La idea de que nuestra capacidad para llegar de donde estamos a donde queremos llegar esté influida en parte por situaciones externas a nosotros puede ser frustrante. Desbarata nuestra creencia de que podemos depender por completo de nuestras propias cualidades internas para seguir avanzando, a pesar de las decepciones. Pero una visión pura que sólo está centrada en la persona que reduce las raíces de nuestra perseverancia a la educación, los genes y las primeras heridas de la vida sólo es parcialmente correcta. Esta fortaleza interior siempre se ve reforzada por las conexiones externas: el apoyo de los amigos, la familia, los vecinos, los compañeros de trabajo y las comunidades más amplias.

Considerar estas ideas en relación con los temas de este libro es ver nuestra dependencia de los demás de esta manera: nuestra capacidad para aceptar nuestra soledad y responsabilidad (la experiencia que debemos asumir para cambiar) depende de cuán acompañados nos sintamos. Es una paradoja: actuar existencialmente al margen de los demás y de tu entorno, y enfrentarte a tu libertad, requiere la seguridad que sólo puede alcanzarse *siendo parte* de las cosas que te rodean.

Ser parte para ser independiente

Los bebés de los estudios que mencioné antes sobre la falta de apego son un ejemplo perfecto de esta paradoja. Los niños que tienen un apego seguro a sus padres no se aferran a ellos. Precisamente porque cuentan con un apego sano, son más propensos a explorar por su cuenta que los niños que no están tan apegados. El resultado de este tipo de conexiones seguras y de un buen apego en general es un adulto autónomo y autosuficiente.

Resulta paradójico que ese adulto es el que mejor puede metabolizar las conexiones con los demás para crecer. *Siguen necesitando* a los demás, pero no están *necesitados*. "La capacidad de estar solo es la condición de la capacidad de amar", escribió Fromm.[4] Por más hábiles que seamos manejando la cruda realidad de nuestra soledad, nunca dejamos de apegarnos a los demás, y nuestro crecimiento y exploración siguen dependiendo de la profundidad de estos apegos. Necesitamos la estabilidad de la conexión humana para soportar el vértigo de nuestra libertad.

La prueba de que tu tenacidad ante el cambio depende en cierta medida de tus contactos sociales la puedes encontrar en el estudio de yoga de tu barrio. La mayoría de estos lugares enseñan un conjunto de posiciones preestablecido y bastante estándar, sin muchas variaciones. Eso significa que las instrucciones dadas por los instructores podrían seguirse fácilmente en casa; entonces, ¿por qué la gente acude a estos estudios, desembolsando el dinero que ganó con tanto esfuerzo?

Lo mismo ocurre en los grupos de entrenamiento. Mira uno o dos videos, elige una buena rutina para fortalecerte, y ya está; entonces, ¿por qué acudir a SoulCycle, CrossFit, Zumba o Weight Watchers? Peloton, un negocio de 4,000 millones de dólares, vende bicicletas fijas con monitores que muestran las clases de ciclismo fijo en directo, y te colocan virtualmente al lado de otros mientras montas en la comodidad de tu casa, al lado de tu sofá. ¿Por qué desembolsar dinero para sudar con desconocidos virtuales? Porque estar con otros y ser apoyado por ellos te mantiene motivado. Cuando acudes a estos clubes o grupos, no estás comprando realmente una formación sobre cómo estirarte, entrenar mejor o perder peso más rápido; eso lo puedes conseguir en internet o en un libro. Estás comprando algo que sólo puede darte una actividad colectiva: la tenacidad impulsada por el grupo para seguir avanzando ante algo difícil y doloroso.[5]

Está claro que tu capacidad para lograr el cambio personal es una combinación de lo que tú aportas a tu campo y de las fuerzas ascendentes a las que tienes acceso en este campo. Es probable que hayas oído hablar mucho de "eso" que llevas dentro y que te da fortaleza y es indiferente a los elementos; existe toda una industria sobre audacia psicológica y la resiliencia.[6, 7, 8] Pero la idea de que tu capacidad para avanzar a pesar de las fuerzas restrictivas depende en gran medida de tu situación social suele ser ignorada en nuestra cultura individualista, patológica y con una mentalidad de "resuélvelo" todo. Eso es sencillamente un error.

En realidad, tu capacidad para avanzar depende parcialmente de ciertos "recursos" sociopsicológicos. Éste es el argumento del psicólogo social Stevan E. Hobfoll en su trabajo sobre la conservación de recursos.[9, 10]

Movilización de recursos sociales

Para Hobfoll, algunos recursos sociales, como la autoeficacia general o la autoestima, son cualidades que existen en cierto modo dentro de uno mismo como rasgos psicológicos, aunque también suben y bajan debido a nuestras acciones y circunstancias. Otros recursos existen completamente fuera de nosotros, como la cantidad de apoyo social que tenemos y nuestra experiencia de pertenencia.

Considera el simple hecho de cómo se percibe la pendiente de una colina, un ejemplo perfecto de la vida real que los psicólogos sociales utilizan para estudiar cómo las personas perciben los retos. Resulta que el sentido del propósito,[11] el apoyo social[12] y la experiencia de la propia valía[13] afectan la forma de medir el esfuerzo de subir la colina, incluso el modo de percibir su grado de inclinación.

Las personas que estiman el esfuerzo de subir una colina ven la caminata como algo menos difícil y la pendiente menos empinada si tienen un sentido de propósito, se sienten apoyados por un grupo o su propia autoestima es mayor.

La forma en que percibes los retos es la mitad del problema cuando te diriges al cambio. Percibes la transformación que tienes delante y luego mides su pendiente y el esfuerzo que requiere: cuánto trabajo te costará llegar desde donde estás hasta el objetivo. La otra mitad de la evaluación tiene que ver con las amenazas: aquello que podría no sentirse bien, o que incluso podría ser peligroso, mientras te mueves desde donde estás hasta tu meta.

Como lo que Kent Harber, mi colega en el estudio del TAE, encontró en su investigación sobre "Recursos y percepción", la forma en que percibimos las amenazas también se ve afectada por nuestro acceso a los recursos.

En un estudio,[14] Harber colocó una tarántula viva en una caja de plexiglás transparente unida a un carrete de pesca que el participante usaba para hacer descender la caja de la tarántula hacia ellos. Las personas con autoestima reducida veían la tarántula más cerca de ellos de lo que realmente estaba. Lo más importante para nuestro debate es que la sensación de autoestima de los participantes en ese momento fue inducida por Harber y sus compañeros de laboratorio: aquellos con alta autoestima aumentaron su sensación de valor al recordar un momento en el que alguien les ayudó de forma significativa; mientras que los del grupo de baja autoestima recordaron algún momento en el que no recibieron apoyo.

Desde mi punto de vista, el trabajo de Harber y gran parte de la investigación sociopsicológica sobre la relación entre el estado social, la motivación y la capacidad de medir las amenazas y los retos es una historia sobre las fuerzas que hay detrás de la capacidad de verse a sí mismo como un individuo confiable para llegar de aquí a allá. Nuestra investigación sobre el temor a la esperanza apoya este punto: cuantos menos recursos de este tipo haya en nuestra vida sujetos, mayor será nuestro miedo a la esperanza. Cuando uno se valora a sí mismo cree que cuenta con el apoyo de otras personas que lo respaldarán cuando se caiga, tiene un sentido de propósito en su vida y siente un fuerte sentido de autoeficacia y estima, entre otros recursos; tiene la sensación de que el gran camión que conduce llamado TÚ es lo bastante potente como para llevar la ya pesada carga de la responsabilidad existencial y conducirlo a donde quiera ir.

La investigación sociopsicológica y el sentido común dejan claro que las experiencias sociales pueden apoyar o disminuir tu capacidad de perseverar. Cuando los recursos sociales son abundantes en tu vida, la línea de meta parece cercana y alcanzable; cuando faltan, esa línea parece una vaga sombra en el horizonte lejano.

Pero ¿por qué importan los recursos? Hay una respuesta bastante obvia. Somos animales sociales, quizá los más sociales de todos. Como describe la obra del valorado naturalista E. O. Wilson, nuestros cerebros están diseñados específicamente para las interacciones sociales, y dependemos más de la colaboración y cooperación que del instinto para nuestra supervivencia.[15] Cuando no estamos conectados con otros, estamos realmente fuera del agua, y por eso nos centramos más en nuestras necesidades básicas ya resueltas y en nuestra seguridad que en asumir el riesgo de mejorar. Creo que esta reacción es absolutamente correcta, pero sólo nos dice *por qué* es necesaria la interacción social y el apoyo para seguir adelante; no nos explica *cómo* nos ayuda.

Como yo lo veo, cuanto más valorado te sientas por los demás y estés más conectado, más dispuesto estarás a arriesgarte a enfrentarte a tu soledad, porque te sientes más seguro de que la red de apoyo que te rodea te atrapará si te caes (¿hay algo más sano que ese tipo de seguridad?). Las buenas experiencias sociales te nutren y te proporcionan la sensación de que, aunque estés solo, no estás aislado. No te quedas sin una persona o grupo que te recoja y te ayude a sacudirte si las cosas van mal (de nuevo, no es diferente del bebé con un apego seguro).

Incluso Harold,[16] el de las crayolas moradas, no está realmente solo. En la primera página de su libro, se encuentra perplejo, con un caótico garabato de líneas moradas a su alrededor.

Pero luego dibuja una luna.

**No había ninguna luna, y Harold necesitaba
una para caminar bajo su luz.**

La luna le proporciona luz para su viaje. Una vez que es capaz de ver esa luz, puede dibujar "un camino largo y recto, para no perderse", que lo guía hacia delante. Con la luna en lo alto, se aventura y la historia comienza; la luna lo sigue de página en página, es constante en el cielo, nunca la vuelve a dibujar. La luna sigue ahí, de hecho, después de que Harold regrese a casa, se meta en la cama que ha ilustrado, dibuje sus sábanas, se quede dormido y la crayola se le caiga de la mano. La luna permanecerá protectora en la ventana. Esa luna, creo, representa a sus padres o la conexión en general (algo que los adultos tenemos que conquistar para seguir adelante. Harold siempre viajaba solo, pero en "presencia del otro", en palabras de Winnicott:[17] siempre tenía la sensación de que alguien estaba ahí para él.

¿Quién me sostendrá si me caigo? Ésa es la más insegura de las preguntas inseguras. *Estaré allí pase lo que pase.* Ésa es la mayor declaración de fe. Sin el apoyo de las conexiones sociales es difícil avanzar. Eso es cierto si tus padres te han educado para ser un furioso pitbull o un hámster llorón.

Por eso (como cuando Mary fue a escalar con Holly y durante el encuentro casual de Peter con Samantha) los cambios personales suelen ocurrir de forma imprevisible. Lo planeas, lo tienes todo preparado, pero no consigues avanzar. Entonces, si tienes suerte, algo inesperado (que ni siquiera puedes detectar o controlar) ocurre en el mundo social que te rodea y, de repente, estás en marcha, cambiando a toda velocidad.

Permítanme que les cuente una última historia de mi propia vida para aclarar este punto.

LA ELEVACIÓN DE LA CONEXIÓN

Odio dar opiniones críticas a mis empleados y ejecutivos, no se me da bien. Me inclino a reducir lo negativo y a enfatizar lo positivo, y aunque esta tendencia da lugar a reuniones de supervisión muy agradables y educadas, a la larga causa problemas importantes, el más notable, una desconfianza hacia mí, ya que la gente conoce bien sus imperfecciones y sabe que las veo, pero no las menciono cuando nos reunimos.

Después de casi tres décadas de supervisar y dirigir personas, me propuse ser más claro en mis comentarios. Como era de esperar, cuando llegó el momento de ofrecer una crítica constructiva a uno de nuestros directivos, mi primer intento de cumplir este objetivo me hizo sentir ansioso. No sabía si sería capaz de hacerlo y la promesa que me había hecho (*la próxima vez sí lo haré*) resonaba cada vez más fuerte en mi cabeza. Incluso había construido una fuerte defensa: *No dormí bien anoche, hace mucho calor y el Metro me ha puesto de mal humor. No es justo que le haga comentarios con un humor tan horrible.* Estaba dispuesto a dar una patada a la lata, pero entonces ocurrió algo: me metí en un elevador lleno de gente extraña.

Al principio, cuando subíamos desde el vestíbulo, el elevador se sacudió un poco, haciendo que una mujer derramara su café en el suelo. Mientras todos evitábamos el charco, un compañero de viaje sugirió: "Derrama un poco de azúcar de tu paquete ahí y absorberá la mayor parte hasta que alguien pueda limpiarlo". Todos asentimos pensando que era una buena idea. Entonces, otra persona ofreció silenciosamente una servilleta de papel y la colocó sobre la mancha, mientras los demás observábamos con gran interés. Problema resuelto. Una voz desde el fondo dijo: "¡Éste es el mejor viaje en elevador de la historia!", y todos empezamos a reír. Entonces, cuando llegamos a la siguiente planta y se abrieron las puertas, un caballero de aspecto muy serio con traje y corbata pronunció al salir del ascensor: "Todo el mundo se reunirá aquí el año que viene, misma fecha y hora". Todos nos partimos de risa. En cada piso, deseamos a nuestros colegas que se bajaban, una cariñosa despedida.

Eso es todo lo que hizo falta. Entre el primer y el undécimo piso, mi fe en los demás, e incluso un poco mi esperanza en la humanidad, subieron. Es más, esa sensación general de fe y esperanza reforzó mi confianza en mí mismo. Mientras caminaba por el pasillo hacia las oficinas pude contemplar de forma más desapasionada lo que significaría volver a dar una patada a la lata de los comentarios críticos. Por un lado, estaba el pensamiento probado de que podía evitar mi responsabilidad: *¿qué es una semana más?, estoy cansado y va a ser un día largo, no necesito esto ahora.* Pero algo había cambiado. Podía verme claramente como responsable de completar esta tarea y comprendí que me estaría defraudando a mí mismo (y al empleado) si no lo hacía. Mis pensamientos pasaron de la mala fe, por un lado, a un enfoque más juguetón, por otro: *¡Vamos! Ésta es la oportunidad de cumplir con el objetivo de dar una retroalimentación precisa que te propusiste, no querrás volver a ese viejo patrón de retrasarlo hasta la muerte.*

La experiencia de convivencia en el elevador, en la que los desconocidos establecieron rápidos vínculos, me dio una mayor capacidad para enfrentarme a mi responsabilidad. Sentirme conectado con estos compañeros de viaje y, por extensión, con toda la humanidad, me dio el valor para ver el problema que tenía delante como una cuestión de elección que podía contemplar. El problema no era que estuviera cansado o de mal humor, ésas eran excusas de mala fe para evitar un cambio en mi comportamiento. Con un poco de ánimo, pude ver que el problema en particular era como muchos problemas de mi vida: una lucha sobre lo que significa cambiar.

Me preocupaba el hecho de que ofrecer una retroalimentación precisa, a veces crítica, pudiera desencadenar un mundo de incógnitas: la distancia en una relación con el gerente que, por lo demás, era cercana; un nuevo patrón en esta relación en el que él esperaría ahora que mi retroalimentación fuera más clara y auténtica; tener la sensación de que si podía dar retroalimentación esta vez, "no hubiera razón para que no pudiera hacerlo" de nuevo con otros; el riesgo de decepcionarme a mí mismo si no lo lograba; y muchas otras razones para no cambiar. Pero, de repente, pude contemplar todos estos obstáculos de forma desapasionada, mientras los sopesaba frente a una gran ventaja: cambiar algo de mí mismo que siempre había querido cambiar.

Di la retroalimentación y la reunión fue muy bien. Me sentí muy bien al trascender mi resistencia y hacer lo que tenía que hacer.

¿Y ese viaje en elevador hizo todo eso?, pensarás, con cierto escepticismo. Bueno, tal vez estaba en una especie de punto de inflexión con respecto al cambio, y el viaje fue el empujón que necesitaba para llegar allí. Pero, recuerda, en el trabajo de Harber, la capacidad de percibir la distancia de esa tarántula se ve afectada no por un rasgo perdurable como la buena vista, sino por un *estado* fugaz de autoestima, provocado cuando los sujetos simplemente recordaron un momento en el que fueron apoyados por otros o no (respondiendo a la ansiosa pregunta: *¿quién me sostendrá si caigo?*). Lo que *recordaban* del pasado (con independencia del tipo de apoyo que recibían en sus vidas en el presente) cambiaba su percepción. Así de poderosas son nuestras conexiones sociales. Podemos *simplemente recordarlas* y pueden cambiar nuestra forma de ver el mundo. Así que, sí, un viaje en elevador puede hacerlo.

Hay algo tan frágil y azaroso y, sin embargo, profundamente importante en el hecho de que estamos tanto solos como acompañados. El mensaje de que estamos interconectados también nos indica que estamos vivos. Una vez que puedes ver que estás interconectado y vivo también puedes ver que los intentos de cambiar, como si estuvieras aislado y fueras una *cosa,* probablemente no funcionarán, incluso pueden ser perjudiciales.

Para contemplar en realidad tu situación, es importante que te fijes en lo que te ocurre socialmente. Sin embargo, hacerlo significa renunciar a la seductora oferta de la solución rápida. Una vez que veas que el cambio está ligado a tu vitalidad como ser social, todo el esfuerzo se vuelve muy desordenado.

EL DESORDEN

Nuestra evolución nos ha llevado a esa gran combinación de los dos rasgos humanos de la elección individual y nuestra necesidad de aferrarnos a los demás. Estos rasgos son tan interdependientes y a la vez conflictivos como cualquier buen matrimonio. El primer rasgo es el que más nos separa de otros animales y también es la fuente de la innovación, una actividad muy humana (los cuervos pueden curvar un trozo de alambre hasta convertirlo en un gancho, y los monos utilizan la hierba como herramienta, pero ninguno de ellos innova en el sentido de construir una civilización). Esa capacidad de ser libres para tomar decisiones (o pensar en ellas como opciones) y de innovar es también la base de nuestra capacidad de cambio personal, un atributo exclusivamente humano. El otro rasgo, nuestra capacidad de colaboración, nos asemeja a muchas especies sociales, desde las hormigas hasta los simios. Al igual que ellos, nuestra especie ha sobrevivido por medio del trabajo colaborativo.

Si tomas estos dos rasgos y los mezclas, obtendrás algo complejo: un animal autónomo con la capacidad de hacer su vida lo más significativa y profunda posible, que necesita intrínsecamente a su grupo para crecer, pero que *elige* unirse a él. No eres un ganso: te unes a las diferentes parvadas que necesitas (la escuela, los amigos, el grupo de chat) por elección y decisión, no por la atracción instintiva de volar en formación. ¡Eso es algo fascinante! Es muy complejo y hace que la experiencia humana sea tan desordenada como mi ficticia oficina desordenada.

Si sólo fuera así... pero las cosas se ponen peor.

¿Ésa es la parvada a la que has decidido unirte? Está formada por otros individuos autónomos que también son responsables de sus destinos. Eso hace que el desorden de la experiencia humana sea un gigantesco dormitorio de desorden. Estás solo, necesitas a los demás para sacar el máximo partido a tu soledad, y esas personas de las que dependes tienen su propia debilidad con la que lidiar, y algunas de ellas dependen de ti para que les ayudes a poner orden.

El cambio personal es una caminata por una montaña, cuya cima es todo lo que se puede lograr antes de descender a ese valle sombrío del otro lado. Hay barreras en este camino, por lo que no siempre se puede llegar a la cima en el breve lapso de la vida. Pero puedes llegar lo más lejos posible, siempre que estés dispuesto a seguir tomando decisiones en el camino. Te sientes arrastrado en dos direcciones al dar cada paso: hacia arriba por la llamada innata de la plenitud, y hacia abajo por tu miedo a que nuevas alturas signifiquen más caídas peligrosas. No hay un camino seguro y la caminata es escarpada y traicionera, con profundas grietas de desilusión a ambos lados, y la posibilidad de que la dirección que elijas te haga perderte o toparte con obstáculos desconocidos e insuperables. No es una caminata que puedas hacer solo. Así que te juntas con un grupo de escaladores, que te apoyan en cada paso del camino.

Al estar unido a ellos, sientes cierta seguridad de que te atraparán si te caes. Sin embargo, no hay un líder en este grupo, y cada uno de sus miembros aspira a sus propias cumbres, algunos necesitan que los asegures, y te piden a gritos que los sujetes cuando inevitablemente caen en picada por un abismo o un barranco. Detrás de ti, delante de ti y a ambos lados, lo oyes: "¡estoy cayendo!, ¡me caigo!". Y luego, ¡eres tú quien cae! Todos los miembros de este grupo de escalada son responsables de llegar a su cumbre, pero también son responsables de ayudar a los demás a alcanzar la suya. Lo mejor que se puede pedir es una especie de caos controlado.

El cerebro humano está construido principalmente para lidiar con los problemas que surgen de este caos (y *lidiar*, no siempre *resolver*, ni mucho menos). Tu neocórtex, lo que te hace más humano, está ahí para generar cosas nuevas mediante la colaboración inventiva con otros humanos autónomos. Tu cerebro es un improvisador, un órgano, cuya finalidad es crear conexión al servicio del crecimiento y generar cambios en ti mismo, en los demás y en la sociedad que te rodea. Cuando colaboras con otros, o cuando te apoyas emocionalmente en un viaje en solitario, avanzas con mayor eficacia. Lo contrario también es cierto.

Como demuestra la ciencia de los recursos, cuando no sientes pertenencia a un lugar[18] no tienes un propósito y careces de un papel para contribuir al proyecto de la humanidad, y por tanto no sabes si vales algo para los demás;[19] tu órgano social se marchita, empieza a funcionar mal y pierdes motivación y fortaleza.

¿Cómo sabes que tu mente se está marchitando por la falta de contacto? Cuando tu motivación se ralentiza o se detiene. ¿Cuál es la señal de que necesita combustible? Cuando te propones un objetivo de cambio personal y parece que no puedes alcanzarlo, y la voz de tu cabeza te susurra: "quédate igual".

El hecho de que te hayan leg.do el don/maldición de la decisión en lo que respecta a tu crecimiento, y por otro lado, el hecho de que necesites a los demás (que nunca son totalmente fiables y tienen que recorrer sus propios trayectos) para seguir adelante a pesar de la ansiedad que genera este don/maldición, significa algo muy importante y difícil de entender en nuestra cultura de soluciones rápidas y perfeccionistas:

No siempre se puede cambiar.

Ése es otro hecho sobre el cambio que hace que las ideas de este libro sean muy diferentes de la radiante filosofía de los eternamente optimistas dobladores de cucharas. También es algo que espero que recuerdes cuando lo termines.

Antes de subir al elevador, quería cambiar, pero no podía; sin embargo, después del trayecto en elevador, pude dar una respuesta difícil debido a cosas fuera de mi control. La mitad que "no podía" es tan real como la mitad que "sí podía". Tal vez no fuera capaz de cambiar hasta que algo cambiara en el mundo que me rodeaba y pudiera acceder a los nutrientes sociales que me daban la fuerza para cambiar. Sin éstos, mis fuerzas de contención contra el cambio eran más fuertes que las que me impulsaban.

Así es como funciona para todos: a veces, por mucho que quieras que ocurra, el cambio es imposible.

¿Imposible? Sí, imposible. Sé que esto puede sonar muy pesimista y limitante, y que tal pensamiento es casi una blasfemia en el fervor de nuestra actual cultura del "*sí*", en la que el "*sí*" se canta como si fuera un coro sagrado de ángeles y el "no" es una palabra sucia que emana de un submundo derrotista. Pero el cambio, a veces, no puede producirse.

He aquí una razón más por la que a veces no puede ocurrir. Comúnmente, tu cambio se ve afectado no sólo por las minucias de las conexiones cotidianas difíciles o ausentes, sino por fuerzas políticas más amplias. A veces el mundo que te rodea no permite el cambio, las fuerzas descendentes de las cuestiones políticas y sociales son demasiado fuertes incluso para los más esperanzados.

Ese lío, dentro de otro lío, acaba de volverse mucho más desordenado.

LA PRESENCIA CONSTANTE DEL PODER EN NUESTROS ESPACIOS VITALES

El comportamiento extremo siempre tiende a inclinarse hacia la crueldad. La visión de que tus experiencias están por completo ligadas a tu cerebro y, por tanto, tu capacidad para hacer que las cosas sucedan depende por completo de ti, termina con la conclusión de que algo está mal en ti si no eres feliz y exitoso. La idea de que tu cerebro tiene el poder omnipotente de sacarte de cada experiencia es más cruel cuando se trata de personas que carecen de recursos básicos, que sólo intentan sobrevivir o que no pueden cambiar su posición debido a fuerzas políticas. En otras palabras, a veces no se puede cambiar porque otros han extraído con avidez los recursos limitados y los han monopolizado, o (por la mera afirmación del poder) te impiden acceder a ellos. En estas situaciones, la idea de que puedes cambiar tu circunstancia pensando en positivo o imaginando un futuro mejor equivale a culpar a la víctima: lo que te ocurre es por tu culpa y por tu pésima actitud negativa. Esta perspectiva no ofrece una respuesta a tu falta de realización, sino que apoya y contribuye a la fuente de tu sufrimiento, un medio para mantenerte mirando hacia abajo, a tus "problemas personales" y lejos del horizonte de los "problemas públicos", como el gran sociólogo C. Wright Mills[20] lo describiría.

No me malinterpretes: las preocupaciones existenciales siempre forman parte de las fuerzas de contención en tu campo particular: nadie es inmune a la preocupación de una vida corta y a la pesada carga de las decisiones. Sin embargo, estas preocupaciones no son las únicas que te frenan, y para muchas personas son las fuerzas menos importantes que los detienen.

Para un director general que vuelve a la universidad para cumplir su viejo sueño de obtener por fin ese título de maestría, la pendiente del esfuerzo real para volver a estudiar es como una suave colina. Su secretaria lo inscribe en sus clases, le compra los libros y contrata un servicio de transporte para que lo lleve al campus. Pero para la cocinera de la cafetería de dicha empresa (una inmigrante que quiere obtener un título para mejorar su situación económica) es como el monte Everest. Le pide prestado dinero a su primo para comprar los libros, solicita un apoyo estudiantil, trabaja horas extra para pagar la colegiatura y hace un viaje de dos horas en autobús hasta el campus. Puede que tenga una disposición más positiva que el director general, una enorme capacidad de esperanza con poco temor a ella, una tremenda fe en sí misma, una mejor capacidad para enfrentarse a su soledad ante los retos y un mayor apoyo social que él, *pero aun así es menos probable que consiga ese título*. Esto se debe a que las fuerzas que impulsan y frenan a estos dos individuos en sus campos particulares no son sólo existenciales. Son materiales, existen fuera del poder de los cerebros individuales, la valentía o el coraje. Estas fuerzas tienen que ver con la forma en que ciertas personas tienen más acceso a la riqueza, la propiedad, la posición social y la movilidad ascendente que otras personas.

Dependiendo de quién seas, la sociedad que te rodea no siempre te trata con justicia, incluso puedes ser (por el azar de la raza, la cultura, el género, la capacidad física y mental, la clase y la identidad) el blanco del odio y de la fuerza sin límites. En tales situaciones puedes tener toda la esperanza del mundo y aun así ver limitado tu crecimiento. Puedes ser Súper Harold, y aun así no ser capaz de atraer tu derecho inalienable a alcanzar tu potencial. Estás en ese camino hacia todo lo que *puedes* lograr, y debido a los accidentes del destino, la pendiente real (no cómo la percibes) está predestinada.

Lewin[21] entendió esto sobre tu espacio vital. No veía tu campo particular como un bastión fortificado en la que operas libre de fuerzas mayores. Todo lo contrario: entendía que estas fuerzas están siempre presentes como impulsores y limitadores de tus actividades particulares.

Ese tipo de restricciones también forman parte de las historias que conté.

En un país en el que la violencia en el hogar se percibe como menos grave que entre extraños, Mark no tenía ningún lugar al que acudir en busca de ayuda en relación con la violencia y los abusos en su hogar; Jim trabajaba por contrato temporal, el tipo de trabajo no sindicalizado que las empresas prefieren actualmente, porque facilitan el despido y la contratación de nuevos empleados. Dave tampoco tenía mucho en qué apoyarse en lo que respecta a su trabajo, teniendo en cuenta la erosión de los derechos de los empleados en nuestro país. A Mary le preocupaba, con razón, revelar lo sucedido con su profesor, teniendo en cuenta el nivel de culpa de las mujeres cuando denuncian estas cosas. Alison se enfrentó al silenciamiento de los abusos sexuales y la violencia familiar en nuestra sociedad erigiendo un monumento a la disfunción. Emily se aisló por la vergüenza de la homofobia. La lucha de John por el peso y toda la humillación que sentía provenían en parte de la incesante atención a la delgadez en nuestra cultura. Y mis problemas al crecer tuvieron que ver con una orientación del aprendizaje en la que las escuelas son fábricas y todos los niños tienen que aprender de la misma manera, como si fueran objetos idénticos producidos en una cadena de montaje, en la que las formas y tamaños incorrectos son desechados por ser los defectuosos.

A veces no se puede cambiar debido a las circunstancias. A veces las condiciones que te impiden cambiar están ahí por cuestiones estructurales.

Si no expongo esta idea con claridad, no seré tan diferente de aquellos alegres dobladores de cucharas que venden sus productos en el lado soleado de la calle.

Mi idea de que es bueno amar la invariabilidad y que el cambio puede estar a la vuelta de la esquina siempre que lo contemples sería lo mismo que decirte que todo es bueno si acentúas lo positivo y eliminas lo negativo. Para muchas personas no hay nada a la vuelta de la esquina, y poco espacio para sentarse en una roca y considerar lo que quieren hacer a continuación.

Lo último que quería escribir es un libro cruel. Así que, por favor, vuelve a considerar que algunas o muchas de las fuerzas que te frenan son de naturaleza política o económica, y que estas fuerzas son tanto o más poderosas que las fuerzas de la esperanza, la ansiedad existencial, los rasgos personales y las conexiones sociales (figura 9).

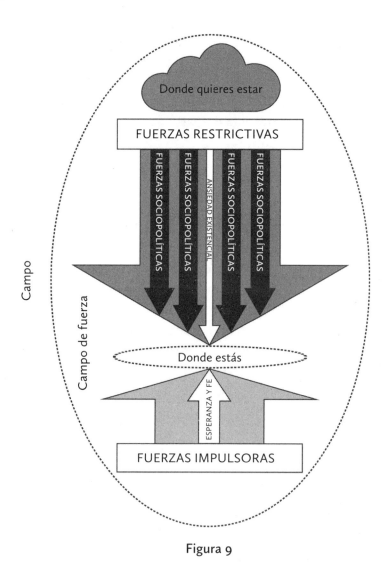

Figura 9

El lugar entre donde estás y donde quieres estar es un desordenado caos de cosas que te impulsan y te frenan. Vivimos en un mundo en el que determinadas partes de ese desorden están sospechosamente ocultas a simple vista. Desde el creciente poder de la psiquiatría en nuestra sociedad para hacer que cada acción humana sea definible y patológica; toda esa basura de autoayuda; los programas de entrevistas con expertos ofreciendo simples consejos como una receta "que viene en el siguiente segmento"; hasta los *reality shows* pseudoterapéuticos con su tergiversación del sufrimiento en voyerismo (¿quién será expulsado de la isla de rehabilitación la próxima semana?), la consideración de la persona como cosa aislada es abrumadora en este momento. Esa orientación es peligrosamente debilitante al convertir los problemas públicos en problemas personales.

Sí, éste es un libro sobre el cambio personal, no sobre política. Pero no, no se puede hablar de cambio sin reconocer que cada vez que quieres cambiar, algo ocurre en tu campo. Hay fuerzas motrices que te empujan hacia tu objetivo, hay otras que te frenan para alcanzarlo, y ahí estás tú (como esa bolita en el tubito de plástico de las fiestas infantiles), sujeto a la tensión de estas dos fuerzas. Si no señalara que las fuerzas políticas y económicas son parte de la gravedad que te jala hacia abajo, estaría dejando de lado una gran parte que te impide cambiar.

Hay una palabra perfecta para cuando las fuerzas que te restringen presionan tu crecimiento desde lugares de poder político fuera de tu control: *opresión*. Eso no es una restricción al amor.

Mantenerse en el mismo lugar tiene su razón de ser; la restricción es algo que hay que honrar. Ésas son las grandes lecciones que aprender de este libro. Pero, por favor, no aprendas esas lecciones tan bien como para excluir las fuerzas descendentes opresivas. Mantenerse en el mismo lugar sólo es razonable hasta cierto punto, y las restricciones en tu vida no siempre son cosas que hay que respetar. La indignación, la angustia, la profunda frustración, la agitación y la furia son emociones necesarias que te impulsan a avanzar cuando la desigualdad y los prejuicios te impiden crecer. Sin ellas, el riesgo de vergüenza (la transformación de los problemas "públicos" en "personales") es muy grande. Contemplas lo que va mal en tu vida, no percibes que sea el resultado *de una agresión*, y entonces todo lo que ves es que estás roto.

"Depende de ti darle un sentido [a la vida]", escribió Sartre.[22] A eso se refería principalmente con la libertad existencial. En cierto nivel, creía que ese tipo de libertad puede expresarse en cualquier situación. "La libertad", escribió, "es lo que hacemos de nosotros mismos, con lo que nos hacen." Si estás de acuerdo con Sartre en que nuestra capacidad de crear significado te proporciona un grado de libertad en las situaciones más opresivas (cuando leo sobre las experiencias de los presos en confinamiento solitario de larga duración, tengo mis dudas), ten muy claro aquí lo que él no consideraba como libertad: la felicidad sacada del sombrero mágico de los pensamientos positivos; el sueño americano de que todo el mundo puede "triunfar" siempre que trabaje duro; las promesas de los gurús del cambio personal de que "puedes tenerlo todo"; alcanzar el "bienestar total", una mente atenta, una existencia perfecta, el control total sobre tu destino.

Dar sentido a tu situación no tiene absolutamente nada que ver con un final feliz. Se trata de... hallar sentido. Y, en términos de sentido, la esperanza no tiene más ventajas que la desesperación.

DESDE LA PERSPECTIVA DE UNA GRAN COLCHA

Hace más de dos décadas, como estudiante de doctorado en la Universidad Brandeis, escribí mi tesis sobre la colcha conmemorativa del sida.[23] En aquel momento, la colcha estaba formada por más de 50,000 paneles de tamaño estándar. Fue famosa cuando se expuso en su totalidad en la Explanada Nacional de Washington D.C., cubriendo el suelo desde el Monumento a Washington hasta el Capitolio. Cada panel de la colcha es un monumento en memoria de alguien que murió de sida, por lo general creado por seres queridos y amigos. La colcha era en parte rito funerario, sepulcro, galería de arte, lugar de culto, bandera de protesta, pero también cambió para siempre mi forma de ver el mundo. Hasta el día de hoy, no puedo ver las cosas específicas como algo separado de las cuestiones universales, y estoy convencido de que mirar lo microscópico nos ayuda a alcanzar significados universales y que las ideas universales hacen comprensibles los esfuerzos específicos.

Muchos paneles de la colcha están compuestos por pequeños objetos que pertenecieron a la persona: un oso de peluche, llaves, lentes, una copita de su bebida favorita, entradas de teatro, fotografías. Son recuerdos en el sentido más estricto de la palabra: evocan recuerdos de la singularidad de la persona. Otros paneles pueden estar hechos con la ropa que usaba la persona, o pueden ofrecer una cita o un poema. Todos los paneles son un testimonio de lo que Martin Luther King denominó "el carácter sagrado de la personalidad humana".[24] Encuentran algo sagrado en lo íntimo, son el antídoto contra la deshumanización.

Los paneles son más específicos que cualquier lápida. También son valiosos como obras de arte individuales. Sin embargo, adquieren un valor diferente cuando uno se aleja un poco y los ve como parte de una galería de paneles. Ahora se trata de una experiencia común, y se puede ver la colcha como una forma de santificar a un grupo de personas. Ya no se trata de un simple monumento a una persona, sino de un proceso de conmemoración: un lugar para rendir culto, un homenaje a personas a las que se les negó un rito de paso al más allá.

Retrocede aún más, sitúate en la escalinata del Memorial a Lincoln y mira por completo la colcha y tendrás la sensación de algo más: un mensaje político. Se trata de vidas que se han hecho sagradas por su intrincada singularidad, pero perdidas en proporciones masivas. Es como Gettysburg en la Explanada, y podría haberse evitado si no fuera por los prejuicios, la negligencia y el odio.

Esta gigantesca declaración política no podría hacerse sin los pequeños momentos de intrincada costura en cada panel. Al mismo tiempo, se da voz a los muertos: la colcha los convoca a hablar. La singularidad de cada individuo conmemorado en la colcha se hace más conmovedora, más pronunciada, por su conexión con un todo mayor.

Mi esperanza es que al incluir tanto tu naturaleza social como el problema del poder de las restricciones políticas te ayude a ver el cambio con la perspectiva de una gran colcha. De cerca, ves que cada uno de nosotros debe asumir la carga de nuestra soledad existencial y la responsabilidad si queremos cambiar. Luego das un paso atrás y ves que para que cada uno de nosotros asuma esta carga debemos estar conectados con los demás. A continuación, das un paso aún más atrás y ves que nuestra lucha por avanzar suele verse obstaculizada por cuestiones estructurales más amplias que sólo pueden mejorarse mediante el cambio político.

Todas estas diferentes aproximaciones están en juego en nuestros campos. Ninguna de ellas niega la otra. De hecho, en el mundo del cambio, cada una de ellas da vida a la otra.

Conclusión

La tonta canción del gigante de las habichuelas mágicas: fi-fai-fo-fu

> Si un hombre sonríe todo el tiempo, probablemente
> esté vendiendo algo que no funciona.
> —GEORGE CARLIN

"Despertar al gigante interior" es probablemente la frase más famosa de Tony Robbins,[1] que personifica la opinión de que las personas tienen oculta en su interior la capacidad omnipotente de cambiar cualquier cosa de sí mismas.

Ese tipo de súper poder que sólo está dentro de ti significa que no necesitas que otros te ayuden a cambiar. De hecho, significa que no los necesitas en absoluto, ya que con la cantidad adecuada de agallas y entusiasmo puedes transformar cualquier experiencia por ti mismo. Y *eso* significa que puedes *querer*, pero no *necesitas* el amor o la conexión, que son los dones evolutivos que nos hacen más humanos.

Para los gigantes, la conexión es algo que hay que alcanzar porque les resulta gratificante en su viaje en solitario, no algo que ilumine su humanidad. Llevado a la conclusión lógica, el gigantismo es algo que se puede crear simplemente con el pensamiento: basta con despertar a ese gigante y sentir un amor dichoso, no complicado por las necesidades de otros individuos autónomos y dolorosos que toman decisiones.

La capacidad de tener lo que se quiera y una experiencia de amor generada por uno mismo y sin complicaciones están a sólo un pestañeo de distancia de lo que estamos aprendiendo ahora sobre el impulso de la adicción, y son indistinguibles de la defensa narcisista. Provienen de un impulso erróneo de perfección personal; ese final de cuento de hadas tan convincentemente escrito por los expertos en autoayuda, los cirujanos estéticos, los gurús del *fitness*, los ejecutivos de la publicidad y los multimillonarios de Silicon Valley que practican el hackeo de la vida, el ayuno intermitente, el consumo de café con mantequilla, las dietas de jugos y la intervención del ADN. Sólo hay un problema: este estado no existe. Nunca ha existido y nunca existirá.

¿Despertar a un gigante dentro de mí? Personalmente, estoy bien con el tamaño que tengo (de hecho, podría perder algunos kilos). No quiero ocupar mucho espacio, y no me gusta la gente extra grande. Me siento mucho más a gusto en un elevador de personas de tamaño humano que derraman café que con un grupo de gigantes.

Y es que muchas cosas buenas suceden cuando renuncias a tu necesidad de ser, bueno, grandioso.

Tú y yo somos humanos. No somos *súper* humanos. Está bien que estés limitado en lo que puedes hacer en un momento dado. De hecho, es muy agradable estar en la zona de la humildad. También es algo maravilloso que estés interconectado, ganando fuerza de los demás y prestando tu fuerza cuando puedas. Es estupendo que no seas una máquina que sólo necesita unos cuantos tornillos apretados para arreglarse. Y lo mejor del mundo es que nunca, nunca, nunca, seas completamente perfecto. Incluso es genial que tu amor propio tienda a convencerte de evitar esas acciones que tú, como cualquier ser vivo, ha nacido para hacer: cambiar y crecer.

De hecho, es muy difícil hacer un cambio personal si lo consideras como un acto puramente atlético de fortaleza individual, garantizado para ti, siempre y cuando estés dispuesto a recorrer ese kilómetro extra. Esto se debe a que no puedes llegar a esa actitud amorosa y respetuosa hacia lo mismo, tan necesaria para el cambio, sin echar un vistazo a tu contexto en relación con los demás. Cuando miras *hacia dentro* para percibir las características que necesitan ser arregladas, sin mirar *hacia fuera* a lo que está sucediéndote debido a los demás y a tus circunstancias, tu compasión por esa parte de ti que quiere permanecer igual está bloqueada. Si no puedes ver lo que te restringe, no verás la heroicidad con la que te enfrentas a esta restricción. Sólo verás tus supuestos defectos. Interpretarás tu incapacidad para cambiar como la cuestión de un gigante dormido que no puedes despertar, porque eres demasiado débil y eso no deja espacio para el amor propio; sólo vergüenza.

Por favor, recuerda esto: está bien, más que bien, que seas un simple mortal. Hay tantas cosas asombrosas que puedes hacer con tu vida que dependen de tu humilde capacidad para aceptar que hay otras cosas que no puedes hacer, y hay tantas cosas que te pierdes en la vida si sólo te mueves con arrogancia.

Si te he ayudado en algo, espero que sea en esta humilde postura hacia el crecimiento, y que los frutos de esta postura sean una actitud de menos juicio hacia ti mismo por permanecer igual y, por tanto, con una mayor capacidad de contemplar tu situación y contexto. Si he hecho mi trabajo, mi galería de retratos te ayudará a avanzar hacia una postura de contemplación tan necesaria para el cambio. Espero que las paredes de esta galería sean lo suficientemente gruesas como para amortiguar la posible decepción, el temor a la esperanza y el estruendo invasivo de una cultura individualista que persigue la idea de ganar o, bien, de mantenerte encorvado. Estas preocupaciones tienden a asaltar los muros de tu seguridad cada vez que te planteas un cambio, y son difíciles de contemplar; cuando producen su ruido, no puedes oírte pensar en ti mismo.

Para mantener estos ruidos a raya, tenemos que hacer un trato: un pequeño guiño y un movimiento de cabeza, un truco para fingir nuestro temor a la esperanza. El trato es el siguiente: abordamos el hecho de que seguir igual tiene sentido (que la mayoría de las veces sí lo tiene), que tiene su propio valor (aunque hay excepciones) y que merece nuestro afecto (lo debería de merecer), no para elevar la idea de permanecer igual a un estatus exaltado por el que deberíamos luchar, sino con un propósito: hacer que el cambio sea mucho más fácil.

ADIÓS, ADIEU, GOODBYE

Este libro ya está escrito y quiero entregárselo a mi editor (ya *no tengo que* hacer nada), pero hay muchas cosas que me impiden hacerlo. Me preocupa, por supuesto, que el libro te decepcione a ti y a mí. Pero también me inquieta que sea una buena obra y que eleve mis expectativas y las de mis amigos y colegas sobre lo que puedo hacer. Me perturba una vida imprevisible sin este proyecto delante de mí cada día, y me molestan todos los espacios de mi calendario de Google que quedan vacíos por haber terminado esta tarea. Me intranquiliza tener que pensar cuál es mi siguiente desafío, y saber que si puedo escribir este libro "no hay razón para que no pueda" hacer alguna otra cosa.

Sin embargo, la mayoría de las veces mi dedo se paraliza, incapaz de pulsar "enviar", porque terminar significa poner fin a mi conversación contigo. Tú, mi generoso público, del que también formo parte, que elige, página tras página, seguir leyendo todas estas palabras. El cambio en mi relación contigo significa una gran pérdida para mí.

Por supuesto, si estás leyendo estas palabras, sí que he pulsado "enviar". Supongo que hoy las cosas han ido lo suficientemente bien como para poder despedirme: suficiente distancia de la última gran decepción, suficiente esperanza y fe, y un poco menos de miedo a estas emociones, suficiente amor en mi vida, suficiente sentido de propósito, suficiente creencia de que soy valorado (cosas de las que no siempre tengo suficiente). Todas ellas me dieron la fuerza para mirar directamente a los ojos de mi soledad, aceptar mi propia responsabilidad y dar el siguiente paso. Eso me hace estar agradecido por la abundancia de recursos que me han llevado a este lugar, y un poco preocupado por necesitarlos tanto.

El cambio siempre es una combinación de ambas cosas, y siempre es una combinación porque tú, como yo, eres una criatura que requiere ambas cosas. Eres *a la vez* responsable de tus elecciones *y* estás limitado por tus circunstancias; eres *a la vez* libre para ser tu propia persona *y* restringido por la llamada de la moral, el altruismo y el amor; eres *a la vez* quien decide cómo quieres experimentar lo que te sucede *y* estás muy restringido por un futuro desconocido que no está totalmente bajo tu control; eres libre de "hacer lo que te hacen" *y* no eres inmune a los traumas; eres extraordinariamente resistente, "nunca te rindes" ante las dificultades, indecibles *y* tan frágil como la ceniza; tu esperanza y tu fe se disuelven en el polvo al menor toque de decepción.

Todos estos aspectos son generados por el rasgo más singularmente humano, por la gran combinación que define al ser humano: tú tomas las decisiones sobre cómo crecer y cambiar. Si bien es cierto que necesitas los recursos sociales adecuados para avanzar frente a las decisiones que provocan ansiedad en tu vida, sigues siendo siempre tu propio Moisés en un viaje para hacer que tu vida tenga sentido e incluso sea grande en un corto espacio de tiempo. Al renunciar al becerro de oro que ofrecen los "diez pasos fáciles" y de "¡Imagínalo y sucederá!" eres *elegido* para *elegir*.

"La bellota se convierte en roble por medio de un crecimiento automático; no es necesario ningún compromiso", escribió Rollo May.[2] "Pero un hombre o una mujer se convierte en plenamente humano sólo por sus elecciones y su compromiso con ellas. Las personas alcanzan el valor y la dignidad por la multitud de decisiones que toman día a día. Estas decisiones requieren valor."

Está perfectamente escrito.

Cada vez que creces como persona, es el resultado de una decisión y del valor que supuso comprometerte con esta decisión y seguirla.

Pronunciar las primeras palabras requiere valor; dar los primeros pasos, entrar a la escuela, hacer amigos, salir de casa, conseguir un trabajo, encontrar una pareja necesitan valor; mantener una relación amorosa, conseguir un ascenso y tener hijos precisan valor. Se requiere valor para retirarse del trabajo, para aceptar una mayor asistencia a medida que se envejece y proyectar una forma de morir con dignidad. Todas estas cosas exigen valor (algunas poco, otras mucho) porque no se crece en automático; se crece decidiendo y eligiendo. Y decidir y elegir son cosas que dan vértigo y miedo.

En ningún lugar decides y eliges tu destino de forma tan intencionada y desnuda como en los momentos en los que te marcas un objetivo de cambio personal. Por eso el cambio personal es un movimiento valiente. Cuando te comprometes a cambiar de carrera, a arreglar tu matrimonio, a estar sobrio, a organizarte, a aprender algo nuevo, a hacer ejercicio, a hablar, a adoptar una postura, a entrar en terapia, a dejar algún feo hábito, a ser más considerado, a escuchar más, a estirarte más, a jugar más con tus hijos, a darte "tiempo para ti" y a hacer un hueco en tu vida para ayudar a los demás, estás asumiendo el riesgo de no alcanzar tus objetivos y de quedarte con experiencias difíciles (algunas leves, muchas fuertes) de impotencia y desesperación. Sin embargo, lo haces; cambias. Cuando avanzas hacia el cambio, estás tomando la decisión de soportar la ansiedad de tu soledad y responsabilidad, sabiendo siempre que la opción de permanecer igual está eternamente disponible, es un escape fácil en cualquier momento que lo necesites.

Cuando sorteas la insoportable tensión entre donde estás y donde quieres estar, te involucras en impulsos y emociones muy bellos y humanos. Actúas sobre las mismas sinapsis de toda innovación humana, estiras y tensas las cuerdas de cualquier deseo, anhelo y amor, mientras satisfaces la innata e incluso sagrada tentación de esculpir la bendita arcilla que eres.

Comprometido voluntariamente con esta tensión, el impulso evolutivo de completar todo lo inacabado te empuja a seguir adelante. Y sigues valientemente ese impulso, aunque nada esté nunca totalmente terminado.

Buena suerte en tus cambios.

Deséame suerte en los míos.

Ambos la vamos a necesitar.

Agradecimientos

Yo no podría haber escrito este libro sin la ayuda y guía de Kent Harber y Constance Skedgell.

Después de décadas de conversaciones con Kent, me resulta difícil descifrar cuáles son los genes exactos de muchas de las ideas en este libro. Kent también ayudó de forma considerable con la escritura, y en definitiva el libro se benefició de su genio verbal, el cual me maravilla hasta la fecha. Más recientemente, nuestro interminable y fructífero diálogo de ideas ha derivado en nuestra investigación conjunta sobre el temor a la esperanza. Deseo continuar en este camino intelectual. Pero más importante es el camino que esta investigación ha forjado para nuestra amistad constante. No puedo esperar a descubrir hacia dónde nos llevará ahora.

Si algo tengo de escritor es gracias a Connie. Mucho antes de que escribiera este libro, ella era mi tutora, maestra, editora y consejera de escritura de todos los días. Connie me dijo que escribiera este libro, discutió conmigo cuando me resistí a hacerlo y me ayudó en cada paso del camino. El hecho de que yo haya escrito un libro y que ahora esté publicado es una victoria particularmente importante para mí; un logro que nadie pensó que era posible (o aconsejable) cuando yo era más joven. Connie me trajo hasta aquí y nunca lo olvidaré. Es la instructora de escritura que desearía haber tenido cuando más lo necesitaba. Con Connie cuidando mis movimientos, motivándome y señalando los errores que debía eliminar, fue como si esos dolorosos momentos de estigma se borraran poderosamente.

A Hara Marano, la directora editorial de *Psychology Today*. Cuando comencé a pensar en el libro, el entusiasmo que esta persona tan sabia mostró ante mis ideas me hizo creer que de hecho podría lograrlo.

A mi amiga Abby Ellin. Es una escritora muy talentosa; su ayuda con el libro lo convirtió en algo mucho más accesible, más placentero y en momentos más divertido que los borradores que le entregaba.

A mi agente, Dan Greenberg, quien es relajado, amable y directo: él lo hizo todo posible. Ha sido un placer tener a Dan a mi lado a lo largo de este proceso.

A Karen Rinaldi, mi editora de Harper Wave. Karen fue muy alentadora y una gran promotora de mí y del libro. He disfrutado hablar con ella acerca del libro, pero también me ha *encantado* discutir otros temas con ella, ya que nuestras conversaciones me han dado la oportunidad de escuchar sus ideas y conocimientos acerca del cambio humano, la espiritualidad y una gran variedad de cosas más. Mi conclusión: ella es verdaderamente brillante. También ha sido maravilloso trabajar con Rebecca Raskin, la asistente de Karen: siempre dispuesta a ayudar, localizable, amable, inteligente y precisa.

A Susy y Steve. Rara vez me siento totalmente cómodo en mis relaciones, pero con ustedes sí. Gracias por todas las reuniones profundas y satisfactorias. Eso es lo que queremos de los mejores amigos: la oportunidad de un diálogo imaginativo, espontáneo y curioso (la sensación de una risa que aparece); los amo a los dos.

A las personas milagrosas que han buscado nuestra ayuda en Ellenhorn a lo largo de muchos años. Es un acto de fe sumamente riesgoso confiar en otros para que cuiden de ti. En verdad es el honor más grande en mi vida que ustedes tuvieran fe en nosotros, y también su familia. Su valentía de cambiar, a pesar de decepciones profundas y un mundo que no acepta la diferencia, es la inspiración de este libro. También es mi fuente personal de motivación. Mi fe en mi propia capacidad de manejar mi vida proviene en gran medida de lecciones que he aprendido de ustedes. Ustedes han hecho que se me rompa el corazón más veces de las que puedo contar, y el mismo número de veces han hecho que todo sea genial, asombroso y respetuoso.

A los empleados milagrosos y maravillosos de Ellenhorn, éste es el secreto: yo hago lo que hago porque en realidad no puedo hacer lo que ustedes hacen. Vienen al trabajo con una especie de combinación suprema de humildad, curiosidad y paciencia que yo nunca reuniré. Entonces gracias Erica, Zoi, Matt, Paul, Christina, Hilary, Norana, Lisa, Ian, Diana, Michelle, Laurie, Aisha, Tim, Quinton, Maya, Annalisa, Ryan, Regina, Marie, Linda, Chad, Liam, Darren, Alexa, Kack, Carmine, Deirdre, Carolyn, Elizabeth, Himal, Kerry, Chris, Adam, Susan, Leah, Jackie, Jessica, Nick, Antonia, Shelly, Morgan, Amy, Katrina, Melissa, Pam, Justine, Serena, Heidi, Basel, Katie, Audelia, Ilda, Trevor, Lena, Andrew, Beth, Alivia, Christopher, Miranda, Kenya, Marni, Sheba, Andrins, Claudia, Joyce, Jeff, Leydy, Lauren de antes y Lauren de aquí y ahora, Sarah y Sarah, las tres Amandas, ambas Megan, Francesca I y Francesca II, Brian, Brian y Brian, Michael y Michael, Teresa, Theresa, Teri y Terri, Zach, Zach y Zach, Dave el enfermero, Dave primero y Dave de compañía. Aaron y Erin, Jess de Boston y Jess de Nueva York, quien sea que haya olvidado y, por supuesto, Madhavi.

A Ed Levin. Mi negocio no estaría donde se encuentra hoy sin las vastas y prolíferas conexiones de Ed, sus contactos crearon oportunidades para mí, las cuales yo nunca habría imaginado, y también para este libro. Nada de esto habría sido posible sin su impresionante alcance social.

Dicla Circelly, socia de mi compañía actual y la persona con quien he tenido (y siempre tendré) la relación profesional más larga, leyó el manuscrito completo. Como lo predije, sus comentarios fueron minuciosos, esclarecedores y muy útiles. Leah Kogan, mi asistente en Ellenhorn, fue fundamental para mantenerme organizado, realizó buena parte del trabajo que yo no quería hacer (incluyendo las notas finales y las gráficas) y me ayudó con todo tipo de cosas.

A los adultos jóvenes de mi vida personal que me inspiran con su capacidad de trascender el daño ocasionado por eventos poderosamente restrictivos. Estos jóvenes Harolds me despiertan cada vez que los veo, llenan mi existencia de cafeína y dilatan mis ojos ante la esperanza. Fueron mi coro de esperanza conforme escribía el libro.

Para empezar, por supuesto está Max: mi criador de cabras, bebedor de jugo de espinaca, jugador de futbol, escucha del océano, levantador de pesas, viajero por Europa, estudiante en la biblioteca, complaciente con sus padres, mejor amigo (eres un milagro de fortaleza ante el dolor y un excelente ejemplo de la "santidad de la personalidad humana). Fue muy generoso de tu parte permitirme usar tus historias en el libro (aunque ignoraste mis provocaciones para leerlas), éstas llegaron a mí naturalmente mientras escribía, ya que la imagen de tu valor a todo vapor siempre está en mi mente y en mi corazón. Gracias a ti, Max, por atravesar la vida con entusiasmo puro. Por favor, ponte el cinturón de seguridad y siempre mantén los ojos en el camino. A Dan, el apostador, y Kelsey, el Ninja, ustedes me inspiran con sus esfuerzos para aventurarse con audacia en vidas emocionantes y propias, y su valentía para construir experiencias innovadoras en casa, a pesar de las experiencias de ruptura y separación que vivieron en el hogar en su juventud. Para los chicos Swann (Andy, Dana y Erik) que fueron criados correctamente y por ello han creado existencias tan maravillosas, a pesar de haber vivido la tragedia que más temen todos los niños. Visítennos cuando quieran (por favor) y siempre traigan con ustedes a sus maravillosos polluelos que siguen creciendo. Y a ti, Franci: me dejas absolutamente atónito con tu capacidad de tener esperanza, a pesar de todo lo que indica que deberías temer. Desde abajo de la opresión más pesada, ahí estás tú, brillando con esa sonrisa radiante que tienes, mientras comes tu helado Milk Bar. Honestamente, no tengo ni idea de cómo lo haces. Estoy muy agradecido de tenerte en nuestras vidas.

Y le agradezco a una persona más: Valeria Vila, nuestra asistente y colaboradora en la investigación sobre el temor a la esperanza. Es muy serena y al parecer nunca se siente intimidada por Kent o por mí, y sus ideas son guías integrales en nuestro estudio.

A mamá: eres un ejemplo profundo de la magia de la curiosidad; cómo ésta puede llevarse a donde sea, sin obstáculos por la edad, persistente hasta cuando tus sentidos fallan, mostrando entusiasmo en las situaciones más cotidianas. Eso vuelve expansiva la vida de un introvertido. Gracias por darme este don.

A papá; así como cambié mi vodka por tus martinis de ginebra, cuando moriste finalmente comencé a leer a Lewin. En todas partes de este libro está escrito el ADN de tu tipo particular humanismo judío-secular. Si funciona, es gracias a ti también.

Rebecca, mi amor: has estado en lo correcto todo el tiempo con tu broma divertida: "Ese libro no se va a escribir solo". No fue así; fue necesario que tu marido lo escribiera y ahora se encuentra hasta arriba de la lista de los esfuerzos de los que me siento más orgulloso (todo ello habría sido imposible sin tu fe en mí, y muy lejos del alto nivel de honra que hay en nuestro matrimonio). Cuando las dudas profundas acerca de mí mismo, mi percepción acerca de mi difícil lugar en el mundo, quizá distorsionada, y mis defectos irreparables que amenazan con destrozarme, tú siempre estás ahí, a mi lado. No sé qué haría sin ti, honestamente, no lo sé. Eres mi consuelo, mi fortaleza: el puente sobre mis aguas turbulentas.

Notas

INTRODUCCIÓN. EL PODER INFINITO DE LA INVARIABILIDAD

1 D. Munro, "Inside the $35 Billion Addiction Treatment Industry", *Forbes*, 27 de abril de 2015, www.forbes.com/sites/danmunro/2015/04/27/inside-the-35-billio n-addiction-treatment-industry/#d1b635117dc9

2 "Our Twelve Traditions: A.A.'s Future in the Modern World", 25 Reunión de Servicio Mundial, Reuniones de Servicio Mundial de Alcohólicos Anónimos, Inc., Durban, Sudáfrica, octubre de 2018.

3 Lance M. Dodes, *The Sober Truth: Debunking the Bad Science Behind 12-Step Programs and the Rehab Industry*, Boston, Beacon Press, 2014.

4 B. Midgley, "The Six Reasons the Fitness Industry Is Booming", *Forbes*, 26 de septiembre de 2015, www.forbes.com/sites/benmidgley/2018/09/26/the-six-re asons-the-fitness-industry-is-booming/#7c24d1fe506d

5 "New Study Finds 73% of People Who Set Fitness Goals as New Year's Resolutions Give Them Up", comunicado de prensa de Bodybuilding.com, 9 de enero de 2019, www.bodybuilding.com/fun/2013-100k-transformation-contest-press-release.html

6 "The U.S. Weight Loss & Diet Control Market — Market Valued at $66 Billion in 2017 — ResearchAndMarkets.com", *BusinessWire*, 1 de marzo de 2018, www. businesswire.com/news/home/20180301006252/en/U.S.-Weight-Loss-Diet-Control-Market

7 "23 Exceptional Fad Diet Statistics", HRF.com, s.f., healthresearchfunding.org/ 23-exceptional-fad-diet-statistics/

8 B. Goodman, "How Your Appetite Can Sabotage Weight Loss", WebMD, 14 de octubre de 2016, www.webmd.com/diet/news/20161014/how-your-appetite-can-sabotage-weight-loss#1

9 D. Dowling, "New Year's Resolutions Are BS. Here's What You Should Do if You Actually Want to Change in 2018", *Thrive Global*, 20 de diciembre de 2107, thri veglobal.com/stories/new-year-s-resolutions-are-bs-here-s-what-you-should-do-if-you-actually-want-to-change-in-2018

¹⁰ "Climate Change: How Do We Know", NASA, *Global Climate Change,* climate. nasa.gov/evidence/

¹¹ James O Prochaska y Carlo C. DiClemente, "The Transtheoretical Approach", en John C. Norcross y Marvin R. Goldfried (eds.), *Handbook of Psychotherapy Integration,* Oxford Series in Clinical Psychology, 2ª ed., Nueva York, Oxford University Press, 2005, pp. 147-171.

¹² M. J. Lambert, *Psychotherapy Outcome Research: Implications for Integrative and Eclectical Therapists,* Nueva York, Basic Books, 1992, pp. 94-129.

¹³ W. R. Miller y S. Rollnick, S., *Motivational Interviewing: Helping People Change,* Nueva York, Guilford Press, 2013.

¹⁴ E. Cohen, R. Feinn, A. Arias y H. R. Kranzler, "Alcohol Treatment Utilization: Findings from the National Epidemiologic Survey on Alcohol and Related Conditions", *Drug and Alcohol Dependence,* vol. 86, núm. 2-3, 2007, pp. 214-221.

¹⁵ Sun Tzu, *The Art of War,* CreateSpace Independent Publishing Platform, 2010.

¹⁶ N. Pagh, *Write Moves: A Creative Writing Guide and Anthology,* Peterborough, Broadview Press, 2016.

¹⁷ C. R. Rogers, *On Becoming a Person: A Therapist's View of Psychotherapy,* 2ª ed., Nueva York, Mariner Books, 1995.

¹⁸ L. Jacobs, "Self-Realization as a Religious Value", en J. Clayton (ed.), *Religion and the Individual,* Nueva York, Cambridge University Press, 1992, p. 10.

¹⁹ Sun Tzu, *The Art of War.*

²⁰ E. Fromm, *To Have or to Be?,* Nueva York, Bloomsbury Academic, 2005.

²¹ E. Fromm, *The Sane Society,* Nueva York, Holt Paperbacks, 1990.

²² R. May, *The Courage to Create,* Nueva York, W. W. Norton, 1994.

²³ M. Buber, *I and Thou,* Nueva York, Touchstone, 1971.

²⁴ P. Tillich, *The Courage to Be,* New Haven, Yale University Press, 1952.

²⁵ I. Illich, *Tools for Conviviality,* Nueva York, HarperCollins Publishers, 1974.

²⁶ R. May, *The Meaning of Anxiety,* edición revisada, Nueva York, W. W. Norton, 1977.

Capítulo 1. Cómo llegué aquí

¹ D. M. Foreman, "The Ethical Use of Paradoxical Interventions in Psychotherapy", *Journal of Medical Ethics,* vol. 16, núm. 4, 1990, pp. 200-205, doi:10.1136/jme. 16.4.200

² C. R. Rogers, "The Necessary and Sufficient Conditions of Therapeutic Personality Change", *Journal of Consulting Psychology,* vol. 21, núm. 2, 1957, pp. 95-103, doi: 10.1037/h0045357

³ J. Gleser y P. Brown, "Judo Principles and Practices: Applications to Conflict-Solving Strategies in Psychotherapy", *American Journal of Psychotherapy*, vol. 42, núm. 3, 1988, pp. 437-447.

⁴ W. R. Miller y S. Rollnick, *Motivational Interviewing: Helping People Change*, Nueva York, Guilford Press, 2013.

⁵ Valeria Vila y Christine Nazaire son estudiantes de posgrado y con honores, respectivamente, que trabajan con Kent Harber y Thomas Malloy, un psicólogo social del Rhode Island College. El manuscrito es de K. D. Harber, V. Vila, T. Malloy, C. Nazaire y R. Ellenhorn, *Fear of Hope: Measurement and Consequences, forthcoming*. La investigación del temor a la esperanza implicó una serie de siete estudios. Los primeros cuatro sólo se dedicaron a confirmar que es confiable la medición del temor a la esperanza. Los tres restantes mostraron los resultados descritos en este libro, en grados variables, pero lo bastante fuertes como para darnos la confianza de su validez. Dicho lo anterior, la investigación todavía debe ser revisada por expertos en una revista científica, lo cual es un umbral importante de confirmación.

Capítulo 2. La tensión entre donde estás
y donde quieres estar

¹ A. Hartman, "You Can Sharpen Your Memory with the Zeigarnik Effect", Curiosity.com, 24 de julio de 2018, curiosity.com/topics/you-can-sharpen-your-memory-with-the-zeigarnik-effect-curiosity/

² Bluma Zeigarnik, uno de los estudiantes de Lewin, estudió y confirmó esta hipótesis, y ahora al término de cómo a la gente se le facilita más recordar las tareas inconclusas que aquellas terminadas, se le conoce como efecto Zeigarnik. Casi noventa años después, el efecto Zeigarnik podría ser usado para fijar nuevas reglas para las intencionales en la NBA.

³ K. Koffka, "Perception: An Introduction to the Gestalt-Theorie", *Psychological Bulletin*, vol. 19, núm. 10, 1922, p. 531.

⁴ G. Mandler, *The Language of Psychology*, Huntington, R. E. Krieger, 1975.

⁵ K. Lewin, *A Dynamic Theory of Personality-Selected Papers*, Londres, Read Books, 2013.

⁶ S. Holzner, "What Is a Vector?", Dummies.com, www.dummies.com/education/science/physics/what-is-a-vector/

⁷ K. Lewin, *Field Theory in Social Science: Selected Theoretical Papers*, edición de D. Cartwright, Nueva York, Harper & Brothers, 1951.

⁸ J. Kunst, "What Is Psychoanalysis?", *Psychology Today* online, 15 de enero de 2014,

www.psychologytoday.com/us/blog/headshrinkers-guide-the-galaxy/201401/
what-is-psychoanalysis

9 Hodanbosi y J. G. Fairman, "The First and Second Laws of Motion", NASA.gov,
   agosto de 1966, www.grc.nasa.gov/WWW/K-12/WindTunnel/Activities/first2n
   d_lawsf_motion.html

10 El revolucionario libro de Ernest Becker que ganó el Premio Pullitzer, *The Denial of Death*, saca el tema a la luz: nuestra capacidad de comprender y contemplar la muerte causa una tendencia a negarla, a veces de forma tan profunda
   que no vemos la muerte como una preocupación central en nuestras vidas. Esa
   lucha por negar la muerte conduce a todo tipo de actividades humanas, incluyendo mucho de lo que sucede en iniciativas culturales como las artes, la música y el teatro, y definitivamente en el desarrollo de la religión y los conceptos de
   la vida después de la muerte. El trabajo de Becker influyó en la importante escuela de las teorías del manejo del terror en la teoría de la psicología social y la
   teoría evolutiva, ejemplificadas en el libro *The Worm at the Core: On the Role of
   Death in Life*. Las teorías del manejo del terror sugieren que manejamos el terror ante nuestra muerte al aferrarnos a creencias, narrativas, sistemas y sím-
   bolos culturales, y que cuanto más sintamos el terror de la muerte, más fuerte
   nos aferramos. En el comercial de campaña para la reelección de George W.
   Bush en 2004, titulado "Wolves (Lobos)", su equipo de campaña explotó inge-
   niosamente la tendencia humana a manejar el terror al colocar a los televiden-
   tes al nivel del piso mientras que un lobo (identificado por el narrador) nos
   cazaba. En la campaña de Bush sabían que cuanta más gente temiera su propia
   muerte, más se aferraría a lo que mantuvieran el *statu quo*, en vez del cambio, y
   más se aferrarían a las creencias conservadoras en general.

11 E. Becker, *The Denial of Death*, Nueva York, Free Press, 1997.

12 S. Solomon, J. Greenberg y T. Pyszczynski, *The Worm at the Core: On the Role of
   Death in Life*, Nueva York, Random House, 2015.

13 Anuncio de lobos, campaña presidencial para George W. Bush en 2004, 9 de diciembre de 2004, www.c-span.org/video/?c4496105/wolves-advertisement

CAPÍTULO 3. ANSIEDAD, ESPERANZA Y FE: LAS TRES LEYES DEL CAMBIO PERSONAL

1 K. Lewin, *Field Theory in Social Science: Selected Theoretical Papers,* edición de D.
   Cartwright, Nueva York, Harper & Brothers, 1951.

2 C. Johnson, *Harold and the Purple Crayon*, Nueva York, HarperCollins, 1995.

3 S. Kierkegaard, *The Concept of Anxiety [Begrebet Angest]*, traducción de W. Lowrie,
   Princeton, Princeton University Press, 1957.

4   I. R. Owen, "Introducing an Existential-Phenomenological Approach: Basic Phenomenological Theory and Research–Part I", *Counselling Psychology Quarterly*, vol. 7, núm. 3, 1994, pp. 261-273, doi:10.1080/09515079408254151

5   Jean-Paul Sartre, *Being and Nothingness* [*L'Être et le néant: Essai d'ontologie phénoménologique*], traducción de H. E. Barnes, Nueva York, Washington Square Press, 1993.

6   K. Lewin, *Time Perspective and Morale*, Oxford, Reino Unido, Houghton Mifflin, 1942, pp. 48-70.

7   W. Churchill, *"Dunkirk" in The World's Great Speeches*, edición de L. Copeland, L. W. Lamm y S. J. McKenna, Mineola, Dover Publications, 1999, pp. 433-439.

8   C. R. Snyder, "Hope Theory: Rainbows in the Mind", *Psychological Inquiry*, vol. 13, núm. 4, 2002, pp. 249-275.

9   He cambiado los nombres y la información demográfica básica para los individuos que aparecen en todos los casos clínicos en este libro. Muchos de los ejemplos son historias compuestas extraídas de mis interacciones con o por el conocimiento de la supervisión de más de un paciente.

10 Snyder, "Hope Theory".

11 A. Bandura, "Perceived Self-Efficacy in Cognitive Development and Functioning", *Educational Psychologist*, vol. 28, núm. 2, 1993, pp. 117-148.

12 M. L. King Jr., "I Have a Dream", en *The World's Great Speeches*, Mineola, Dover Publications, 1999, p. 751f.

13 Bandura, "Perceived Self-Efficacy".

14 G. L. Clore, K. Gasper y E. Garvin, "Affect as Information", citado en en K. D. Harber, "Self-Esteem and Affect as Information", *Personality and Social Psychology Bulletin*, vol. 31, núm. 2, 2001, pp. 276-288, doi:10.1177/0146167204271323

15 N. Schwarz y G. L. Clore, "Feelings and Phenomenal Experiences", citado en Harber, "Self-Esteem and Affect as Information".

16 G. L. Clore y S. Colcombe, "The Parallel Worlds of Affective Concepts and Feelings", citado en Harber, "Self-Esteem and Affect as Information".

17 A. Bechara y A. R. Damasio, "The Somatic Marker Hypothesis: A Neural Theory of Economic Decision", *Games and Economic Behavior*, vol. 52, núm. 2, 2005, pp. 336-372, doi:10.1016/j.geb.2004.06.010

18 Clore y Colcombe, "The Parallel Worlds".

19 Harber, "Self-Esteem and Affect as Information".

20 Harber está personalmente de acuerdo conmigo en este punto, y considera que su investigación apoya esta hipótesis.

21 R. D. Laing, *The Divided Self: An Existential Study in Sanity and Madness,* Nueva York, Penguin Books, 1969.

22 R. A. Spitz y K. M. Wolf, "Anaclitic Depression: An Inquiry into the Genesis of

Psychiatric Conditions in Early Childhood, II", *Psychoanalytic Study of the Child*, vol. 2, núm. 1, 1946, pp. 313-342.

²³ R. A. Spitz, "Hospitalism: An Inquiry into the Genesis of Psychiatric Conditions in Early Childhood", *Psychoanalytic Study of the Child*, vol. 1, núm. 1, 1945, pp. 53-74.

²⁴ M.D.S. Ainsworth, "The Bowlby-Ainsworth Attachment Theory", *Behavioral and Brain Sciences*, vol 1, núm. 3, 1978, pp. 436-438, doi:10.1017/S0140525X00075828

²⁵ J. Bowlby, "The Bowlby-Ainsworth Attachment Theory", *Behavioral and Brain Sciences*, vol. 2, núm. 4, 1979, pp. 637-638, doi:10.1017/S0140525X00064955

²⁶ P. Waller-Bridge, H. Williams, J. Williams, H. Bradbeer, L. Hampson, J. Lewis y S. Hammond, productores, *Fleabag*, serie de televisión, dirigida por H. Bradbeer y T. Kirkby, Reino Unido, BBC, 2016.

CAPÍTULO 4. EL TEMOR A LA ESPERANZA

¹ N. J. Roese, "Counterfactual Thinking", *Psychological Bulletin*, vol. 12, núm. 1, 1997, p. 133.

² Estos descubrimientos en el pensamiento del futuro y la perspectiva del tiempo con respecto a TAE fueron parte de la tesis de licenciatura con honores de Christine Nazaire en la Universidad de Rutgers.

³ K. Lewin, *Time Perspective and Morale*, Oxford, Houghton Mifflin, 1942, pp. 48-70.

⁴ Laing, *The Divided Self*.

⁵ Thomas Jefferson, carta a Maria Cosway, 12 de octubre de 1786, Jefferson Papers, founders.archives.gov/documents/Jefferson/01-10-02-0309

⁶ Peter Salovey, Laura R. Stroud, Alison Woolery y Elissa S. Epel, "Perceived Emotional Intelligence, Stress Reactivity, and Symptom Reports: Further Explorations Using the Trait Meta-Mood Scale", *Psychology & Health*, vol. 17, núm. 5, 2002, pp. 611-627.

CAPÍTULO 5. LA INGENIOSA PRESERVACIÓN DE LA POSE DE LA ZARIGÜEYA

¹ "Dmitri Shostakovich, "Quotable Quote", Goodreads, www.goodreads.com/quotes/15049-when-a-man-is-in-despair-it-means-that-he

² Por cierto, éste es el mero propósito de la terapia narrativa, el método en el que yo me basaba cuando le pedí a Mary que nombrara su experiencia. La terapia narrativa considera que los individuos sufre de una "saturación de problemas":

verse a sí mismos como rotos e incapaces de generar su propia recuperación, debido a la influencia del modelo médico.

3 Michael White, *Maps of Narrative Practice*, Nueva York, W.W. Norton, 1990.

4 Bill Wilson, *The Big Book of Alcoholics Anonymous*, 4ª ed., Nueva York, Alcoholics Anonymous Worldwide, 2001.

Capítulo 6. Sin cambio no hay dolor

1 Sartre, *Being and Nothingness*.

2 R. D. Ellenhorn, *Parasuicidality and Paradox: Breaking Through the Medical Model*, Nueva York, Springer Publishing, 2007.

3 A. Tversky y D. Kahneman, "Loss Aversion in Riskless Choice: A Reference-Dependent Model", *Quarterly Journal of Economics*, vol. 106, núm. 4, 1991, pp. 1039-1061.

4 A. Schwartz, *The Paradox of Choice: Why More Is Less*, Nueva York, HarperCollins, 2009, p. 22.

5 H. R. Arkes y C. Blumer, "The Psychology of Sunk Cost", *Organizational Behavior and Human Decision Processes*, vol. 35, núm. 1, 1985, pp. 124-140.

6 A. M. Staw, "Knee-Deep in the Big Muddy: A Study of Escalating Commitment to a Chosen Course of Action", *Organizational Behavior and Human Performance*, vol. 16, núm. 1, 1976, pp. 27-44.

7 Staw, "Knee-Deep in the Big Muddy".

8 J. Maslin, "On the Sax, Freedom Isn't Found in Freedom", crítica de cine, *The New York Times*, 26 de junio de 1992, C12.

9 A. W. Winnicott, *Playing and Reality*, Nueva York, Psychology Press, 1991, p. 99.

10 R. May, "Methods of Dealing with Anxiety", en *The Meaning of Anxiety*, 2ª ed., Nueva York, W. W. Norton, 1996, p. 363.

11 Henry Beecher, un médico del ejército, descubrió que los soldados de la Segunda Guerra Mundial que resultaban heridos en batalla reportaban mucho menos dolor de lo que sugerían sus heridas. Beecher pensó que el significado del dolor afectaba su intensidad (para estos soldados, las heridas significaban salir del combate y volver a Estados Unidos). En efecto, eran buenas noticias.

12 H. Beecher, "Pain in Men Wounded in Battle", *Annals of Surgery*, vol. 123, núm. 1, 1946, pp. 96-105.

Capítulo 7. "No hay razón para no poder"

[1] Bandura, "Perceived Self-Efficacy", pp. 117-148.
[2] Lewin, *Time Perspective and Morale*, pp. 48-70.
[3] E. Goffman, *The Presentation of Self in Everyday Life*, Nueva York, Anchor, 1959.
[4] C. H. Cooley, "Looking-Glass Self", en Jodi O'Brien, *The Production of Reality: Essays and Readings on Social Interaction*, Thousand Oaks, Sage, 2017, p. 261.
[5] Ellenhorn, *Parasuicidality and Paradox*.
[6] Erving Gottman, *Stigma: Notes on the Management of Spoiled Identity*, Englewood Cliffs, Prentice-Hall, 1963.
[7] E. H. Erikson, *Identity: Youth and Crisis*, 2ª ed., Nueva York, W. W. Norton, 1968.
[8] John Kennedy, "Do. Don't Think, Don't Hope. Do... Do. Act. Don't Think, Act. Eye on the Ball", discurso en la Gran Final de la Liga Victoriana de Futbol en 1975, speakola.com/sports/john-kennedy-dont-think-do-1975
[9] R. E Watts, "Reflecting 'As If'," *Counseling Today*, 1 de abril de 2013, ct.counseling.org/2013/04/reflecting-as-if/

Capítulo 8. El espejo del cambio

[1] C. Rogers, *On Becoming a Person: A Therapist's View of Psychotherapy*, 2ª ed., Nueva York, Mariner Books, 1995.
[2] M. M. Linehan, "Dialectical Behavioral Therapy: A Cognitive Behavioral Approach to Parasuicide", *Journal of Personality Disorders*, vol. 1, núm. 4, pp. 328-333.
[3] Lewin, *Time Perspective and Morale*, pp. 48-70.
[4] Bandura, "Perceived Self-Efficacy", pp. 117-148.
[5] P. Schmuck, T. Kasser y R.M. Ryan, "Intrinsic and Extrinsic Goals: Their Structure and Relationship to Well-Being in German and US College Students", *Social Indicators Research*, vol. 50, núm. 2, 2000, pp. 225-241.
[6] P. M. Gollwitzer, "Striving for Specific Identities: The Social Reality of Self-Symbolizing", en *Public Self and Private Self*, Nueva York, Springer, 1986, pp. 143-159.
[7] James O. Prochaska y Carlo C. DiClemente, "Transtheoretical Therapy: Toward a More Integrative Model of Change", *Psychotherapy: Theory, Research & Practice*, vol. 19, núm. 3, 1982, p. 276.

Capítulo 9. ¿Ya llegamos?

[1] "Should You Weigh Yourself Every Day?", *Harvard Health,* Facultad de Medicina de Harvard, julio de 2015, www.health.harvard.edu/should-you-weigh-yourself-every-day

[2] C. R. Pacanowski y D. A. Levitsky, "Frequent Self-Weighing and Visual Feedback for Weight Loss in Overweight Adults", *Journal of Obesity*, 2015, doi:10.1155/2015/763680

[3] S. Albers, *Eating Mindfully: How to End Mindless Eating and Enjoy a Balanced Relationship with Food,* 2ª ed., Oakland, New Harbinger Publications, 2012.

[4] L. Marvin, Baby Steps: *A Guide to Living Life One Step at a Time*, Berkeley, Ross Books, 1991.

[5] L. Ziskin, productor, *What About Bob?,* película dirigida por F. Oz, Buena Vista Pictures, 1991.

[6] http://arbanmethod.com/wyntons-twelve-ways-to-practice

[7] K. Lewin, *Time Perspective and Morale*, Oxford, Houghton Mifflin, 1942, pp. 48-70.

[8] A. Bandura, "Perceived Self-Efficacy in Cognitive Development and Functioning", *Educational Psychologist*, vol. 28, núm. 2, 1993, pp. 117-148.

[9] Dodes, *The Sober Truth*.

Capítulo 10. El peso de la desesperación, la ligereza de la esperanza

[1] R. F. Baumeister, E. Bratslavsky, C. Finkenauer y K. D. Vohs, "Bad Is Stronger Than Good", *Review of General Psychology*, vol. 5, núm. 4, 2001, pp. 323-370.

[2] P. Brickman, D. Coates y R. Janoff-Bulman, "Lottery Winners and Accident Victims: Is Happiness Relative?", *Journal of Personality and Social Psychology*, vol. 36, 1978, pp. 917-927.

[3] J. D. Wells, S. E. Hobfoll y J. Lavin, "When It Rains, It Pours: The Greater Impact of Resource Loss Compared to Gain on Psychological Distress", *Personality and Social Psychology Bulletin*, vol. 25, 1999, pp. 1172-1182.

[4] K. M. Sheldon, R. Ryan y H. T. Reis, "What Makes for a Good Day? Competence and Autonomy in the Day and in the Person", *Personality and Social Psychology Bulletin*, vol. 22, 1996, pp. 1270-1279.

[5] J. F. Pittman y S. A. Lloyd, "Quality of Family Life, Social Support, and Stress", *Journal of Marriage and the Family*, vol. 50, 1988, pp. 53-67.

[6] T. A. Wills, R. L. Weiss y G. R. Patterson, "A Behavioral Analysis of the Determinants of Marital Satisfaction", *Journal of Consulting and Clinical Psychology*, vol. 6, 1974, pp. 802-811.

[7] E. O. Laumann, J. H. Gagnon, R. T. Michael y S. Michaels, *The Social Organization of Sexuality: Sexual Practices in the United States*, Chicago, University of Chicago Press, 1994.

[8] E. O. Laumann, A. Paik y R. C. Rosen, "Sexual Dysfunction in the United States: Prevalence and Predictors", *Journal of the American Medical Association*, vol. 281, 1999, pp. 537-544.

[9] N. Rynd, "Incidence of Psychometric Symptoms in Rape Victims", *Journal of Sex Research*, vol. 24, 1988, pp. 155-161.

[10] A. C. French, G. A. Waas y S. A. Tarver-Behring, "Nomination and Rating Scale Sociometrics: Convergent Validity and Clinical Utility", *Behavioral Assessment*, vol. 8, 1986, pp. 331-340.

[11] E. L. Worthington Jr., "The New Science of Forgiveness", *Greater Good*, University of California-Berkeley, 1 de septiembre de 2004, greatergood.berkeley.edu/article/item/the_new_science_of_forgiveness

[12] S. Lyubomirsky, *The How of Happiness*, Nueva York, Penguin Press, 2007.

[13] J. Czapinski, "Negativity Bias in Psychology: An Analysis of Polish Publications", *Polish Psychological Bulletin*, vol. 16, 1985, pp. 27-44.

[14] P. H. Diamandis, "Why We Love Bad News: Understanding Negativity Bias", BigThink.com, 19 de julio de 2013, bigthink.com/in-their-own-words/why-we-love-bad-news-understanding-negativity-bias

[15] S. P. Wood, "Bad News: Negative Headlines Get Much More Attention", *Adweek*, 21 de febrero de 2014, www.adweek.com/digital/bad-news-negative-headlines-get-much-more-attention/

[16] A. Epstein, "Here's What Happened When a News Site Only Reported Good News for a Day", *Quartz*, 5 de diciembre de 2014, qz.com/307214/heres-what-happened-when-a-news-site-only-reported-good-news-for-a-day/

[17] G. Maté, *In the Realm of the Hungry Ghost: Close Encounters with Addiction*, Toronto, Knopf Canada, 2008.

[18] J. Chaitin, "I Need You to Listen to What Happened to Me. Personal Narratives of Social Trauma in Research and Peace-Building", en *American Journal of Orthopsychiatry*, vol. 84, núm. 5, pp. 475-486, doi:10.1037/ort0000023

[19] T. Frankish y J. Bradbury, "Telling Stories for the Next Generation: Trauma and Nostalgia", *Peace and Conflict: Journal of Peace Psychology*, vol. 18, núm. 3, 2012, pp. 294-306, doi:10.1037/a0029070

[20] K. C. McLean y M. Pasupathi, "Old, New, Borrowed, Blue? The Emergence and Retention of Personal Meaning in Autobiographical Storytelling", *Journal of Personality*, vol. 79, núm. 1, 2011, pp. 135-164, doi:10.1111/j.1467-6494.2010.00676.x

[21] C. Miller y J. Boe, "Tears into Diamonds: Transformation of Child Psychic

Trauma Through Sandplay and Storytelling", *The Arts in Psychotherapy*, vol. 17, núm. 3, 1990, pp. 247-257, doi.org/10.1016/0197-4556(90)90008-E

[22] G. Rosenthal, "The Healing Effects of Storytelling: On the Conditions of Curative Storytelling in the Context of Research and Counseling", *Qualitative Inquiry*, vol. 9, núm. 6, 2003, pp. 915-933, doi:10.1177/1077800403254888

[23] Nathaniel Hawthorne captura este acto de encontrar justicia (real o imaginaria) en *La letra escarlata*. Hester Prynne continúa vistiendo de rojo mucho después del tiempo que se le pide hacerlo. De hecho, ella nunca deja de usarlo y lo hace a manera de acusación del pueblo que la sentenció a usarlo. Ella se convierte en su propio testimonio.

[24] N. Hawthorne, *The Scarlet Letter*, Boston, Ticknor, Reed & Fields, 1850.

[25] J. P. Burkett y L. J. Young, "The Behavioral, Anatomical and Pharmacological Parallels Between Social Attachment, Love and Addiction", *Psychopharmacology*, vol. 224, núm. 1, 2012, pp. 1-26.

[26] Emily tuvo la fortuna de tener cerca LARP. Muchos no tenemos fácil acceso a actividades acordes a nuestros intereses y que por lo tanto nos brinden una forma rápida de sentirnos conectados con otros, para que nos hagan sentir valiosos o que nos den el sentido de un propósito. Cada vez existen más teorías sobre la adicción que capturan este punto, el cual además está asociado estrechamente con la falta de oportunidad de otras actividades que nos conectan. El pensador más prominente en este campo es Carl Hart, un neurofisiólogo que argumenta de forma convincente que la epidemia de crack en las comunidades afroamericanas fue y es provocada por la pobreza y el racismo, y el hecho de que los argumentos políticos populares afirmen que los problemas en estas comunidades son causados por las drogas, es en sí mismo un argumento racista, ya que ignora la inequidad y criminaliza un comportamiento que es el resultado inevitable para los individuos que no tienen otras maneras de sentirse conectados.

[27] C. Hart, *High Price: A Neuroscientist's Journey of Self-Discovery That Challenges Everything You Know About Drugs and Society*, Nueva York, HarperCollins, 2013.

[28] Carl Hart, *High Price*, Nueva York, HarperCollins, 2013.

[29] Ellenhorn, *Parasuicidality and Paradox*.

[30] D. W. Winnicott, "The Capacity to Be Alone", *International Journal of Psycho-Analysis*, vol. 39, 1958, pp. 416-420.

[31] Es su libro *Prisionero sin nombre, celda sin número,* el periodista argentino judío Jacobo Timmerman describe su encarcelamiento en Argentina durante la Guerra Sucia, en la que miles de personas fueron "desaparecidas". Solo en su celda, sin poder comunicarse con nadie, se sentía aterrado. Había una rendija en su puerta de acero a través de la que podía ver sólo la puerta de acero con la rendija

frente a la suya. Una vez, al mirar por ahí, vio los ojos de otro prisionero mirándolo. Los ojos estaban ahí, luego ya no, después sí, luego ya no. El compañero prisionero estaba jugando el juego más simple, algo parecido al "pikabú" de los niños pequeños. Pero Timmerman comprendió el mensaje: no estás solo. Y él afirma que ese mensaje tuvo un valor muy profundo durante los primeros días en prisión, que fueron los más aterradores.

[32] J. Timmerman, *Prisoner without a Name, Cell without a Number* [*Preso sin nombre, celda sin número*], traducción de T. Talbot, Madison, University of Wisconsin Press, 2002.

[33] E. Fromm, *The Art of Loving*, Nueva York, Harper & Brothers, 1956.

[34] W. B. Swann Jr., "Self-Verification Theory", en *Handbook of Theories of Social Psychology*, Thousand Oaks, Sage, 2011, pp. 23-42.

Capítulo 11. El undécimo retrato y la gran combinación

[1] T. Robbins, tweet, agosto 28, 2015.

[2] J. Canfield, "If you can imagine it, you can make it happen", actualización de estado en Facebook, 9 de julio de 2016, m.facebook.com/JackCanfieldFan/photos/a.101548 36256590669.1073741840.36454130668/10153802125135669/?type=3 &__tn__=C-R

[3] N. V. Peale, *The Power of Positive Thinking,* 2ª ed., Nueva York, Touchstone, 2003.

[4] Fromm, *The Art of Loving.*

[5] El término sociopsicológico para el estímulo de perseverancia que obtenemos de otros se llama "facilitación social". Funciona mejor para las tareas más simples, como andar en bicicleta. De hecho, la presencia de otros puede perturbar tareas más complejas. Un estudio inteligente realizado por Robert Zajonc demostró que incluso las cucarachas se benefician de la facilitación social. Una cucaracha "corredora" recorría más rápido a lo largo de un pasillo cuando colocaban a una cucaracha "observadora" en una plataforma alta que miraba desde arriba el pasillo.

[6] A. Duckworth, *Grit: The Power of Passion and Perseverance*, Nueva York, Scribner, 2016.

[7] B. Brown, *Dare to Lead*, Nueva York, Random House, 2018.

[8] S. Dweck, *Mindset: The New Psychology of Success*, Nueva York, Random House, 2006.

[9] S. E. Hobfoll, "Conservation of Resources: A New Attempt at Conceptualizing Stress", *American Psychologist*, vol. 44, núm. 3, 1989, p. 513.

10 S. E. Hobfoll, *The Ecology of Stress*, Washington, D.C., Hemisphere Publishing Corp., 1988.
11 A. Burrow, P. Hill y R. Summer, "Leveling Mountains: Purpose Attenuates Links between Perceptions of Effort and Steepness", *Personality and Social Psychology Bulletin*, vol. 42, núm. 1, 2016, pp. 94-103.
12 S. Schnall, K. D. Harber, J. K. Stefanucci y D. R. Proffitt, "Social Support and the Perception of Geographical Slant", *Journal of Experimental Social Psychology*, vol. 44, 2011, pp. 1246-1255.
13 Schnall *et al.*, "Social Support".
14 K. D. Harber, D. Yeung y A. Iacovell, "Psychosocial Resources, Threat, and the Perception of Distance and Height: Support for the Resources and Perception Model", *Emotion*, vol. 11, núm. 5, 2011.
15 E. O. Wilson, *The Social Conquest of Earth*, Nueva York, Liveright, 2013.
16 Johnson, *Harold and the Purple Crayon*.
17 Winnicott, "The Capacity to Be Alone", pp. 416-420.
18 N. I. Eisenberger, M. D. Lieberman y K. D Williams, "Does Rejection Hurt?: An FMRI Study of Social Exclusion", en *Science*, vol. 302, núm. 5643, octubre de 2003, pp. 290-292, doi:10.1126/science.1089134
19 P. E. McKnight y T. B. Kashdan, "Purpose in Life as a System That Creates and Sustains Health and Well-Being: An Integrative, Testable Theory", *Review of General Psychology*, vol. 13, núm. 3, 2009, pp. 242-251.
20 C. W. Mills, *The Sociological Imagination*, 2ª ed., Oxford, Oxford University Press, 2000.
21 Lewin, *Time Perspective and Morale*, pp. 48-70.
22 Jean-Paul Sartre, *Existentialism Is a Humanism [L'existentialisme est un humanisme]*, traducción de P. Mairet, New Haven, Yale University Press, 1948, p. 58.
23 Ross Ellenhorn, "The AIDS Memorial Quilt and the Modernist Sacred: Resurrection in a Secular World", tesis doctoral, Departamento de Psicología de la Universidad de Brandeis, 1997.
24 M. L. King Jr., *A Testament of Hope: The Essential Writings of Martin Luther King, Jr.*, San Francisco, Harper San Francisco, 1991.

CONCLUSIÓN. LA TONTA CANCIÓN DE LAS HABICHUELAS MÁGICAS: FI-FAI-FO-FU

1 T. Robbins, *Awaken the Giant Within: How to Take Immediate Control of Your Mental, Emotional, Physical and Financial Destiny!*, Nueva York, Free Press, 1992.
2 R. May, *The Courage to Create*, Nueva York, W. W. Norton, 1994.

Índice analítico

estigma, 35, 222, 223, 332, 343, 376
esfuerzo, 17, 45, 50, 52, 73, 84, 91, 128,
        133, 144, 183-185, 191, 192, 227,
        244, 246, 248, 276, 278, 280, 343,
        346-348, 354, 359
    Véase fortaleza
ethos, 289
evasión de la responsabilidad, 15
evolución, 76, 304, 320, 355
existencial, 23, 31, 59, 65, 69, 70, 71, 101,
        103, 121
    angustia, 174, 207
    ansiedad, 69-71, 74-76, 106, 128,
        142, 144, 154, 170, 200, 208, 266,
        326, 329, 339, 340, 361, 362
    carga, 146
    crisis, 127
    estado, 153
    hecho, 228
    libertad, 169, 364
    momento, 166
    preocupación, 359
    problema, 179
    reflexión, 189
    soledad, 69, 173, 341, 342, 366
    tensión, 340
existencialismo, 65
éxito, 14, 15, 17, 20, 21, 41, 45, 68, 90,
        105, 108, 110, 132, 134, 148-150, 154,
        174, 203-206, 208, 209, 211-213,
        219, 223, 226, 227, 234, 240, 244,
        258-261, 269, 274, 278, 280, 282,
        287, 292, 297, 301, 303, 317, 321,
        326, 327, 330
    diario, 287-289
    ilusorio, 262
    incremental, 223, 229
    inmerecido, 295
    miedo al, 122

expectativas, 37, 116, 125, 137, 153, 176,
        203-206, 208, 212, 213, 218, 219,
        222, 223, 224, 226, 228, 332
    bajar las, 222-224
    control de, 209, 210, 220
    de los demás, 203, 206, 211, 212,
        214, 217, 219
    elevar o subir, 201, 212, 370
    sociales, 197, 221
experiencia humana, 24, 30, 355
extremistas, 341

facilitación, 330, 331, 392
falacia del costo hundido, 191
farmacológico, 172
Faulkner, William, 47
fe, 23, 35, 60, 61, 74, 75, 85, 86, 88-90,
        92-94, 96, 98, 100-106, 116, 123,
        128, 129, 131, 132, 136, 138, 142, 145,
        152-154, 157, 172, 180-183, 188-191,
        198, 204, 205, 207, 208, 212, 224,
        226, 240, 244, 265, 267, 278, 280,
        290-292, 295, 339, 343, 352, 359,
        362, 371, 376
    buena, 73, 150, 168-170, 176, 190,
        211, 252, 291
    declaración de, 351
    en las propias emociones, 94, 95
    en ti mismo, 94, 95, 100, 104, 105,
        120, 129, 160, 208, 229, 251, 291
    falta de fe, 96, 102, 105, 121, 133, 136
    fuerza motriz de la, 85
    mala, 73, 74, 102, 103, 148, 150, 168-
        170, 174-176, 192, 199, 200, 209,
        210, 252, 291, 353
    perder la fe, 100, 101, 104, 106, 132,
        133, 144, 170, 212, 292
    salto de, 85, 191, 291
    Véase confianza; esperanza

Esta obra se imprimió y encuadernó
en el mes de enero de 2022,
en los talleres de Impregráfica Digital, S.A. de C.V.,
Av. Coyoacán 100–D, Col. Del Valle Norte,
C.P. 03103, Benito Juárez, Ciudad de México.